COMMENTAIRE

SUR LA LOI DU 13 FLORÉAL AN XI,

RELATIVE AUX DONATIONS

ET AUX TESTAMENS.

COMMENTAIRE

SUR LA LOI DU 13 FLORÉAL AN XI,

RELATIVE AUX DONATIONS

ET AUX TESTAMENS,

PAR J. E. D. BERNARDI,

Ex-Législateur, Chef de la Division Civile
du Ministère du Grand Juge.

A PARIS,

AN XIII.

POLITIQUE D'ARISTOTE,
TRADUITE DU GREC,
AVEC DES NOTES ET DES ÉCLAIRCISSEMENS,
Par Charles MILLON,

Professeur de législation et de langues anciennes à l'École centrale du Panthéon, à Paris, etc.

On a joint à cet Ouvrage : *une Notice sur Aristote et sur ses écrits ; une Liste chronologique des éditions de ses Œuvres ; plusieurs Extraits de Platon, et les deux Traités de Xénophon sur les Républiques de Sparte et d'Athènes.* Trois volumes *in 8°.* avec le portrait d'Aristote, gravé d'après l'antique, par un des meilleurs artistes de la capitale. Prix broché. 15 francs.

LA *Politique d'Aristote* est un des monumens les plus précieux de l'antiquité. Cet Ouvrage, tableau fidèle des lois et des révolutions des anciens peuples de la Grèce, présente les vrais principes de la législation et de l'ordre social, ainsi que la source pure de l'autorité légitime ; le gouvernement y est établi sur une base ferme et solide. La doctrine de l'auteur est développée d'une manière si convaincante, que ses conclusions, pour peu qu'elles soient méditées, suffisent pour faire renoncer à ces systêmes erronnés, qui ont fait long-tems l'appui du despotisme, ainsi qu'à ces maximes dangereuses et contraires à la véritable liberté, qui ont si souvent armé la fureur populaire.

C'est donc avoir rendu un service essentiel que d'avoir donné une bonne traduction de ce Traité, reconnu pour le plus intéressant et le plus difficile à traduire de toute l'antiquité.

Aussi cet Ouvrage a-t-il été favorablement accueilli du public éclairé, qui a rendu justice au courage que M. MILLON a eu de se livrer à un travail aussi pénible.

Les *notes* et les *éclaircissemens* du traducteur, versé dans plus d'un genre de connaissances, et avantageusement connu dans la république des lettres, ajoutent un nouveau prix à cet ouvrage d'Aristote, vrai trésor d'érudition, que ne sauraient trop consulter les savans, les littérateurs, et qui en outre devrait servir de manuel aux gouvernans et à tous ceux qui ont part ou prennent intérêt aux affaires publiques.

Cours d'Études encyclopédiques, rédigés sur un plan neuf, contenant 1°. l'Histoire de l'origine et des progrès de toutes les sciences, belles-lettres, beaux arts et arts mécaniques; 2°. l'analyse de leurs principes; 3°. tous ces mêmes objets traités en détail. Le tout d'après les meilleurs auteurs, et les découvertes les plus récentes. Seconde édition, revue, corrigée et augmentée d'une table raisonée des matières, par ordre alphabétique : 6 gros vol. in-8°., avec un *Frontispice* gravé et un *Atlas* de soixante-quatre planches ou tableaux, broché. 45 fr.

Deux éditions presque entièrement épuisées, de cet intéressant ouvrage, depuis quatre ans, sont une preuve bien convaincante de son utilité aux pères de famille ainsi qu'aux maîtres de pensions.

Grammaire française raisonnée, par Prevot Desfourneaux, 1 vol. in-8°. broché. 4 fr.

Vie du Capitaine Cook, pour faire suite aux trois voyages du même, 1 gros vol. in-4°. broché. 10 fr.

COMMENTAIRE.

CODE CIVIL, TITRE II.

DES DONATIONS ENTRE-VIFS

ET DES TESTAMENS.

Décrété par le Corps législatif, le 13 floréal an 11.

OBSERVATIONS GÉNÉRALES.

L'on a confondu dans une même loi ce qui concerne les donations, les testamens, et même ce qu'on a jugé à propos de conserver des substitutions. Ce sont les sujets les plus abstraits et les plus subtils de toute la science du droit. Ce passage et ce retour continuels de l'une à l'autre de ces matières d'une nature si différente doivent mettre nécessairement de la confusion dans les idées, sur-tout chez ceux qui n'ont de tout cela que des connaissances superficielles.

Dans un temps où ces connaissances étaient bien plus répandues qu'elles ne le sont aujourd'hui, le chancelier d'Aguesseau fit rédiger séparément les trois ordonnances sur les donations, les testamens et les substitutions. Ces ordonnances parurent successivement, et à d'assez grands intervalles les unes des autres, en 1731, 1735 et 1747.

Il paraît que le motif que l'on a eu de confondre, dans la même loi, les donations et les testamens, et de les considérer comme des actes d'une même nature, c'est que, par l'un comme par l'autre, on dispose de ses biens à titre gratuit.

Mais, sous ce rapport même, ces actes ne se ressemblent pas. La donation, comme nous le ferons voir plus bas, tient de la nature du contrat : c'est un acte par lequel une personne transmet à une autre ses biens en totalité ou en partie, sans exiger d'autre retour que celui de sa reconnaissance. La donation, sous ce point de vue, doit être rangée parmi les contrats d'échange par lesquels les hommes se transmettent mutuellement, pendant leur vie, les choses dont ils ont la propriété.

Le testament au contraire est un acte de législation domestique, par lequel une personne, usant de la faculté que la loi lui accorde, dispose de ses biens pour le temps où il ne sera plus. On n'a pas besoin, pour la perfection de cet acte, du concours de l'acceptation de l'héritier ou du légataire, comme celle du donataire est nécessaire pour la validité de la donation. Le testateur dispose, et sa volonté tient lieu de la loi. *Disponat testator et erit lex.*

De là la grande différence qu'il y a entre la donation et le testament ; l'une, comme contrat d'échange, est irrévocable de sa nature. Une fois que le donateur a consenti à se dépouiller, son consentement ne peut être révoqué, à moins que le donataire ne manque aux conditions de la donation, et ne se rende coupable d'ingratitude envers son bienfaiteur.

Le testateur au contraire n'est jamais lié par ses dispositions, qui sont une pure émanation de sa volonté seule ; il peut les changer à son gré, jusqu'à ce que la mort vienne y mettre le dernier sceau.

L'héritier qu'il institue n'est pas tenu envers lui d'une reconnaissance proprement dite ; car le testament ne s'exécutant qu'après la mort, on ne peut exercer sa gratitude envers celui qu'on ne compte plus au nombre des vivans. On exige seulement que celui qui a reçu des bienfaits de quelqu'un ne s'en soit pas rendu indigne par des injures graves contre sa personne pendant sa vie, ou par des outrages faits à sa mémoire après sa mort. On annulle la donation pour cause d'ingratitude ; on prive de la succession l'héritier qui s'en est rendu indigne.

Quant à l'origine et à l'ancienneté, ces deux actes diffèrent encore beaucoup entre eux.

Justinien, *instit. II.* 7, cite des vers d'Homère pour prouver que du temps de la guerre de Troie la donation était déjà en usage ; mais c'est là de l'érudition superflue. Dès qu'il a existé des réunions d'hommes, le commerce des bienfaits doit leur avoir été permis.

Il n'en a pas été de même des testamens. On en cite quelques exemples très-anciens ; mais ils ne prouvent pas que la pratique en fût bien étendue, et qu'elle s'appliquât sur-tout à toute sorte de biens. L'utilité même en a été très-contestée par les philosophes. Platon chez les anciens, Montaigne, La Bruyère, parmi nous, l'ont fortement censurée. L'on dit à la vérité que si les hommes n'avaient pas le droit de disposer de leurs biens en mourant, ils n'en seraient que les usufruitiers. Je doute même qu'avec cette faculté ils soient autre chose. On ne peut mettre la faculté de tester en ligne de compte dans sa propriété, qu'autant qu'on en retire quelque avantage dès son vivant. C'est alors, comme dit M. Bentham, une lettre de change qu'on tire à acquitter dans le temps où on ne sera plus.

On connaît à peu près l'époque où la faculté de tester s'est introduite dans chaque législation : on ne l'y trouve jamais dans le principe de son institution ; mais seulement quand elle commence à se relâcher ; et son établissement est par-tout un signe de dégénération de l'esprit primitif.

Quoiqu'on l'eût admise d'une manière si illimitée dans les derniers temps de la législation romaine, elle n'y était pas reçue dans les commencemens. Les premiers législateurs Romains se trouvaient d'accord en cela avec celui des Hébreux, avec les auteurs de notre ancien droit coutumier ; c'est même une chose bien singulière que ces trois législations, quoique appartenant à des pays si éloignés les uns des autres, aient été dirigées en ce point par le même esprit.

Montesquieu a consacré un livre entier (liv. 27) à examiner les lois romaines sur les successions ; mais il s'en faut bien qu'il ait relevé tout ce qu'elles avaient de remarquable.

Romulus ou les premiers législateurs de Rome avaient fait un partage égal des terres entre les diverses familles ou les diverses tribus. L'objet des lois qu'ils firent ensuite fut de maintenir ces partages, et d'empêcher que la la portion d'une famille ne passât dans une autre. Ce fut là l'esprit qui dicta la plupart des lois de l'antiquité sur les successions, telles, par exemple, que celles de Moïse. C'est de cette source que dérivait notre ancien droit coutumier, suivant lequel non seulement on ne pouvait disposer de ses biens par acte de dernière volonté, mais encore l'aliéner par des actes entre-vifs, sans le consentement de ses plus proches héritiers. De là venait encore le retrait lignager, consacré par les lois de Moïse, et si usité dans toute la France.

A Rome on n'admettait à la succession que les enfans qui vivaient sous l'autorité du père ; on en excluait les parens par femmes, qui auraient porté les biens d'une famille dans une autre.

La loi des douze tables consacra à la vérité la faculté de tester, mais l'exercice en était rare. On ne pouvait en user que dans une assemblée du peuple. Chaque testament était en quelque sorte un acte de la puissance législative, dont le concours était nécessaire pour déroger à la loi, qui défendait de tester.

Mais les hommes sont si impatiens des entraves qui peuvent gêner leurs volontés ou leurs passions, que les assemblées du peuple n'étant point assez fréquentes pour tous ceux qui voulaient tester, on imagina d'y suppléer par des ventes fictives et par quelques subtilités, au moyen desquelles on éluda la sagesse des anciennes lois, et qu'on peut voir dans tous les livres qui ont traité de ces matières.

Il n'en est pas moins vrai que, de l'aveu de Montesquieu même, la destruction des premières lois romaines sur les successions entraîna celle de la république. Il se conserva cependant encore quelques vestiges de ces lois jusqu'au temps de Justinien, qui acheva de les détruire, et qui donna une telle latitude au droit de tester, qu'il décida que la volonté d'un homme à demi mort, et qui ne fait plus que balbutier, doit être respectée. *Leg.* 15 *cod. de testam.*

C'est ainsi que la loi romaine avait passé d'un extrême à l'autre. Il en est arrivé de même parmi nous. Lorsque la législation romaine devint celle d'une grande partie de la France, elle y porta cette faculté presque illimitée de tester que Justinien avait établie : elle se trouvait en opposition avec les coutumes qui en régissaient l'autre, et dont les principes conservateurs des propriétes dans les familles excluaient rigoureusement une faculté qui leur était absolument contraire.

Mais les maximes du droit romain acquirent un tel crédit, qu'elles firent fléchir peu à peu la rigueur du droit coutumier. Il admit insensiblement en plusieurs lieux la faculté de tester, d'abord pour les meubles, ensuite pour les acquêts, et même pour une partie des propres.

Dans la lutte qui a eu lieu pendant la réforme révolutionnaire entre ces deux droits différens qui régissaient la France, la loi coutumière triompha entièrement de la loi romaine dans celle du 17 nivose. L'égalité absolue des partages convenait parfaitement aux dominateurs d'alors : ils durent l'établir dans toute sa sévérité. La loi du 4 germinal an 8 redonna quelque vigueur aux principes de la loi romaine ; mais leur triomphe a été complet dans celle du 13 floréal. Ils ont entièrement prévalu, et les titres du droit romain, dont elle a nécessité l'étude, sont en quelque sorte innombrables.

Il nous reste à dire quelque chose de la forme extérieure, tant de la donation que du testament.

Celle des donations était à peu près uniforme autrefois dans toute la France. Il y avait cependant quelques différences locales, que nous aurons soin de rappeler.

La forme des testamens était bien différente dans les pays de droit romain et dans les pays de droit coutumier : elle était uniforme dans les premiers ; mais dans les seconds il y avait presque autant de formes différentes que de coutumes : cela venait de ce que la faculté de tester n'avait pas par-tout la même étendue ; que si dans le pays régi par le droit romain elle était presque illimitée ; dans les pays coutumiers elle était plus ou moins resserrée. On avait augmenté les formalités des testamens à mesure qu'on donnait plus de liberté au testateur.

L'ordonnance de 1731 sur les donations, et celle de 1735 sur les testamens ne firent que peu de changemens aux usages locaux, soit sur l'étendue du droit de disposer, soit sur les formes extérieures des actes qui renfermaient ces dispositions.

La loi du 17 nivose, qui anéantit presque la faculté de tester, s'inquiéta peu des formes qu'on donnerait aux actes par lesquels on transmettrait la faible portion de bien, dont elle permettait de disposer.

La loi du 4 germinal an 8, en étendant la faculté de donner ou de tester, ne dit rien sur la forme des testamens. Chacun continua à suivre celle qui avait été usitée jusqu'alors.

La loi du 13 floréal est donc la première qui nous ait donné un système complet et uniforme de législation, tant sur l'étendue de la faculté de disposer, soit par donation, soit par testament, que sur la forme extérieure de ces actes.

ARTICLE CLXXXIII.

On ne pourra disposer de ses biens à titre gratuit, que par donation entre-vifs ou par testament, dans les formes ci-après établies.

On voit ici le motif qui a fait confondre les donations et les testamens dans une même loi; c'est que par l'un et l'autre de ces actes l'on dispose de ses biens à titre gratuit. Nous avons fait voir dans nos observations préliminaires que ce trait de ressemblance, qui n'est pas même exact, n'est peut-être pas suffisant pour opérer cette confusion.

ARTICLE CLXXXIV.

La donation entre-vifs est un acte par lequel le donateur se dépouille actuellement et irrévocablement de la chose donnée, en faveur du donataire qui l'accepte.

La loi romaine donne, ce semble, une idée plus exacte de la donation, lorsqu'elle dit que c'est une libéralité faite par quelqu'un qui n'y est point obligé par aucun droit. *Donari videtur quod nullo jure cogente conceditur. Leg. 29 ff de donation.* C'est en effet la *gratuité* de la donation, si l'on peut s'exprimer ainsi, qui en fait le vrai caractère. Celui qui donne, quand y il est obligé, s'acquitte de ce qu'il doit, et n'exerce pas une libéralité.

La donation se forme, comme tous les autres contrats, par le concours du consentement du donateur et du donataire. L'acceptation de celui-ci, comme nous le dirons plus au long dans la suite, doit être expresse. Il ne suffirait pas qu'il acceptât tacitement en étant présent à la donation, ou en prenant possession des biens qu'on lui donne; il faut qu'il déclare expressément qu'il accepte la libéralité qu'on lui fait.

C'est d'après cette considération que des jurisconsultes Romains mettent la donation dans le nombre des contrats. *Leg. 7, cod. de his quae vi et metu. Leg. 17, cod. de fid. instrum. Leg. 8, cod. de præscript. 30 vel 40 ann.*

Quand on y réfléchit bien, l'on voit que l'objet de tous les contrats est un échange de juissances; en effet, si j'achète une maison ou un fonds de terre, c'est que je préfère la jouissance de cette maison ou de ce fonds à celle de mon argent. Le vendeur a une intention contraire.

Un donateur n'exige d'autre retour que la bienveillance et la gratitude de celui qu'il oblige. C'est le sentiment d'avoir fait une bonne action qui prédomine en lui. Cette jouissance en vaut bien une autre : c'est la raison pour laquelle on la révoque en cas d'ingratitude de la part du donataire. Il a manqué à la reconnaissance qu'il avait promise en acceptant le don qui lui était fait.

La donation doit donc être placée à la tête des contrats qu'on appelle de *bienfaisance*, et dans lesquels

une des parties donne ou prête les choses qui lui ap-
partiennent, ou emploie son temps et son travail gratuitement en faveur de l'autre, sans autre espoir que
celui de lui rendre service.

En effet, la plupart des contrats de bienfaisance,
tels que le prêt, le commodat, ne sont que des donations
temporaires. Celui qui prête son argent sans intérêt,
ou la chose qui lui appartient, le donne pour un temps
déterminé ; sans autre retour pour lui que le plaisir
d'être utile.

On distingue plusieurs espèces de donations. La première de ces distinctions est celle des donations entre-
vifs et des donations à cause de mort.   \

Il n'y a que les premières qui méritent proprement
le nom de donation. Les secondes se confondent avec
les testamens et autres actes de dernière volonté. Il
n'y a pas de différence entre eux aujourd'hui. (*ordonnance de* 1731 *, art. III.*)

Une autre distinction des donations est celle des donations pures et simples d'avec les donations condi-
tionnelles, ou pour un objet déterminé, tel qu'un contrat de mariage, une reconnaissance à satisfaire.

Cette dernière espèce de donation s'appelle rémuné-
ratoire. La libéralité du donateur n'est pas spontanée
comme dans la donation pure et simple; elle est provoquée par des services antécédens que le donateur veut
récompenser.

Mais ces services ne doivent pas être de nature à
imposer à celui qui les a reçus l'obligation de les satisfaire, ou du moins ce ne doit être qu'une obligation
morale et de convenance ; autrement ce serait une
dette qu'il acquitterait. Cette distinction est assez in-
diquée, *Leg.* 194 *et* 214, *ff. de verb. signif.* Pour
que la donation conserve en ce cas le caractère qui
lui est propre, il faut que la valeur de l'objet donné

excède celle du salaire que les services auraient mérité.

La donation, comme tous les contrats d'échange, transfère de suite la propriété de la chose donnée : elle dépouille le donateur, et investit de suite le donataire. Toute donation faite sous des conditions qui dépendraient de la seule volonté du donateur serait nulle. (*art.* 234 *ci-aprés*) *Leg. 1 ff. de donat.* C'est une suite de la maxime, *donner et retenir ne vaut*, que nous expliquerons plus clairement dans un autre endroit. Cela n'empêche point que le donateur ne puisse se réserver la jouissance de la chose donnée pendant un certain temps, ou même toute sa vie; il suffit qu'il se dépouille de la propriété.

ARTICLE CLXXXV.

Le testament est un acte par lequel le testateur dispose, pour le temps où il n'existera plus, de tout ou partie de ses biens, et qu'il peut révoquer.

La loi romaine définissait le testament une juste manifestation de notre volonté sur ce qui doit être fait après notre mort. *Leg.* 1 *, ff. Qui testament. facere poss.* Les dispositions testamentaires s'appliquaient à tout ce qui appartenait au testateur : il avait le droit d'établir des héritiers, de faire des legs, de nommer des tuteurs à ses enfans, de donner la liberté à ses esclaves. Ses pouvoirs n'étaient cependant pas toujours illimités; les lois y apportaient des restrictions en certains cas. *Leg.* 120 *, ff. de verb. signif.*

La définition de la loi française est plus précise : elle indique mieux la nature du testament, qui consiste principalement à pouvoir être révoqué au gré du testateur, jusqu'à ce que sa mort y mette le dernier sceau.

Il y avait chez les Romains, comme chez nous, diverses espèces de testamens, et qui étaient soumis à des formalités différentes. Nous en dirons quelque chose plus bas, quand nous parlerons des espèces de testamens qui ont été conservés et des formes qu'on doit y suivre pour les rendre valables.

ARTICLE CLXXXVI.

Les substitutions sont prohibées.

Toute disposition par laquelle le donataire, l'héritier institué ou le légataire, sera chargé de conserver et de rendre à un tiers, sera nulle, même à l'égard du donataire, de l'héritier institué, ou du légataire.

Pour bien comprendre le sens de cet article et des deux suivans, il faut entrer nécessairement dans quelques détails sur la nature des substitutions et sur leurs diverses espèces.

Nous avons déjà dit que, dans l'origine du droit romain, les testamens étant une dérogation à la loi générale, qui déférait les successions aux plus proches héritiers par mâles, ne pouvaient se faire que dans les assemblées du peuple; et que les testateurs étaient alors regardés comme des législateurs qui dictaient une loi à leur famille. Par une conséquence nécessaire, ils devaient employer, dans les institutions d'héritiers, et même dans les legs, les formules législatives, c'est-à-dire, les paroles consacrées à l'usage des lois, et que les jurisconsultes appellent termes *directs, impératifs*.

La volonté exprimée dans le testament n'ayant lieu qu'à la mort du testateur, et l'héritier institué ne pouvant recueillir la succession qu'à cette époque, il n'y aurait plus de testament, si l'héritier prédécédait le testateur, ou bien s'il refusait de recueillir la succession.

Pour remédier à cet inconvénient, on inventa l'usage des substitutions directes et vulgaires, afin de soutenir la volonté du testateur par une longue suite d'héritiers. *Tit. ff. de vulgar. et pupill. substitut.*

Ces substitutions n'étaient, à proprement parler, qu'une seconde institution, ou, si l'on veut, l'institution d'un second ou d'un troisième héritier, en cas que les premiers héritiers ne voulussent ou ne pussent recueillir les biens du testateur.

D'autres fois le testateur chargeait l'héritier institué de rendre ses biens à la personne qu'il lui indiquait secrètement ou dans le testament même. Il n'employait plus alors des termes *directs* et *impératifs*, mais il adressait des supplications et des prières à l'héritier, pour qu'il voulût bien rendre la succession, en totalité ou en partie, à la personne qu'il lui avait désignée. On se servait principalement de cette voie, lorsqu'on voulait faire parvenir la succession à quelqu'un qui, par la loi, était incapable de la recevoir.

Cette manière de disposer s'appelait *fidéicommis*, parce que, n'étant pas encore autorisée par la loi, le testateur était obligé de s'abandonner à la bonne foi de l'héritier institué, qui pouvait impunément garder pour lui la succession qu'on le priait de rendre à un autre; et, s'il faut en croire Cicéron, il n'était pas rare qu'on en usât ainsi.

Auguste fut le premier qui imposa à l'héritier chargé d'un fidéicommis l'obligation de le rendre, et qui fit une nécessité inviolable de ce qui n'était dans le principe qu'un engagement d'honneur. Les prières, pour rendre la succession à un autre, purent même depuis lors, être adressées non seulement aux héritiers institués, quand il y avait un testament, mais même aux héritiers légitimes, quand il n'y en avait point.

L'usage des fidéicommis introduisit une seconde espèce de substitution, que l'on confondit souvent, par l'expression au moins, avec la première, qu'on appelle communément directe et vulgaire, quoiqu'il y ait entre elles une grande différence.

La substitution vulgaire n'est qu'une véritable institution d'héritier, c'est-à-dire, une seconde institution, qui ne doit avoir lieu qu'au défaut du premier héritier institué; en sorte que si l'héritier institué recueille la succession, la substitution vulgaire s'évanouit.

La substitution fidéicommissaire, au contraire, n'a d'effet que lorsque le premier héritier a recueilli les biens.

L'existence de l'héritier institué qui anéantit la substitution vulgaire, conserve la substitution fidéicommissaire.

On pouvait cependant cumuler les deux espèces de substitutions, et substituer la même personne vulgairement et par fidéicommis tout ensemble, c'est-àdire, qu'on pouvait l'appeler au défaut de l'héritier institué et après lui.

Il y a un principe général dans cette matière, qui s'applique à la substitution vulgaire comme à la substitution fidéicommissaire, c'est que, tant que le testament subsiste, la seule interruption des degrés ne suffit pas pour interrompre le cours et le progrès d'une substitution; et lorsqu'un degré vient à manquer, celui qui le suit prend la place, et entre dans tous ses droits. Ce principe est fondé sur la maxime commune qu'on lit dans les lois *XXVII et XLI, ff. de vulgar. et pupillar. substitut. substitutus, substituto est substitutus instituto.*

Par exemple, qu'un testateur institue Pierre pour son héritier ; qu'au cas où Pierre ne pourra ou ne voudra accepter, il lui substitue Paul ; qu'au cas encore où Paul ne pourra ou ne voudra accepter, il lui substitue Jacques : si Pierre et Paul prédécèdent le testateur, Jacques, quoique substitué en troisième ligne, se trouve institué à leur place.

La même chose avait lieu dans le fidéicommis. Si un testateur ordonnait qu'après la mort de l'héritier institué la succession passerait à Pierre ; et après le décès de Pierre à Jacques ; si Pierre venait à mourir avant l'héritier institué, Jacques se trouverait substitué en son lieu et place, et recueillerait la succession.

Ces deux espèces de substitutions passèrent avec le droit romain, dont elles tiroient leur origine, dans la législation de presque toute l'Europe. L'on y fit même servir les fidéicommis à un usage auquel les Romains paraissent n'avoir pas songé.

Par leur moyen, les propriétés des grandes familles devinrent en quelque sorte inaliénables. On les substituait à tous les individus nés et à naître de la même famille, de branche en branche ; et même, au cas de l'extinction de la famille, on ordonnait que le fidéicommis passerait dans une autre. Il était, par ce moyen, perpétuel, et il avait principalement lieu pour les mâles et les aînés de chaque branche.

Les biens ainsi chargés de fidéicommis ne pouvaient être ni aliénés, ni grevés d'hypothèques ; ils n'entraient pas même dans les partages de famille. Les enfans puînés d'un père riche en biens substitués se trouvaient, la plupart du temps, sans patrimoine ; l'aîné étant presque toujours appelé à recueillir la substitution, à l'exclusion de ses frères. Les fidéicommis perpétuels, qui existent encore en plusieurs pays de l'Europe, sont d'ailleurs une source intarissable de contestations et de procès. Pour les faire cesser, ou du moins pour en diminuer le nombre, le chancelier de l'Hôpital réduisit parmi nous les fidéicommis à deux degrés de substitution, l'institution et première disposition non comprises, (ordonnance d'Orléans, article DXCI;) de façon que, lorsque des biens sujets à un fidéicommis avaient parcouru trois têtes, ils demeuraient libres sur la troisième, bien que le testateur eût établi un plus grand nombre de degrés.

Il n'y eut pas de loi remarquable à ce sujet, jusqu'à celle que M. d'Aguesseau fit faire en 1747, qui, comme toutes celles dont il fut l'auteur, changèrent peu à l'ancienne jurisprudence.

Il est cependant à observer qu'à cette époque, le premier président du parlement de Provence avait proposé au chancelier d'Aguesseau l'abolition des substitutions. Ce chef de la justice ne désapprouvait pas entièrement cette idée; il ne trouvait d'obstacle pour l'exécution que dans cette circonspection avec laquelle on doit toucher à des usages depuis long-temps enracinés, et dont il donna lui-même de si fréquens exemples.

« L'abolition entière de tout fidéicommis, disoit-il, « serait peut-être la meilleure de toutes les lois; et il « pourrait y avoir des moyens plus simples pour con- « server dans les grandes maisons ce qui suffirait à en « soutenir l'éclat. Mais j'ai peur que, pour y parvenir, « sur-tout dans les pays de droit écrit, il ne fallût com- « mencer par réformer les têtes; et ce serait l'entre- « prise d'une tête qui aurait besoin de réformation. » (*tome 9, lett.* 360.)

Il ne fallait rien moins que la révolution pour oser, non seulement tenter, mais exécuter une pareille entreprise. Les substitutions fidéicommissaires réunissaient plusieurs caractères, qui ne leur permettaient pas d'échapper à la faux révolutionnaire. Elles étaient un obstacle insurmontable à cette mobilité qu'on voulait mettre dans les fortunes et dans les propriétés, et à cette égalité qu'on desirait tant d'introduire dans les partages des successions. Elles sentaient d'ailleurs le privilége, puisqu'elles n'étaient pour l'ordinaire établies qu'en faveur des mâles et des aînés, et qu'on les pratiquait le plus communément dans les grandes familles, qu'il fallait niveler avec les autres.

Aussi les premiers coups que l'on porta à l'ancien ordre de succession furent dirigés contre les substitutions. Une loi du 14 novembre 1792 déclara que toutes substitutions étaient interdites pour l'avenir, et que celles faites psécédemment, par quelques actes que ce fût, qui ne seraient pas ouvertes à l'époque de la publication, seraient et demeureraient abolies et sans effet.

Il est bien évident que l'intention de cette loi était seulement de détruire les substitutions fidéicommissaires ; elle ne touchait point aux substitutions vulgaires et directes. Mais elle avait employé le mot substitution, commun à toutes les deux : c'eût peut-être été dangereux pendant un temps de vouloir en faire la distinction. Ceux qui occupaient les tribunaux n'auraient peut-être pas été en état de l'entendre. Au reste, l'abolition presque entière de la faculté de tester, opérée par la loi du 17 nivose, rendait superflue toute discussion à cet égard.

Elle ne l'est plus aujourd'hui, que cette faculté a été remise dans tout son lustre dans les pays où elle existait, et introduite même dans ceux où elle n'était reçue qu'avec des restrictions.

Il faut donc bien faire attention que l'article qui donne lieu à ces observations, et qui prohibe les substitutions avec tant de sévérité, n'entend parler que des substitutions fidéicommissaires. Encore verrons-nous plus bas qu'en proscrivant le mot, par suite du préjugé qui l'avait flétri, on a conservé la chose jusqu'à un certain point.

Les substitutions fidéicommissaires sont même prohibées avec un surcroît de rigueur qu'on ne connaissait pas auparavant ; elles annulleraient la donation, ou le testament qui la contiendrait, même à l'égard du donataire ou de l'héritier direct qui en serait chargé.

ARTICLE CLXXXVII.

Sont exceptées de l'article précédent les dispositions permises aux pères et mères et aux frères et sœurs, au chapitre V du présent titre.

Les dispositions dont il est parlé dans cet article, et dont nous traiterons en temps et lieu, sont des *fidéicommis* dans toute la rigueur du terme. On y a appliqué, ainsi que nous le verrons, la plupart des règles qu'on suivait autrefois dans cette matière.

ARTICLE CLXXXVIII.

La disposition par laquelle un tiers serait appelé à recueillir le don, l'hérédité ou le legs, dans le cas où le donataire, l'héritier institué ou le légataire, ne le recueillerait pas, ne sera pas regardée comme une substitution, et sera valable.

Le sens littéral de cet article est qu'il ne faut pas confondre les substitutions fidéicommissaires avec les substitutions vulgaires ; que si les premières sont prohibées, avec quelques restrictions néanmoins, les autres sont légitimes. Ainsi, si un donateur ou un testateur disait : Je donne ou je lègue à Pierre tous mes biens ; mais je veux que si Pierre refuse d'accepter ma donation ou ma succession, ou s'il est incapable de le faire, en ce cas, je donne ou je lègue à Jacques. Ce dernier serait alors substitué à la place de Pierre ; mais il faudrait pour cela que celui-ci n'eût pu accepter ou eût refusé de le faire. Car, une fois l'acceptation faite, la substitution s'évanouit, comme nous l'avons remarqué plus haut ; et Pierre venant à mourir, ce sont ses héritiers, et non le substitué, qui succèdent aux biens qui lui avaient été donnés ou légués.

Le même titre du droit romain, qui parle de la substitution vulgaire, traite aussi de la substitution pupillaire, par laquelle un père qui avait en sa puissance des enfans pupilles pouvait tester à leur place. Ce testament valait, au cas que les enfans vinssent à décéder avant d'avoir atteint l'âge où il leur était permis de tester. *Leg. II, ff. de vulgar. et pupill. substit.*

À la suite de la substitution pupillaire venait celle qu'on appelait l'exemplaire, parce que c'était sur le modèle de l'autre qu'elle avait été introduite par Justinien, et au moyen de laquelle un père nommait un héritier à son fils furieux ou en démence, en cas qu'il vînt à mourir avant d'avoir recouvré sa santé. La loi du 13 floréal ne disant rien de ces deux espèces de substitutions, il ne peut en être question.

ARTICLE CLXXXIX.

Il en sera de même de la disposition entre-vifs ou testamentaire, par laquelle l'usufruit sera donné à l'un et la nue propriété à l'autre.

Un donateur ou un testateur peut, en disposant de ses biens, donner à une personne la nue propriété et à une autre l'usufruit. Je donne ou lègue à Pierre mes biens ; mais je veux que Jacques en ait l'usufruit sa vie durant. Une telle disposition n'a rien que de légitime ; mais le legs ou la donation de l'usufruit doit avoir un terme : il ne peut être perpétuel, sans quoi la disposition de la nue propriété serait illusoire.

ARTICLE CXC.

Dans toute disposition entre-vifs ou testamentaire, les conditions impossibles, celles qui seront contraires aux lois ou aux mœurs, seront réputées non écrites.

C'est ici une maxime très-générale, et dont les détails seraient infinis ; ils pourraient donner lieu à un commentaire très-volumineux: Il faut nous borner à quelques observations.

On appelle, en général, condition, l'obligation que l'on impose à quelqu'un en faveur de qui on fait une libéralité par acte entre-vifs ou de dernière volonté, de faire ou de donner quelque chose, ou de s'en abstenir. La disposition est encore conditionnelle, si on la subordonne à un événement futur et incertain. *Leg.* 60 *ff. de condit et demonst.* Un événement présent ou passé ne fait point condition, car il ne s'agit que de le vérifier.

On distingue ordinairement les conditions en possibles et en impossibles ; en potestatives, casuelles et mixtes.

Les obstacles qui rendent une condition impossible sont ou physiques ou moraux ; ils sont de la première classe, lorsque l'exécution de la condition est évidem-

ment impossible; telle serait celle qui imposerait l'obligation d'aller dans huit jours de Paris à la Martinique.

Les obstacles sont moraux quand les faits qu'on
exige blessent l'honneur, la réputation, la pudeur, la
probité, et en général les bonnes mœurs, *Leg.* 15 *ff.
de condit. institut.*

Au reste, la règle que nous examinons ici n'est susceptible de difficulté que dans l'application, et lorsqu'il
s'agit d'une condition dont le caractère est douteux ;
car il en est qu'on regarde dans un temps comme contraire aux bonnes mœurs, qui ne sont pas réputées
telles dans des siècles plus relâchés.

La question la plus controversée en cette matière est
celle de savoir si l'on peut dans un testament imposer
à quelqu'un une condition qui l'empêche absolument
de se marier, ou seulement de se marier avec une certaine personne, etc., et si les conditions de cette espèce sont ou non contraires aux bonnes mœurs.

La loi romaine rejetait toutes les conditions qui em-
pêchaient la liberté ou retardaient le temps des mariages.
Leg. 3, §. 5, *ff. de suis et legitim. haered.* Elle
les réputait contraires aux bonnes mœurs. *Leg.* 134
ff. de verb. oblig. Mais elle admettait la prohibition
avec une certaine personne, ou même avec les personnes d'un certain lieu. *Leg.* 63, 64, *ff. de condit. et
demonst.*

Elle permettait également à un mari de faire des
legs à sa femme, à condition qu'elle garderait viduité.
La femme avait bien en ce cas le pouvoir de se re-
marier ; mais elle était alors privée du legs ou de la
donation qui lui avait été faite, *Nouvell* 22, *cap.* 43,
44, § 6.

Il n'en était pas de même de la condition par laquelle une
personne en aurait institué une autre, à condition qu'elle
ne pourrait se marier sans le consentement d'une per-

sonne désignée. On ne pouvait faire dépendre le mariage de la volonté d'autrui, qui peut vouloir ou ne pas vouloir. *Voyez le journ. du pal. t.* 1 *, p.* 724. Cela souffrirait d'autant moins de difficulté parmi nous, que la loi a réglé la manière de se marier et de prévenir les surprises.

Les deux autres règles étaient admises dans notre ancienne jurisprudence. *Journ. des aud. t.* 6 *, liv.* 6 *, chap.* 47. *Journ. du pal. t.* 1 *, p.* 390 *,* 486.

Toutes ces conditions ont été abolies parmi nous par les lois du 12 septembre 1791, et 5 brumaire an 2, portant que toute clause impérative ou prohibitive qui serait contraire aux lois ou aux bonnes mœurs, qui porterait atteinte à la liberté religieuse du donataire, héritier ou légataire, qui gênerait la liberté qu'il a de se marier même avec telle personne, soit d'embrasser tel état, emploi ou profession, ou qui tendrait à le détourner de remplir les devoirs imposés, et d'exercer les fonctions déférées par la constitution aux citoyens actifs et éligibles, est réputée non écrite.

D'après ces dispositions et celles du présent article, les legs ou autres libéralités auxquels des conditions prohibitives auraient été imposées ne seraient pas nuls pour cela; les conditions seraient censées seulement non écrites, et la disposition recevrait son exécution pour le surplus.

Et c'est en quoi les actes par lesquels on dispose entre-vifs, ou par dernière volonté, diffèrent des contrats; car les conditions impossibles, ou contre les bonnes mœurs, vicient entièrement ces dernières. Ceux qui ont consenti à de pareilles conditions, disent les jurisconsultes, sont censés n'avoir point traité sérieusement. *Leg.* 1 *, ff. de condit. et demonst. et ib. Gotof. leg.* 31 *de oblig. et act. instit.* §. 10. *de inutil. stipulat.*

CHAPITRE PREMIER.

De la capacité de disposer ou de recevoir par donation entre-vifs ou par testament.

ARTICLE CXCI.

Pour faire une donation entre-vifs ou un testament, il faut être sain d'esprit.

Cette disposition semble, au premier coup d'œil, avoir quelque chose de singulier. Pourquoi exiger d'une manière spéciale que celui qui veut faire une donation ou un testament soit sain d'esprit : cette qualité n'est-elle pas requise dans tous ceux qui font une acte quelconque ? Des contrats faits par une personne dont l'esprit aurait éprouvé quelque altération , ne sont-ils pas dans le cas d'être rescindés ? En quoi peut donc consister cette intégrité de raison que la loi exige plus spécialement dans un donateur ou dans un testateur ? Comment distinguer les différentes nuances qui peuvent distinguer un esprit vraiment sain d'avec celui qui ne l'est pas tout à fait ? Les singularités ou les bizarreries de caractère ne suffisent pas toujours pour établir qu'un homme n'est pas sain d'esprit. « Les « testamens des plus grands hommes, dit d'Aguesseau, « ne seraient pas en sûreté, s'il suffisait, pour leur don- « ner atteinte, de rapporter quelque preuve de la bi- « zarrerie ou de la singularité de l'esprit du testateur. » *plaid.* 29.

La santé de l'esprit, si l'on peut se servir de cette expression, est sans contredit nécessaire aux donateurs et aux testateurs ; qui dit santé, dit un esprit que rien n'agite ni ne trouble, qui se possède parfaitement, autant que les passions ordinaires des hommes peuvent le permettre. Mais de même qu'à l'égard du corps, on ne peut pas dire qu'une personne n'est malade que quand elle a une grosse fièvre ou quelque autre maladie violente, de même aussi il serait absurde de prétendre que l'esprit n'a perdu la santé requise pour la validité des testamens, que lorsqu'il est agité par la fureur, ou abruti entièrement par la démence.

D'un autre côté, on ne peut pas dire qu'un homme soit devenu incapable de disposer, parce qu'il sera d'un esprit moins subtil et un peu plus faible que le commun des hommes, s'il conserve cette lumière nécessaire pour la conduite des affaires et les devoirs ordinaires de la vie.

Si, pour juger de la validité d'un testament, il fallait entrer dans un examen aussi approfondi de la capacité des hommes, quels embarras un tel jugement ne présenterait-il pas ? que de nuages à dissiper ! Il faudrait le concours, non seulement des jurisconsultes, mais encore des médecins et des philosophes.

Au reste, il est si reconnu qu'un testateur doit être sain d'esprit et d'entendement, que les notaires ne manquent jamais de le déclarer en tête des testamens ; ce qui n'empêche pas qu'on n'admette la preuve de l'imbécillité ou de la démence du testateur, si on peut en avoir des preuves. La sagesse de la disposition n'est pas même toujours regardée comme prouvant celle de la personne qui l'a faite.

En pareille occasion, tout l'avantage qu'a un héritier institué est qu'à son égard le testament sert de titre, et que la présomption est pour la sagesse du testateur, jusqu'à ce qu'on prouve le contraire.

On ne peut au reste, après la mort d'un individu, attaquer, pour cause de démence, les actes qu'il a faits de son vivant, qu'autant que son interdiction aurait été prononcée ou provoquée avant son décès, à moins que la preuve de la démence ne résulte de l'acte même qui est attaqué. (Loi du 8 germinal an 11, de la majorité, de l'interdiction, etc. art. CDXCXVIII.

ARTICLE CXCII.

Toutes personnes peuvent disposer et recevoir, soit par donation entre-vifs, soit par testament, excepté celles que la loi en déclare incapables.

Pour la perfection d'une donation ou d'un testament, il y a trois choses à considérer, la capacité de celui qui donne, et de celui qui reçoit, et les formes extérieures des actes. La loi s'occupe ici du premier de ces trois objets. Il y a deux espèces de capacités, l'une qu'on peut appeler active ; c'est celle de la personne qui dispose ; l'autre qu'on nomme passive ; c'est celle de la personne qui reçoit. Dans les successions *ab intestat*, la capacité passive est seule requise. Celui qui décède sans testament, ne faisant que de laisser les biens, sans manifester aucune volonté spéciale sur les distributions à faire après sa mort, n'avait pas besoin d'aucune espèce de capacité pour cela. La capacité de l'héritier suffit pour recevoir l'hérédité.

Dans la succession testamentaire, il faut le concours des deux capacités. Le testament est nul, si celui qui l'a fait n'en avait pas le pouvoir ; il est comme non avenu, si l'héritier ou le légataire ne pouvaient être institués.

La loi du 29 germinal an 11 sur les successions (art. XV, XVI) indique les qualités nécessaires pour former la capacité passive, ou qui rendent quelqu'un capable de succéder *ab intestat ;* elles sont également nécessaires pour succéder en vertu d'une disposition à cause de mort, et même entre-vifs, quoiqu'il y ait à cet égard quelque légère différence, comme nous le dirons plus bas.

Quant à la capacité active pour pouvoir donner et disposer, soit entre-vifs, soit à cause de mort, la présente loi a dû s'en occuper : elle dit ici, en général, que toute personne est susceptible des deux capacités, quand elle n'en est pas privée par la loi.

Il faut ajouter que la capacité du testateur est nécessaire à deux époques, celle où il fait le testament, et celle où la succession est ouverte par sa mort. S'il n'avait pas la capacité de tester lorsqu'il fait ses dispositions, elles seraient nulles, quand même il l'acquerrait dans la suite. Ce qui est nul dans le principe ne peut devenir valable par le laps du temps ; *quod initio non valet tractu temporis non potest convalescere, leg. ff. de regul. caton.* C'est la fameuse régle Catonienne du droit romain. La capacité passive, c'est-à-dire pour succéder, n'est nécessaire qu'à l'époque de l'ouverture de la succession.

ARTICLE CXCIII.

Le mineur âgé de moins de seize ans ne pourra aucunement disposer, sauf ce qui est réglé au chapitre VIII *des donations entre époux*.

Les mineurs étant incapables d'aliéner leurs biens, même à titres onéreux, le sont bien davantage de le faire à titre gratuit. La loi déclare ici que lorsqu'ils sont âgés de moins de seize ans, ils ne peuvent disposer de leurs biens, à quelque titre que ce soit. Elle n'en excepte qu'un cas, celui où il se marierait durant sa minorité. Alors il devient capable de donner à son conjoint, en remplissant les formalités requises, comme nous le dirons plus bas, sur l'art. CCCLXXXIV.

ARTICLE CXCIV.

Le mineur, parvenu à l'âge de seize ans, ne pourra disposer que par testament, et jusqu'à concurrence seulement de la moitié des biens, dont la loi permet au majeur de disposer.

Hors le cas de mariage, dont nous avons parlé sur l'art. précédent, le mineur reste incapable de donner, par acte entre-vifs, jusqu'à sa majorité. La loi est plus indulgente à l'égard des dispositions par acte de dernière volonté. Il y avait autrefois une grande diversité en France sur l'époque à laquelle il est permis de tester. Dans les pays où l'on suivait la loi romaine, qui était devenue si favorable aux testamens, on suivait exactement la disposition de cette loi, qui permettait de tester dès qu'on était devenu pubère, c'est-à-dire, à quatorze ans accomplis pour les hommes, et à douze ans pour les femmes. *Leg.* 5, *ff. Qui testam. face. poss.*

Le mineur ou même en général celui qui était sous la puissance paternelle, ne pouvait pas faire de testament, même avec la permission de son père. Il pouvait seulement, avec cette autorisation, disposer par donation à cause de mort, ou par codicile. *Leg.* 6, *ff. qui testam. facer. poss. leg.* 25 *ff. de mort. caus. donat.* Nous parlerons ailleurs de la différence qu'il y avait entre ces divers actes.

Dans les pays coutumiers, où la faculté de tester

était si opposée à la loi qui les régissait, il n'était permis de tester qu'en majorité. Quelques jurisconsultes
avaient tenté d'y introduire les règles de la loi romaine
à ce sujet; mais leurs efforts avaient été infructueux.
Dans la coutume de Paris, qui servait de règle pour
toutes celles qui n'avaient point de dispositions contraires à ce sujet, on ne pouvait tester de ses meubles
et acquêts qu'à vingt ans, et des propres qu'à 25 ans.
Journ. du pal. tom. I, p. 203; *Denisart,* Vo.
testament.

Il y avait encore une très-grande différence au sujet
de la forme des testamens dans les diverses parties
de la France, comme nous le verrons ailleurs.

L'ordonnance de 1735, qui avait respecté les lois
et les usages suivis dans les diverses provinces de la
France, sur l'étendue de la faculté de tester, n'avait
rien changé également sur l'âge où il était permis de
faire des testamens, et sur la forme extérieure de ces
actes.

Mais il est bien extraordinaire que la loi du 17 nivose et celle du 4 germinal an 8, qui avaient réglé
d'une manière uniforme jusqu'où s'étendaient les pouvoirs du testateur, eussent laissé subsister la diversité
des règles, soit sur l'âge où l'on pourrait tester, soit
sur la forme extérieure du testament.

La loi du 13 floréal a rempli cette lacune. La faculté de tester, qu'elle introduit, ne pourra s'exercer
en entier qu'à la majorité; le mineur seulement parvenu à l'âge de seize ans, pourra disposer par testament de la moitié des biens dont la loi permet au
majeur de disposer.

Mais cet âge de seize ans devra-t-il être accompli
ou seulement commencé? Les expressions de la loi semblent faire pencher pour la dernière opinion : elle dit,

le mineur qui sera parvenu à l'âge de seize ans, c'est-à-dire, qui aura commencé la seizième année.

Cependant la loi romaine, qui permettait au mineur de tester à 14 ans pour les hommes, et à 12 pour les femmes, voulait qu'ils fussent accomplis; et elle le disait expressément. Il suffisait cependant que le dernier jour de la quatorzième ou de la douzième année fût commencé. *Dict. leg.* 5, *ff. qui testam. facer. poss.*

L'année bissextile ne comptait que comme les années ordinaires. Car on les calculait d'un jour à un autre jour, et non d'un instant à un autre. *Leg.* 134, *ff. de verb. Signif.* Ainsi, parmi nous, les jours complémentaires, faisant partie de l'année, elle n'est complète qu'autant que ces jours sont expirés.

Ce n'est pas seulement la faiblesse de l'âge qui restreint la faculté de tester ou l'empêche absolument; celle d'esprit ou de corps, qui est telle, que celui qui en est atteint est dans l'impuissance de manifester sa volonté, produit le même effet. *Leg.* 17, *ff. qui testam. facer. poss.*

Ainsi les insensés, les furieux, n'ont pas la faculté de tester. Les sourds, les muets, les aveugles, ne l'ont qu'avec des précautions, suivant l'ordonnance de 1735.

ARTICLE CXCV.

La femme mariée ne pourra donner entre-vifs sans l'assistance ou le consentement spécial de son mari, ou sans y être autorisée par la justice, conformément à ce qui est prescrit par les articles CCXI et CCXIII, au titre du Mariage.

Elle n'aura besoin ni de consentement du

mari , ni d'autorisation de la justice , pour disposer par testament.

La femme ne pouvant priver son mari, pendant la durée du mariage, de la jouissance et de l'administration des biens dotaux, ne peut les aliéner sans sa permission, ainsi que nous l'avons dit plus amplement sur la loi relative au mariage.

Mais, comme le testament ne recoit d'exécution qu'à une époque où le mariage est dissous par la mort de la femme, le mari n'a plus d'intérêt à l'empêcher, son consentement est donc inutile.

ARTICLE CXCVI.

Pour être capable de recevoir entre-vifs , il suffit d'être conçu au moment de la donation.

Pour être capable de recevoir par testament, il suffit d'être conçu à l'époque du décès du testateur. Néanmoins la donation ou le testament n'auront leur effet qu'autant que l'enfant sera né viable.

Nous avons déjà parlé de la capacité nécessaire pour contracter ou pour recueillir des successions.

La donation étant un véritable contrat qui se forme par le consentement du donateur à se dépouiller de son bien en faveur du donataire, et par le consentement de celui-ci à l'accepter, il est évident que le donataire doit nécessairement exister à l'époque où la donation se fait, car on ne peut donner à un être de raison, et il ne peut accepter ni par lui-même, ni par d'autres ; il suffit cependant que le donataire soit conçu au moment où la donation se fait; car c'est un axiome très-connu en droit, qu'un enfant conçu est censé né toutes les fois qu'il s'agit de son intérêt. *Leg.* 1, *ff. de ventr. in possess. mittend.*

On donne alors un curateur au ventre de la mère; et ce curateur agit pour l'intérêt de l'enfant qu'elle porte dans son sein.

Quant à la capacité pour succéder, on distingue la succession *ab intestat*, et la succession testamentaire. Pour recueillir l'une et l'autre, il faut être capable; mais pour succéder *ab intestat,* il faut être parent du défunt, et parent à l'époque du décès. *Leg.* 8, *ff. de suis et legitim. haered.* C'est le seul instant que la loi connaisse; c'est dans ce point fatal, que, suivant le principe de notre droit, le mort saisit le vif, c'est-à-dire la possession du défunt saisit de suite son héritier La rapidité avec laquelle la loi défère les biens au plus proche héritier est si grande, que celui qui n'existe pas dans ce moment, n'ayant pu la fixer d'abord, est, par rapport à cette succession, comme un étranger ou plutôt comme s'il n'existait pas; ainsi un petit-fils, né long-temps après la mort de son aïeul, ne peut être admis à lui succéder. C'est en vain qu'un héritier ou un légataire aurait été capable pendant la vie du testateur; si quelque accident lui a ravi cette capacité à l'époque de sa mort, il sera perpétuellement exclus. En vain acquerrait-il peu de temps après cette capacité qui lui a manqué dans cet instant critique : tout ce qui précède est inutile, ajoute d'Aguesseau, tout ce qui suit est superflu; un seul moment décide de son sort et de sa capacité. *Plaid.* 14; 53. Ainsi, première règle, il faut être au moins conçu pour être capable de recueillir une succession, *Loi du* 29 *germinal an* 11, *art. XV,* d'après la maxime ci-dessus, qu'un enfant conçu est censé né quand il y a intérêt; mais il ne suffit pas d'être conçu, il faut encore naître viable, c'est-à-dire, susceptible de vivre ; avoir donné, en naissant, des signes qu'on était véritablement au nombre des hommes, et qu'on avait reçu le complément de l'existence.

La règle est, en général, la même pour les successions testamentaires : il faut être au moins conçu à l'époque de la mort du testateur. « L'institution d'un hé-« ritier qui n'est ni né ni conçu au temps de la mort « du testateur, loin d'être approuvée par le droit civil, « est au contraire rejetée par toutes les lois, qui exi-« gent que l'héritier institué soit capable au temps de « la mort du testateur, et à plus forte raison qu'il soit « existant, avec cette différence, que le défaut de capa-« cité civile peut l'effacer par des fictions favorables, « au lieu qu'il est impossible de feindre qu'un homme « ait existé avant que de naître ou d'être conçu. » *D'A-guesseau, tom.* 9, *lett.* 324, 333. M. d'Aguesseau fit de cette maxime une loi, dans l'ordonnance de 1751, art. XCVI.

On s'écarte cependant, en un cas, de la sévérité de la règle dans les successions testamentaires. Ou la disposition du testateur est pure, ou elle est conditionnelle. Dans le premier cas, soit qu'il s'agisse d'une institution d'héritier ou d'un simple legs, on suit la même règle que pour les successions légitimes : il faut être capable dans le temps que la succession est déférée, c'est-à-dire, à l'époque de la mort du testateur.

Mais si la disposition testamentaire est conditionnelle, alors ce n'est plus dans le moment de la mort que l'on examine la capacité de l'héritier ; elle n'est nécessaire que dans le temps de l'échéance, de l'événement et de l'existence de la condition. Jusque là, comme l'héritier ne peut rien acquérir, il ne peut aussi rien perdre. La capacité, dans le temps que l'attente de la condition tient tous ses droits en suspens, lui serait inutile ; il n'est pas juste que son incapacité lui nuise. *Leg. 4, ff. quand. dies legat. vel fideic. ced.* d'Aguesseau, *plaid. 53.*

La mort civile produit le même effet que la mort naturelle. Celui qui en est frappé ne saurait succéder.

L'étranger ne succède en France, soit *ab intestat*, soit par testament, qu'autant que les lois de son pays accordent le même droit au Français d'origine. C'est cette réciprocité qui règle. (Loi du 17 ventose *an 11. Art. XI. XXV.* Loi du 29 germinal *an 11. Art. XV. XVI.*) C'est une règle générale que les incapables de succéder sont réputés pour morts, et ne peuvent faire obstacle à ceux qui suivent. *Leg. 1, §. sed videndum, ff. de success. edict. Leg. 1, cod. eod. Leg. 1, §. 6. ff. de suis et legitim.*

ARTICLE CXCVII.

Le mineur, quoique parvenu à l'âge de seize ans, ne pourra, même par testament, disposer au profit de son tuteur.

Le mineur, devenu majeur, ne pourra disposer, soit par donation entre-vifs, soit par testament, au profit de celui qui aura été son tuteur, si le compte définitif de la tutelle n'a été préalablement rendu et apuré.

Sont exceptés, dans les deux cas ci-dessus, les ascendans des mineurs, qui sont ou qui ont été leurs tuteurs.

La loi, dit M. d'Aguesseau, voulant que les donations et les testamens fussent l'ouvrage de la volonté libre et entière du testateur, n'a pas cru que la libéralité d'un pupille envers son tuteur, ou de toute autre personne envers ses administrateurs, pût porter avec elle les caractères de cette parfaite liberté qu'elle demande dans tous les actes, qui tendent à dépouiller des héritiers. *Plaid.* 1. C'est sur ce motif que l'ordonnance de 1539, art. CXXXI, déclara nulles les dispositions entre-vifs ou testamentaires, faites par des mineurs en faveur de leurs tuteurs, curateurs, etc., et qu'un édit postérieur de 1549, comprit dans la même prohibition, celles qui seraient faites à des personnes interposées. *Journ. du Pal. tom.* 1. *p.* 790. Les réformateurs de la coutume de Paris y insérèrent ces dispositions des ordonnances de 1539 et 1549. Elle porte, art. CCLXXVI, que les mineurs et autres personnes étant en puissance d'autrui, ne peuvent donner ou tester, directement ou indirectement, au profit de leurs tuteurs, curateurs, pédagogues, ou autres administrateurs, et aux enfans desdits administrateurs pendant le temps de leur administration, et jusqu'à ce qu'ils aient rendu compte.

On voit que l'article que nous commentons a été tiré de ces anciennes règles. Il y a cependant quelques différences qu'il est important de remarquer.

L'ordonnance de 1539 et la coutume parlent, non seulement des tuteurs, mais encore des curateurs. La loi du 13 floréal ne fait la prohibition qu'à l'égard des tuteurs, et elle l'étend jusqu'à ce qu'ils aient rendu leur compte. Cela paraît plus raisonnable, puisque les tuteurs ont une administration, et doivent par conséquent un compte. Le curateur n'administre point; il n'est donc jamais comptable.

L'édit de 1549 prohibait également les dispositions qu'on ferait à des personnes interposées pour éluder la loi. Mais il n'explique pas qui l'on doit entendre par personnes interposées. La coutume de Paris ne regarde comme telles que les enfans du tuteur. Mais la loi du 13 floréal y comprend d'autres personnes, comme nous le verrons sur l'art. CCI.

Elle excepte néanmoins les ascendans des mineurs, qui sont ou ont été leurs tuteurs. Cette exception se trouve aussi dans la coutume de Paris. Mais, la coutume exigeait, pour que les ascendans pussent jouir du bénéfice de cette loi, qu'ils ne fussent pas remariés; cette condition, dure par elle-même, et dont on n'apperçoit pas l'utilité, n'était admise ni dans les autres coutumes, ni en pays de droit écrit. *Henrys. tom.* 1. *liv.* 5. *quest.* 38. Elle ne doit l'être nulle part aujourd'hui.

A R T I C L E   C X C V I I I.

Les enfans naturels ne pourront, par donation entre-vifs ou par testament, rien recevoir au-delà de ce qui leur est accordé au titre *des successions.*

La loi du 29 germinal ayant fixé la portion des biens qu'un enfant naturel serait appelé à recueillir dans la succession de ses père et mère, il fallait nécessairement interdire à ceux-ci la faculté d'augmenter cette portion par des actes entre-vifs ou de dernière volonté. Autrement, la loi aurait pu être sans cesse violée; et l'on aurait souvent vu se renouveler le scandale, dont on a été si souvent témoins depuis la loi du 12 brumaire, d'enfans naturels mis sur le même niveau des enfans issus d'un mariage légitime. La faculté de donner ou de tester est superflue à l'égard des enfans naturels : elle ne pourrait du moins s'exercer pour eux qu'à leur préjudice, puisque la loi du 29 germinal, *art. LI,* leur interdit toute réclamation, lorsqu'ils ont reçu, du vivant de leur père ou de leur mère, la moitié de ce qui leur est attribué par la loi, avec déclaration expresse, de la part de leur père ou mère, que leur intention est de réduire la portion de l'enfant naturel à celle qu'ils lui ont assignée.

Cette déclaration peut se faire dans l'acte même de

donation, ou par un acte postérieur, ou même par un testament.

ARTICLE CXCIX.

Les docteurs en **médecine** ou en chirurgie, les officiers de santé et les pharmaciens qui auront traité une personne pendant la maladie dont elle meurt, ne pourront profiter des dispositions entre-vifs ou testamentaires qu'elle aurait faites en leur faveur pendant le cours de cette maladie.

Sont exceptées, 1° les dispositions rémunératoires faites à titre particulier, eu égard aux facultés du disposant et aux services rendus.

2° Les dispositions universelles, dans le cas de parenté jusqu'au quatrième degré inclusivement, pourvu toutefois que le décédé n'ait pas d'héritiers en ligne directe; à moins que celui au profit de qui la disposition a été faite, ne soit lui-même du nombre de ces héritiers.

Les mêmes règles seront observées à l'égard du ministre du culte.

L'incapacité de succéder à leurs mineurs, dont les ordonnances avaient frappé les tuteurs et curateurs, fut étendue par la jurisprudence à tous ceux qui, par leur état et leur profession, pouvaient avoir de l'influence et maîtriser la volonté de ceux de qui ils recevaient des libéralités. La raison de la loi étant générale, l'application devait l'être aussi. Dans cette classe, on rangeait avec raison les médecins , chirurgiens, et autres qui exercent l'art de guérir , et qui ont tant de moyens de dominer la volonté d'une personne affaiblie par la maladie , et qui , par le desir de guérir , se prête facilement à toutes les illusions , et se laisse dominer par toutes les craintes.

Les legs ou autres libéralités faits en leur faveur par les malades qu'ils avaient traités étaient déclarés nuls. On distinguait cependant les legs ou donations faits en santé et ceux qui l'avaient été en maladie : il n'y avait que les derniers qui fussent proscrits. *Journal des Aud. tome* 1 *, liv.* 4 *, chap.* 32 *; tome* 2 *, liv.* 4 *, chap.* 43 *; liv.* 7 *, chap.* 31. Et encore fallait-il que ce fût la maladie dans le cours de laquelle le donateur ou le testateur était mort.

, La loi nouvelle, en admettant la règle de l'ancienne jurisprudence, a admis l'exception

Elle en établit deux autres, qui étaient reçues également autrefois : la première est celle où le donateur ou le testateur récompenserait par un don, ou un legs particulier, les services qu'on lui aurait rendus. Le don qui est fondé sur un motif de reconnaissance est différent de celui qui est l'effet de la seule libéralité du donateur. *Munus est donum cum causâ. Leg.* 194. *ff. dev.* 5 *, et leg.* 214 *, ibid.*

Par la seconde, elle permet même les dispositions à titre universel, si celui en faveur de qui elle est faite se trouve parent du testateur jusqu'au quatrième degré inclusivement.

Cette exception n'a lieu cependant qu'autant que le testateur n'a pas d'héritier en ligne directe ; à moins que celui au profit duquel la disposition est faite soit du nombre de ses héritiers. Mais cette prévoyance de la loi est ici superflue, puisque celui qui a des héritiers en ligne directe ne peut faire de dispositions à titre universel.

L'incapacité que la loi maintient à l'égard des médecins, chirurgiens, etc., s'étendait, en certains cas, à l'égard de quelques personnes qui, par leur état, pouvaient avoir de l'empire sur ceux envers qui ils l'exerçaient : ainsi on doutait si un maître pouvait recevoir de legs de son domestique ou de son apprenti, un officier de son soldat, un avocat ou un procureur de son client, etc. On décidait les questions de cette espèce suivant les circonstances. Voyez, quant aux avocats et aux procureurs, *Henrys, tome* 2 *, liv.* 4 *, quest.* 55.

La loi, ne parlant pas de ces diverses incapacités, est censée ne pas les adopter. Elle ajoute seulement que les règles qu'elle vient d'établir à l'égard des médecins et autres, seront observées à l'égard des ministres du culte.

Autrefois les legs faits par un pénitent à son confesseur étaient nuls. *Journ. du Pal. tom.* 1 *, p.* 461. Et lorsque ce confesseur était un moine, la nullité s'étendait aux legs faits à son couvent. *Journal des Aud. tome* 2 *, liv.* 1 *, chap.* 19. *Henrys, tome* 2 *, liv.* 4 *, quest.* 54.

La disposition de la nouvelle loi semble s'étendre à tous les ministres du culte en général, même à ceux qui n'admettent point la pratique de la confession. C'était cependant cette pratique qui avait été le motif de la jurisprudence introduite à ce sujet.

Au demeurant, les questions concernant les ministres du culte doivent se décider d'après les mêmes règles que celles touchant les médecins, etc. Il faut que le ministre du culte, pour être incapable, ait été appelé dans la dernière maladie du testateur, qu'il ne soit pas son parent, etc.

ARTICLE CC.

Les dispositions entre-vifs ou par testament au profit des hospices, des pauvres d'une commune, ou d'établissement d'utilité publique, n'auront leur effet qu'autant qu'elles seront autorisées par un arrêté du Gouvernement.

Cet article concerne les donations et les testamens en faveur de ceux qu'on appelait autrefois gens de main-morte, expression qui semblait en sens inverse de ce que l'on voulait dire, puisque ces gens de main-morte étaient précisément des gens qui ne mouraient jamais, et dont les biens, par cette raison, ne pouvaient ni être aliénés, ni transmis par succession.

Les plus anciens jurisconsultes Romains, sévères dans leurs maximes, pensaient que toutes les espèces de communautés, étant en quelque sorte des personnes incertaines, ne pouvaient être l'objet des libéralités d'un donateur ou d'un testateur. On fut long-temps à revenir de ce préjugé. On en était tellement entiché, que, lorsque le roi Attale institua le peuple romain son héritier, l'on crut qu'il était nécessaire d'interposer l'autorité du sénat pour accepter et pour confirmer cette institution.

On s'apperçut avec le temps de l'erreur où l'on était. Les communautés, quelles qu'elles soient, ne sont jamais que des réunions d'hommes : ou si des hommes isolés sont capables de propriété, et de recevoir des donations et des legs, pourquoi la perdraient-ils étant réunis ? Les familles ne sont-elles pas des espèces de communautés ?

Ce ne fut cependant que sous l'empire d'Adrien, ou même de Marc-Aurèle, qu'on se relâcha de la

rigueur de l'ancien droit. On permit d'abord les legs
particuliers en faveur des communautés ; on autorisa
ensuite les dispositions universelles. Tous les colléges
licites, toutes les compagnies approuvées par les lois,
furent comprises dans ce bienfait des empereurs. Les
églises chrétiennes, qui en avaient été exclues jusqu'à
Constantin, y participèrent alors. La liberté excessive
que ce prince accorda de laisser en mourant tous ses
biens aux églises, donna lieu à de grands abus. Les
empereurs Valens et Valentinien essayèrent d'en arrêter les progrès ; Théodose, Martien et Justinien après
lui, renouvelèrent la loi de Constantin. Les fidèles don-
nèrent leurs biens aux églises avec profusion. On vit
les plus grands Évêques les refuser, quand les donateurs avaient, des enfans ou de proches parens. Cette
sage réserve ne fut pas toujours imitée. On trouve
dans nos anciennes lois, et principalement dans les
Capitulaires de Charlemagne, des défenses aux ecclé-
siastiques de recevoir les biens qui leur sont offerts,
au préjudice des parens et des plus proches héritiers.
Cette ancienne loi fut souvent rappelée dans les jugemens des cours souveraines. *D'Aguess. Plaid.* 1.

Les propriétés des gens de main-morte, et sur-tout
de l'église, ont été de tous les temps un objet de con-
voitise. Dans le cours de l'existence de la monarchie
française, on les a vus, à diverses reprises, tantôt dépouillés par la force, et ensuite réparant, par la patience
et l'adresse, les pertes qu'ils avaient éprouvées. C'était,
quoi qu'on en dise, une institution salutaire dans les
pays où il y a une grande inégalité dans les fortunes.
Ces biens étaient essentiellement destinés au soulagement de ceux qui n'en avaient pas d'autres ; et si cette
destination n'était pas toujours exactement remplie, elle
n'était jamais entièrement trompée.

Le pauvre en avait toujours sa portion d'une manière ou d'autre. Ces propriétés, en quelque sorte am-

bulantes , qui se promenaient alternativement dans toutes les familles servaient à y réparer les erreurs ou les accidens de la fortune.

Les gouvernemens avaient fait plus sagement , lorsqu'en cessant de convoiter les biens des mains-morte , ils avaient cherché à empêcher leur multiplication , et à mettre des bornes à leurs acquisitions. On employait plusieurs moyens pour cela. On les avait soumis à des droits d'amortissement , et aucun établissement n'était valide , s'il n'avait été approuvé par des lettres - patentes. Sans cette précaution , il n'avait pas d'existence politique , et il était incapable de recevoir des donations et des successions.

Un édit de Louis XIV de 1666 , réunit les anciennes règles à ce sujet , qu'on n'avait pas toujours été exact à observer.

Les dispositions de cet édit furent renouvelées , et même accrues sous Louis XV, en 1749; mais ce fut dans un esprit différent. Cette précaution était d'autant plus inutile, que dès-lors, bien loin de donner aux gens de main-morte , on méditait de les dépouiller. L'édit de 1749 donna le premier ébranlement à l'édifice qui a croulé cinquante ans après.

On porta l'exagération jusqu'à comprendre les établissemens d'instruction publique, et même les hôpitaux dans ses dispositions, comme on l'a vu pratiquer encore de nos jours. Mais alors comme à présent, on s'apperçut bientôt qu'il y a eu des pauvres de tous les temps, et que les établissemens destinés à les secourir ne pouvaient être confondus avec ceux qui n'avaient pas pour objet aussi direct le soulagement de l'humanité. On fut contraint d'établir des exceptions en leur faveur, ainsi qu'on y a été encore obligé de le faire de nos jours.

L'assemblée constituante déclara que les biens des gens de main - morte appartenaient à la nation. Depuis lors, ceux qui ont échappé au naufrage, sont confondu avec le domaine de l'état, qui se régissait auparavant par des règles différentes.

Elles sont les mêmes aujourd'hui ; ainsi qu'un bien appartienne à l'état, à l'église, à une commune, il est censé toujours domaine national. La destination n'en est seulement pas toujours la même.

Il est administré sous l'inspection de l'autorité publique, par ceux à qui elle a voulu en confier le soin. Les procès qui s'intentent à ce sujet, quand il est question de la propriété, ne peuvent l'être qu'avec l'assentiment de l'autorité administrative. Si on a des prétentions à former, il faut d'abord adresser un mémoire au préfet, représentant aujourd'hui les anciennes administrations. *Loi du* 5 *novembre* 1790.

Le préfet ou le conseil de préfecture doit y délibérer dans le mois.

On ne peut s'adresser aux tribunaux dans les matières de leur compétence, qu'après avoir rempli ce préalable.

Quand il ne s'agit uniquement que des revenus, ceux qui jouissent des revenus nationaux ou qui les administrent, peuvent en poursuivre le recouvrement avec l'autorisation du conseil de préfecture ; si c'est la propriété foncière qui est contestée, le préfet doit être mis en cause.

On voit, d'après cela, l'application de la règle générale établie par cet article, que toutes les dispositions entre-vifs, ou par testament en faveur de tout établissement d'utilité publique, n'ont d'effet qu'autant qu'elles sont autorisées par un arrêté du gouvernement.

Le ministre de l'intérieur, et sur l'avis du préfet, fait un rapport sur l'utilité de l'établissement en faveur de

quel la disposition a été faite, et le gouvernement apé-
prouve ou rejette.

Il y a pour les dons faits aux hospices un arrêté du
gouvernement, du 15 brumaire an 12.

On ne peut exiger avant l'exécution de la disposition. Le préfet doit seulement prendre les mesures con-
servatoires.

Les mêmes règles s'observent pour les fondations
pieuses permises par la loi du 18 germinal an 11.

<h3 style="text-align:center">ARTICLE CCI.</h3>

Toute disposition au profit d'un incapable sera nulle, soit qu'on la déguise sous
la forme d'un contrat onéreux, soit qu'on
la fasse sous le nom de personnes interposées.

Seront réputées personnes interposées,
les pères et mères, les enfans et descendans, et l'époux de la personne incapable.

Les dispositions faites à des incapables étant nulles,
les choses qui y étaient comprises ne peuvent être récla-
mées par celui à qui le testateur les avait destinées ; elles
restent aux héritiers du sang ou à ceux institués par le
testament.

La loi ne s'est pas arrêté là ; elle a voulu empêcher,
non seulement qu'on ne pût l'enfreindre, mais encore
elle a voulu ôter les moyens de l'éluder. Ces moyens se
réduisent à deux principaux. Le premier est de déguiser
la libéralité sous la forme d'un contrat onéreux, tel
qu'une vente simulée ; l'autre, au lieu de la faire directement à la personne incapable, de la laisser à une personne interposée. La vente simulée a été employée
très-souvent pour éluder les dispositions de la loi du 17

nivose sur les successions; et bien de procès se sont
élevés à ce sujet. Il ne suffit pas d'alléguer la simulation,
il faut la prouver. Les conjectures les plus vraisembla-
bles ne sont pas toujours une preuve. Il n'est pas possible
de donner des règles précises sur ce point. Ce sont souvent les circonstances qui décident, comme dans toutes
les matières conjecturales.

Quand au second moyen concernant les personnes
interposées, la loi réputent comme telles, toutes celles
qui sont dans une telle liaison avec l'incapable, que donner à elles, c'est donner à lui-même. L'art. CCCXXXIX
de ette loi parle encore des personnes interposées et de
celles qui doivent être réputées telles. Le nombre en est
plus grand dans ce dernier article.

Si l'interposition des personnes s'était faite par le
moyen de quelqu'un non compris dans la disposition
de la loi, la libéralité n'en serait pas moins nulle. Mais,
dans ce cas, il faudrait prouver l'interposition que la
loi présume dans l'autre.

ARTICLE CCII.

On ne pourra disposer au profit d'un
étranger, que dans le cas où cet étranger
pourrait disposer au profit d'un Français.

Cet article se réfère à l'art. XI de la loi du 17 ventose
sur la jouissance et la privation des droits civils, portant
que l'étranger jouira en France des mêmes droits civils,
que ceux qui sont ou seront accordés aux Français par
les traités de la nation à laquelle cet étranger appartiendra.

Le droit d'aubaine existe donc à l'égard d'un étranger
quelconque, lorsqu'il n'a pas été aboli par des traités
avec le gouvernement de la nation à laquelle il appartient. Il n'y a de droits à cet égard, que ceux qui sont
réciproques. On a apperçu l'abus de l'imprudente géné-

rosité de l'assemblée nationale, qui avait admis tous les étrangers à succéder en France, tandis que les Français ne jouissaient pas, la plupart du temps, du même droit chez eux.

CHAPITRE II.

De la portion de biens disponible, et de la réduction

SECTION PREMIÈRE.

De la portion de biens disponible.

ARTICLE CCIII.

Les libéralités, soit par actes entre-vifs, soit par testament, ne pourront excéder la moitié des biens du disposant, s'il ne laisse à son décès qu'un enfant légitime, le tiers s'il laisse deux enfans, le quart s'il en laisse trois ou un plus grand nombre.

La grande latitude que la loi du 13 floréal laisse à la faculté de tester exigeait qu'on établît des règles, pour fixer la portion disponible, et la manière d'en faire la réduction, au cas où le donateur ou le testateur l'aurait excédée. Ces règles ne concernent que les parens dans la ligne directe, qui se doivent mutuellement une portion de leurs biens. Elles sont inutiles en collatérale, ou chacun pouvant donner à ses libéralités l'étendue qu'il juge à propos, il n'y a jamais de réduction à faire.

Les deux parties de la France, connues sous le nom

de pays de droit écrit et de droit coutumier, étaient régies autrefois à cet égard, par des lois dont l'esprit était
le même, quoi qu'il y eût quelque différence dans leurs
dispositions.

Le droit primitif romain, comme nous l'avons déjà
dit, adjugeait les successions aux parens les plus proches par mâles. La faculté de tester était d'abord très-
restreinte et soumise à des formes compliquées. Elle
devint très-facile et très-illimitée avec le temps. Un
père avait le pouvoir de disposer de la totalité de ses
biens, au détriment de ses enfans, et de les transporter
en entier à des étrangers. On trouva une pareille faculté
extrêmement dure. Les pères furent obligés de laisser
au moins à leurs enfans une portion de leurs biens qu'on
appela la légitime. Ils ne pouvaient les en priver qu'en les
exhérédant ; et l'exhérédation totale n'avait lieu que
pour des motifs graves déterminés par la loi.

Par les dernières lois romaines sur cette matière, la
portion des biens du père, qui devait fournir la légitime
des enfans, était le tiers de l'hérédité, quand il y avait
quatre enfans ; ce qui leur donnait à chacun le tiers de
ce qu'ils auraient eu s'ils avaient succédé *ab intestat*.
Quand il y avait plus de cinq enfans, cette portion légitimaire était de la moitié de l'hérédité. *Novell.* 18.
cap. 1. *authentic. novissima. cod. de inoff. testam.*

Telle était la bizarrerie de cette fixation, que la légitime de chaque enfant était plus forte, quand ils étaient
cinq, que quand ils étaient quatre.

Dans le premier cas, le père pouvait disposer à son
gré de la moitié de ses biens, et des deux tiers dans
l'autre.

En pays coutumier, le principe fondamental était
d'adjuger à chaque ligne les biens qui en étaient provenus. C'était ce qu'on appelait les propres ; et, celui
qui les possédait on était plutôt, en ce sens, l'usufruitier

que le propriétaire. Dans les temps les plus anciens, il ne pouvait les aliéner sans le consentement de ses plus proches parens. Il acquit ce pouvoir avec le temps ; mais l'interdiction d'en disposer par testament subsista toujours.

La coutume de Paris permit seulement de tester du quint des propres ; elle accorda la même faculté pour la totalité des meubles et des acquets. Dans les successions composées des biens de cette espèce, la légitime qu'on devait laisser aux enfans, était la moitié de la part que chaque enfant aurait eue, dans la succession de ses père et mère, et autres ascendans, s'ils n'avaient fait aucune disposition entre-vifs ou testamentaires *Cout. de Paris, art.* CCXCXVIII.

Les autres coutumes, ou suivaient celles de Paris, ou elles avaient adopté ou modifié la règle du droit romain.

Dans l'un et l'autre droit, les enfans avaient donc une légitime à prétendre sur les biens de leurs père et mère, et autres ascendans.

La différence était, qu'en pays coutumier les plus proches du sang étaient toujours les héritiers de droit, et se trouvaient saisis de l'hérédité par le décès du testateur ; celui en faveur duquel il avait disposé de la portion disponible ne la prenait qu'à titre particulier de légataire, et était obligé d'en demander la délivrance aux héritiers de droit.

En pays de droit écrit, au contraire, l'héritier institué succédait à l'universalité des droits du défunt. Les légitimaires étaient obligés de lui en demander la délivrance : la légitime, cependant, devait être laissée à titre d'héritier ; le testateur devait leur donner ce titre dans son testament, à peine de nullité, comme nous le dirons ailleurs. Les légitimaires étaient censés cohéritiers, ce qui leur donnait des droits plus étendus qu'au simple légataire, dont les prétentions n'excédaient pas la chose qui lui était léguée ; tandis que la légitime devait se prendre sur l'universalité des biens du défunt : la différence entre les deux droits consistait donc, sur ce point, en bien peu de chose.

Elle cessa par la loi du 17 nivose an 2, qui fit prévaloir les principes les plus rigoureux de la jurisprudence coutumière, en privant les parens du droit de disposer de leurs biens, et d'avantager leurs enfans au détriment les uns des autres.

Ils furent réduits à la plus exacte égalité : les pères, non plus que tous les autres, n'eurent plus, dans aucune partie de la France, le pouvoir de créer des héritiers; la loi seule donnait cette qualité. Les enfans, et, à leur défaut, les parens les plus proches, furent saisis de droit de la succession, et c'est à eux qu'il falloit s'adresser pour demander la délivrance de la faible portion dont la loi permettait de disposer.

Celle du 4 germinal, sans rien changer à ce principe, qui détruisait l'institution d'héritier, au moins en ligne directe, agrandit la faculté de disposer; elle accorda aux père et mère celle que leur avait refusée la loi du 17 nivose, de pouvoir donner, à l'un de leurs enfans, la partie de leurs biens, qu'on laissait à leur disposition.

La loi du 13 floréal exclut également l'institution d'héritier en ligne directe. Les enfans sont les héritiers de droit de leurs père et mère; les père et mère le sont de leurs enfans. Les uns et les autres ont le droit de disposer d'une partie de leur bien, soit en faveur de quelqu'un de leurs enfans, soit en faveur d'étrangers; mais ceux qui sont appelés à recueillir ces libéralités, ne les ont qu'en qualité de légataires. Ils doivent en demander la délivrance aux héritiers de droit du testateur.

Le présent article détermine la portion de leurs biens dont les père et mère pourront disposer; elle est plus ou moins forte, suivant le nombre de leurs enfans : ainsi, les ascendans qui laisseront un enfant légitime pourront disposer de la moitié de leurs biens, soit par acte entre-vifs, soit par testament; ils disposeront du tiers s'ils en laissent deux, et du quart s'ils en laissent trois, ou un plus grand nombre.

Les enfans naturels ayant, en certain cas, une légitime à prétendre sur les biens de leurs parens, il est certain aussi qu'ils n'en peuvent pas disposer à leur préjudice.

ARTICLE CCIV.

Sont compris dans l'article précédent, sous le nom d'enfans, les descendans en quelque degré que ce soit; néanmoins ils ne sont comptés que pour l'enfant qu'ils représentent dans la succession du disposant.

On entend en général, dans la langue du droit, par le mot enfans, ceux que les Romains appelèrent *liberi*, et qui étaient, non seulement les enfans au premier degré, mais encore ceux qui descendaient d'eux, soit par les mâles, soit par les femelles. *Leg.* 56, §. 1, *ff. de V. signif. et Leg.* 220, *ibid.*

Ainsi, quand, dans l'article précédent, on borne la faculté de disposer d'après le nombre des enfans que l'on a, cette règle a lieu, non seulement lorsqu'il y a des enfans au premier degré, mais quand il existe des enfans descendans d'eux, en quelque degré que ce soit : mais alors les descendans ne sont comptés que pour l'enfant qu'ils représentent dans la succession du disposant.

Dans l'article 29 de la loi du 29 germinal an 11, relative aux successions, on définit la représentation une fiction de la loi, dont l'effet est de faire entrer

entrer les représentans dans la place, dans le degré et dans les droits du représenté.

Mais il semble que la représentation, loin d'être une fiction, est une réalité.

Une fiction est la supposition d'un cas, d'après lequel on agit tout comme s'il était réellement vrai. Quand on dit qu'un enfant conçu est censé né, quand il est question de son intérêt ; c'est une fiction d'après laquelle on donne à cet enfant un curateur pour le maintien de ses droits, tout comme s'il était déjà au nombre des hommes.

Mais quand des petits-fils prennent la place de leur père, pour le représenter dans la succession de l'aïeul, il n'y a pas là de fiction ; on ne suppose point un fait qui n'est pas vrai.

Pour revenir à notre sujet, les petits-enfans, dans le cas de cet article comme dans celui de la succession *ab intestat*, en prenant la place de leur père ou de leur mère, et en les représentant, n'opèrent pas un effet différent que s'il existait lui-même. Ainsi un testateur qui, n'ayant qu'un seul enfant, peut disposer de la moitié de ses biens, conserve la même faculté, bien que son enfant prédécédé ait laissé plusieurs enfans ; mais l'existence de ces petits-enfans, comme celle de leur père, empêche qu'il ne puisse disposer au-delà de cette moitié.

ARTICLE CCV.

Les libéralités par actes entre-vifs ou par testament ne pourront excéder la moitié des biens, si, à défaut d'enfant, le défunt laisse un ou plusieurs ascendans dans chacune des lignes paternelle et maternelle ; et les trois quarts, s'il ne laisse d'ascendans que dans une ligne.

Les biens ainsi réservés au profit des ascendans, seront par eux recueillis dans l'ordre où la loi les appelle à succéder : ils auront seuls droit à cette réserve, dans tous les cas où un partage en concurrence avec des collatéraux ne leur donnerait pas la quotité de biens à laquelle elle est fixée.

Le droit romain, en obligeant les pères de laisser une légitime à leurs enfans, imposait la même obligation aux enfans envers leurs pères.

Les règles que l'on suivait en pays coutumiers, sur la distinction et le partage des biens, ne permettaient pas de donner une légitime aux ascendans. Ils étaient exclus de tous les biens propres de leurs enfans, qui devaient retourner à la ligne d'où ils étaient provenus. On trouvait, en pays de droit écrit, cette exclusion bien dure.

Une intrigue de cour arracha en 1567 au chancelier de l'Hôpital un édit qui, dans les pays même de droit écrit, privait les mères de la succession de leurs enfans, et portait que les biens de ces enfans provenus du père, de l'aïeul, d'oncles collatéraux ou autres parens du côté paternel, retourneraient aux parens les plus proches de cette ligne. L'intérêt de la noblesse en fut le principal motif ; cet édit qu'on appela l'édit des mères, et à qui le nom de d'édit contre les mères aurait mieux convenu, se trouvait en opposition avec le système général de la jurisprudence romaine ; il ne fut point admis dans la plupart des pays de droit écrit ; et dans ceux où il le fut, il y produisit une telle confusion de l'esprit du droit français avec celui du droit romain ; et la difficulté de l'accorder l'un avec l'autre y occasionna tant de procès, et une telle incertitude dans la jurisprudence, que le chancelier d'Aguesseau fut obligé de le révoquer par un autre du mois d'août 1729. Les mères rentrèrent dans le droit de recueillir ces tristes successions.

La loi du 17 nivose, suivant en cela l'esprit de la jurisprudence coutumière, ne fit rien en faveur des ascendans. Elle abolit la distinction des biens en propres et en acquêts ; elle partagea les successions en deux portions égales, dont elle adjugea l'une aux parens de la ligne paternelle, et l'autre à ceux de la ligne maternelle.

Mais dans ce partage les ascendans furent toujours exclus par les héritiers collatéraux, qui descendaient d'eux ou d'autres ascendans au même degré.

Un père ou une mère n'avaient rien à prétendre dans la succession de leur enfant, lorsqu'il laissait des frères ou des sœurs.

La loi du 13 floréal, en conservant le partage de la loi du 17 nivose des biens entre la ligne paternelle et maternelle, a corrigé la dure exclusion des ascendans par les collatéraux. Ils sont admis en concours, comme ils l'étaient par la loi romaine dans la succession *ab intestat*, comme on le voit par la loi du 29 germinal.

Par celle-ci, les enfans qui laissent des ascendans, ne peuvent disposer de la totalité de leurs biens. Ils doivent leur laisser une légitime, comme les ascendans sont tenus de le faire à leur égard.

Les ascendans sont les héritiers de droit, comme les descendans le sont aussi. Les légataires de la partie

disponible sont obligés de leur en demander la délivrance.

Lorsqu'à défaut d'enfans, le défunt laisse un ou plusieurs ascendans dans les lignes paternelles et mater-
nelles, il ne peut disposer que de la moitié de ses biens,
l'autre moitié est réservée aux ascendans ; il dispose
des trois quarts, s'il ne laisse des ascendans que dans
une ligne.

Après avoir ainsi déterminé la portion réservée aux
ascendans, la loi veut qu'elle soit partagée entre eux
dans l'ordre où elle les appelle à succéder. Les enfans
recueillent également la portion dont les parens n'ont
pu disposer, dans l'ordre où ils sont admis à succéder.

Il faut donc se reporter, pour cette distribution, à la
loi du 29 germinal sur les successions, qui, dans l'article XXXVI et suivant, règle l'ordre dans lequel les
ascendans sont appelés à succéder à leurs descendans.

On y voit que la succession des enfans qui ne laissent
ni frère, ni sœur, ni descendans d'eux, se partage
par moitié entre les ascendans de la ligne paternelle,
et les ascendans de la ligne maternelle. Il n'y a pas de
représentation en ligne ascendante. Le plus proche exclut toujours le plus éloigné. Les ascendans au même
degré succèdent par tête.

Lorsque l'enfant prédécédé sans postérité laisse des
frères, sœurs ou descendans d'eux, la succession se
divise en deux portions égales, dont moitié seulement
est déférée au père et à la mère qui la partagent également. (art. XXXVIII.) L'autre moitié appartient aux
frères, sœurs ou descendans d'eux.

Nous ne rappelons ces dispositions de la loi du 29
germinal, qui n'est pas de notre sujet, que pour indiquer de quelle manière doit se partager entre les ascendans la légitime que la loi leur réserve.

Le projet de la loi portait : S'il n'y a d'ascendans que dans une des lignes, ils auront seuls droits à la réserve, dans tous les cas où un partage en concurrence avec des collatéraux ne leur donnerait pas la quotité de bien à laquelle elle est fixée.

Dans la rédaction définitive on a retranché, comme superflus sans doute, ces mots, *s'il n'y a d'ascendans que dans une des lignes*. L'article ne laisse pas que de présenter quelque obscurité.

La loi avait déjà dit que la réserve, au cas où il n'y aurait d'ascendant que dans une ligne, ne serait que d'un quart des biens.

Ici elle suppose que l'ascendant se trouve en outre en concours avec des frères et sœurs ou descendans d'eux, qui, par la loi du 29 germinal, sont appelés concurremment avec les ascendans à succéder à leurs frères et sœurs décédés. Si ces frères ou sœurs ont testé de toute la portion disponible, moins la réserve des ascendans, cette réserve leur appartient en entier. Les collatéraux n'ont rien à y prétendre. Ils n'ont pas de partage à faire avec eux.

La loi ne veut donc dire autre chose, sinon que l'enfant prédécédé a bien pu tester de la portion qui revenait à ses frères ou sœurs, mais non de celle que la loi réservait aux ascendans, qui doit leur demeurer entière.

ARTICLE CCVI.

A défaut d'ascendans et de descendans, les libéralités par actes entre-vifs ou testamentaires pourront épuiser la totalité des biens.

Le droit romain donnait encore une légitime sur la succession des frères ou des sœurs, lorsqu'ils avaient

institué par leur testament une personne *honteuse.*
Leg. 27, cod. de inoffic. testam. Et cela s'était conservé dans les pays de droit écrit.

On voit, par les motifs de la loi, que tout examen
fait, une réserve en pareille cas était inutile, et qu'il
valait mieux, comme on l'a fait, donner une liberté
illimitée.

Ainsi s'est terminée la longue lutte entre les principes du droit écrit et du droit coutumier, dont les
uns tendaient à rendre illimitée la faculté de tester, et
les autres à la restreindre. Les premiers l'ont emporté.

ARTICLE CCVII.

Si la disposition par actes entre-vifs ou
par testament est d'un usufruit ou d'une
rente viagère dont la valeur excède la quotité disponible, les héritiers au profit desquels la loi fait une réserve, auront l'option, ou d'exécuter cette disposition, ou de
faire l'abandon de la propriété de la quotité
disponible.

La quotité disponible, au lieu d'être donnée ou léguée en propriété, peut l'être en usufruit ou en rente
viagère. On n'a pas alors une règle bien certaine pour
connaître si le testateur a excédé les limites que la loi lui
imposait. On estime ordinairement l'usufruit au tiers
de la propriété. Mais ici la loi prescrit un mode plus
facile pour faire cesser toute contestation à ce sujet.
Lorsque le testateur aura donné en usufruit la quotité
disponible, les héritiers auront l'option, ou de payer cet
usufruit en propriété, ou bien d'abandonner au légataire
usufruitier la valeur de la quotité disponible.

ARTICLE CCVIII.

La valeur en pleine propriété des biens aliénés, soit à charge de rente viagère, soit à fonds perdu, ou avec réserve d'usufruit, à l'un des successibles en ligne directe, sera imputée sur la portion disponible ; et l'excédant, s'il y en a, sera rapporté à la masse. Cette imputation et ce rapport ne pourront être demandés par ceux des autres successibles en ligne directe qui auraient consenti à ces aliénations, ni, dans aucun cas, par les successibles en ligne collatérale.

L'article XXVI de la loi du 17 nivose portait que toutes donations à charge de rentes viagères ou rentes à fonds perdus en ligne collatérale, à l'un des héritiers présomptifs, ou à ses descendans, étaient interdites, à moins que les parens du degré de l'acquéreur, et de degrés plus prochains, n'y fussent intervenus, et n'y eussent consenti.

Cette disposition était une conséquence de l'égalité que l'intention de cette loi était d'établir entre les successibles, soit en ligne directe, soit en ligne collatérale. Elle ne voulait pas qu'on pût l'éluder par des donations à rentes viagères ou de rentes à fonds perdus faites à des successibles. Ces donations et ces rentes étaient déclarées nulles, et le donataire était obligé de rapporter dans la succession les effets donnés ou vendus, à moins que ceux au préjudice de qui ces donations ou ces rentes avaient été faites, n'y fussent intervenus ou n'y eussent consenti.

La disposition de l'article de la loi du 13 floréal an 11, que nous examinons, est le même, à la différence qui existe entre les dispositions de ces deux lois, sur l'étendue de la faculté de tester.

La loi du 13 floréal an 11 établit une portion dont elle laisse le droit de disposer en ligne directe. Mais on ne peut aller au-delà, et tous les moyens qu'on prendrait pour l'éluder en déguisant les libéralités sous le titre de donation, ou de rente à fonds perdu, ne serviraient de rien. Les cosuccessibles peuvent en demander l'imputation sur la quotité disponible, et exiger qu'on rapporte ce qui excède : ils seraient privés de ce droit s'ils y avaient consenti.

Dans cette loi, ce droit n'appartient point aux successibles en ligne collatérale, comme dans celle du 17 nivose, puisqu'il n'y a plus aujourd'hui de réserve en leur faveur.

ARTICLE CCIX.

La quotité disponible pourra être donnée en tout ou en partie, soit par actes entre-vifs, soit par testament, aux enfans ou autres successibles du donateur, sans être sujette au rapport par le donataire ou légataire venant à la succession, pourvu que la disposition ait été faite expressément à titre de préciput ou hors part.

La déclaration que le don ou le legs est à titre de préciput ou hors part, pourra être faite, soit par l'acte qui contiendra la disposition, soit postérieurement dans la forme des dispositions entre-vifs ou testamentaires.

Cet article confirme la faculté que la loi du 4 germinal an 8 avait restituée aux ascendans, et que leur ôtait la loi du 17 nivose, de disposer de la quotité disponible en faveur d'un de leurs enfans successibles ; mais, pour qu'elle ne soit pas sujette à rapport, il faut qu'ils déclarent expressément, soit par l'acte qui contient la disposition, soit par un acte séparé, dans la forme des dispositions entre-vifs et testamentaires, que leur intention est que celui qu'ils gratifient de leur réserve, l'aura à titre de préciput ou hors part.

Sans cela, il serait tenu de la rapporter dans la succession, ou du moins de la prendre à compte de la portion qui lui reviendrait.

La donation, en ce cas, ne serait regardée que comme une démission en avancement d'hoirie ; et l'effet d'une disposition testamentaire, car il faut bien qu'elle en ait quelqu'un, se réduirait à donner au légataire le droit de prendre la chose léguée en en tenant compte sur sa portion.

Cette disposition fait cesser toutes ces discussions qui avaient lieu autrefois dans les pays coutumiers, pour savoir si on pouvait être héritier et donataire tout ensemble. L'égalité que ce droit tendait à établir entre les successibles semblait y résister : la rigueur de la règle avait éprouvé quelques modifications.

Cette réunion des deux qualités avait toujours été admise dans le droit romain ; et ces maximes, qui avaient commencé à prévaloir dans la loi du 4 germinal an 8, sont pleinement adoptées par celle du 15 floréal an 11.

Il faut encore observer que le plus ancien droit romain ne dispensait du rapport que lorsque le testateur l'avait ordonné d'une manière positive. On s'écarta dans la suite de cette règle, et on se décida d'après les conjectures.

SECTION II.

De la réduction des donations et legs.

ARTICLE CCX.

Les dispositions, soit entre-vifs, soit à cause de mort, qui excéderont la quotité disponible, seront réductibles à cette quotité lors de l'ouverture de la succession.

Il suit de cet article que les dépositions, soit entre-vifs, soit à cause de mort, qui excéderaient la quotité disponible, ne sont pas nulles pour cela, mais seulement réductibles. Cette observation était d'autant plus importante, que l'on avait mal à propos élevé des doutes à ce sujet, relativement à la loi du 4 germinal an 8.

ARTICLE CCXI.

La réduction des dispositions entre-vifs ne pourra être demandée, que par ceux au profit desquels la loi fait la réserve, par leurs héritiers ou ayant cause ; les donataires, les légataires, ni les créanciers du défunt, ne pourront demander cette réduction, ni en profiter.

Les dispositions entre-vifs, différent en plusieurs points, dont nous avons déjà vu quelques-uns, des dispositions de dernière volonté, mais sur-tout relativement à ceux qui ont droit d'en demander la réduction.
La loi indique d'abord ici ceux qui peuvent exiger celle des donations entre-vifs qui excèdent la quo-

tité disponible. Elle n'admet que les personnes à qui elle assure une portion des biens du donateur ; la loi les désigne *par ceux au profit de qui elle a fait la réserve*. Il eût été, ce semble, préférable, pour la clarté et la précision, de les appeler les *héritiers légitimes*; car ceux en faveur de qui la réserve est faite sont toujours les héritiers de droit ; ceux à qui on donne la quotité disponible ne sont que de simples donataires ou légataires.

Les héritiers ou ayant cause de ceux en faveur de qui la réserve est faite succèdent aussi à leur droit de pouvoir demander la réduction de la donation faite à leur préjudice, puisque ce droit fait partie de la succession à laquelle ils sont appelés.

Quant aux donataires et aux légataires, ils n'y sont point admis, et la raison est toute simple. L'intérêt, en général, est la mère de l'action ; d'où il suit que ceux qui n'ont rien à prétendre dans les biens d'une personne, ne peuvent se plaindre de l'étendue qu'elle a donnée à ses dispositions. Il n'y a que ceux en faveur de qui la loi faisait une réserve ou leurs héritiers et ayant cause, qui aient le droit de réclamer, si on les en prive. Des étrangers ne peuvent se servir d'un droit qui n'est point établi pour eux.

De plus, une donation est une translation irrévocable des biens donnés. Un donataire postérieur ou un légataire, même qui ne trouve point à se payer du montant de sa donation et de son legs, ne peut pas plus quereller la donation antérieure à la sienne, qu'il ne pourrait rechercher une vente ou une aliénation quelconque; lorsque sa donation a été faite ou que son legs est échu, les biens antérieurement donnés n'appartenaient plus au donateur ou au testateur ; il n'a donc pu les comprendre dans une nouvelle libéralité.

Quant aux créanciers, il semble que la disposition qui les concerne dans cet article est superflue ; ou ils sont antérieurs à la donation qui excède la quotité disponible, ou ils sont postérieurs. On n'estime une succession qu'après avoir prélevé les dettes. *deducto aere alieno.* Pour évaluer la quotité disponible d'une succession, et par une suite nécessaire, la réserve des héritiers de droit, il faut en avoir évalué la valeur, moins les dettes. Les créanciers ne peuvent demander la réduction de la donation qui excède cette quotité, parce qu'ils ont dû être payés avant que le montant de la réserve et de la quotité disponible ait été fixé.

Si on entend parler des créanciers postérieurs à la donation qui a excédé la quotité disponible, il est bien certain qu'ils ne peuvent en demander la réduction, puisque lorsque leur créance a été établie, les biens donnés ne faisant plus partie de ceux du donateur, ne pouvaient être soumis à l'hypothèque ou au privilége de ses créanciers.

Il n'y aurait du doute que pour les créanciers chirografaires, dont la créance n'aurait pas une date authentique. Mais ce cas doit se régler d'après les dispositions ci-après, qui concernent les dettes, dont un donataire peut être chargé.

A R T I C L E   C C X I I.

La réduction se détermine en formant une masse de tous les biens existans au décès du donateur ou testateur. On y réunit fictivement ceux dont il a été disposé par donation entre-vifs, d'après leur état à l'époque des donations, et leur valeur au temps du décès du donateur. On calcule, sur tous ces biens, après en avoir déduit les dettes, quelle est, eu égard à la qualité des héritiers qu'il laisse, la quotité dont il a pu disposer.

Comme il ne s'agit ici que de la réduction des donations entre-vifs, il semble que dans cette phrase, *existant au décès du donateur ou testateur*, ce dernier mot est superflu. L'on voit également que dans cet article, on donne le nom d'héritiers à ceux en faveur de qui la réserve est faite, ce qui vient à l'appui de ce que nous avons dit à ce sujet, sur le précédent article.

Au demeurant, pour connaître la portion de biens dont une personne a eu le pouvoir de disposer, il faut nécessairement connaître le montant de sa succession ; et une succession n'existe qu'après le décès, ou la mort civile de celui qui la laisse.

On fait alors une masse, non seulement de ce qui lui appartenait à l'époque de sa mort naturelle ou civile, mais encore des biens dont il a disposé par des donations entre-vifs. Car si ces biens ne font plus partie effective de la succession, ils y sont rapportés fictivement, pour savoir s'il a épuisé de son vivant la faculté que la loi lui donnait.

Ces biens sont rapportés à la succession en l'état où ils étaient à l'époque de la donation. Les améliorations que le donataire peut y avoir faites ne sont point comptées ; mais si la valeur en a augmenté ou diminué par le bénéfice du temps ou des circonstances, on en tient compte. Car ce calcul se faisant lors de l'ouverture de la succession, les biens quelconques doivent être estimés suivant leur valeur à cette époque.

On doit prélever les dettes comme nous le disons sur l'article précédent.

Ces opérations terminées, on évalue facilement la quotité dont le défunt a pu disposer, eu égard à la qualité et au nombre des héritiers, qu'il laisse d'après l'art. CCIII et suiv. ci-dessus.

ARTICLE CCXIII.

Il n'y aura jamais lieu à réduire les donations entre-vifs, qu'après avoir épuisé la valeur de tous les biens compris dans les dispositions testamentaires ; et lorsqu'il y aura lieu à cette réduction, elle se fera en commençant par la dernière donation, et ainsi de suite, en remontant des dernières aux plus anciennes.

La première partie de cet article signifie que les legs ne seraient pas payés, si le testateur qui les a faits avait déjà épuisé la quotité disponible, par des donations entre-vifs.

Ces derniers actes sont irrévocables de leur nature. On ne peut y toucher qu'autant que la valeur des biens dont on y dispose, excéderait la quotité permise au donateur. Si elle n'excède pas, et qu'elle équivale seulement, le droit du donateur est consommé. Les legs qu'il pourrait faire ensuite seraient caducs, puisqu'ayant déjà usé de la faculté qui lui était concédée, il ne lui restait plus rien à donner.

Les légataires ne peuvent demander une réduction sur les donations qui avaient transporté la propriété des biens au donataire, lesquels biens n'étaient plus à la disposition du donateur.

Mais s'il existait plusieurs donations successives, et que dans les dernières on eût excédé la quotité disponible, la réduction devait-elle se faire sur toutes les donations indistinctement au marc le franc, ou bien en commençant par les plus récentes, et en remontant successivement aux plus anciennes?

Le même principe qui empêche qu'on ne réduise les donations pour acquitter les legs, oblige aussi, dans le cas de plusieurs donations, de faire porter la réduction d'abord sur les plus récentes, et de remonter successivement aux plus anciennes.

Les donations ont une date certaine, et ont elles reçu toutes leur perfection, du jour où les formalités prescrites par la loi ont été remplies; de ce jour, la propriété des biens donnés a été irrévocablement transportée aux donataires. Si, dès-lors, il restait des biens suffisans pour remplir la réserve des héritiers légitimes, il n'y aurait aucune réduction à prétendre sur la donation.

Si l'on en a fait ensuite une seconde où l'on ait empiété sur la réserve, une telle donation est nulle par le fait, puisqu'il ne restait plus rien au donateur dont il pût disposer. La réduction doit donc porter sur cette donation, qui a disposé de ce qui n'était plus au donateur, et non sur celle dont l'effet était opéré, qui n'était point allée au-delà des limites établies par la loi. Ce principe se trouve établi par la loi romaine. *Leg.* 16, *ff. de jur. patron.*

Malgré cette autorité et l'évidence des raisons dont elle est appuyée, la question fut long-temps problématique, *Journ. du palais, t.* 1. C'est l'ordonnance 1734 qui fixa les incertitudes par l'article XXXIV, dont le présent article n'est que la copie.

Mais, pour juger si la donation a excédé la quotité disponible, il faut, comme il est dit dans les articles précédens, attendre l'époque de la mort; une donation peut n'avoir pas excédé au moment où elle a été faite, et l'avoir fait au décès du donateur, si postérieurement il avait aliéné, en totalité ou en partie, les biens qui lui restaient.

Toutes les donations sont censées faites, à la condition que la réserve sera entière, et elles ne transportent la propriété des biens donnés, que sous cette condition.

ARTICLE CCXIV.

Si la donation entre-vifs réductible a été faite à l'un des successibles, il pourra retenir, sur les biens donnés, la valeur de la portion qui lui appartiendrait, comme héritier dans les biens non disponibles, s'ils sont de la même nature.

Lorsque le donataire se trouve être du nombre des successibles ayant droit à la réserve, la loi lui accorde la faculté de retenir la donation jusqu'à concurrence de la portion qui lui revient dans la succession : en ce cas, le père, loin d'excéder les bornes de son pouvoir en donnant à un ou plusieurs de ses enfans jusqu'à concurrence de ce qui leur reviendra dans sa succession, n'a fait qu'acquitter de son vivant une dette qui, dans la règle ordinaire, ne devait l'être qu'après sa mort.

L'article XXXIV de l'ordonnance de 1731 porte aussi cette exception.

La loi du 13 floréal ajoute seulement, si les biens donnés sont de la même nature que ceux qui restent dans la succession.

On a voulu maintenir par là une égalité plus parfaite parmi les successibles, et empêcher qu'un père ne donnât ce qu'il y avait de meilleur dans la succession à un on plusieurs de ses enfans, et ne laissât aux autres que les biens d'une qualité inférieure.

Il n'y a que des experts qui puissent vérifier si la qualité des biens est égale ou non.

ARTICLE CCXV.

Lorsque la valeur des donations entre-vifs excédera ou égalera la quotité disponible, toutes les dispositions testamentaires seront caduques.

Cet article n'est que la conséquence ou, pour bien dire, la répétition de ce qui vient d'être dit. Il est bien évident, comme nous l'avons déjà observé, que dès qu'un père à consommé son droit par des dons entre-vifs, il ne lui reste plus rien à disposer par acte de dernière volonté; ses dispositions, en ce cas, sont caduques, puisqu'il n'y a pas de biens sur lesquels elles puissent porter.

ARTICLE CCXVI.

Lorsque les dispositions testamentaires excéderont, soit la quotité disponible, soit la portion de cette quotité qui resterait, après avoir déduit la valeur des donations entre-vifs, la réduction sera faite au marc le franc, sans aucune distinction entre les legs universels et les legs particuliers.

On voit encore ici la différence qu'il y a entre les dispositions entre-vifs et celles de dernière volonté, et

combien il faut se garder de les confondre ; les donations ont une date certaine, et elles sont parfaites du
jour où les formalités ont été remplies ; mais les dispositions testamentaires ne sont point susceptibles de prio-
rité ni de postériorité, puisqu'elles ne sont parfaites et
irrévocables, et ne commencent d'avoir leur effet que
du jour de la mort du testateur.

Quand elles excèdent la quotité disponible, et qu'il
s'agit de leur faire subir une réduction, on ne peut pas
procéder, comme pour les donations, en commençant
par les plus récentes et en remontant aux plus anciennes,
puisqu'elles n'ont toutes qu'une même date. Cette réduction doit donc s'opérer sur toutes au marc le franc,
c'est-à-dire, à proportion de leur valeur.

La loi ajoute que cette réduction se fera, sans aucune distinction, entre les legs universels et les legs
particuliers. La loi explique dans la suite ce qu'elle entend par legs universels et legs particuliers ; cela semble indiquer que les dispositions présentes auraient été
mieux placées dans un autre endroit.

<h3 style="text-align:center">ARTICLE CCXVII.</h3>

Néanmoins, dans tous les cas où le testateur aura expressément déclaré qu'il entend que tel legs soit acquitté de préférence
aux autres, cette préférence aura lieu ; et
le legs qui en sera l'objet ne sera réduit
qu'autant que la valeur des autres ne remplirait pas la réserve légale.

C'est ici une exception de la règle établie dans l'article précédent, qui veut que les réductions à opérer
se fassent, sur tous les legs indistinctement, au marc le

franc. Le testateur peut dire que, s'il y a des réductions à faire, elles doivent porter de préférence sur certains legs plutôt que sur d'autres, qui seront acquittés en entier : une telle disposition est valable, le testateur pouvant mettre à ses libéralités les conditions qu'il trouve bon ; en ce cas la réduction ne peut tomber sur les legs privilégiés, qu'autant que la valeur des autres ne remplirait pas la réserve légale.

ARTICLE CCXVIII.

Le donataire restituera les fruits de ce qui excédera la portion disponible, à compter du jour du décès du donateur, si la demande en réduction a été faite dans l'année ; sinon du jour de la demande.

Le donateur était le maître de disposer des fruits de ses biens comme il trouvait bon ; il pouvait à son gré les garder ou les donner à d'autres ; il ne devoit, de son vivant, ni réserve ni légitime à ses héritiers. D'après cela, quoique la donation excède la quotité disponible, le donataire ne doit la restitution des fruits de ce qui excède, que du jour du décès du donateur ; encore la loi exige-t-elle pour cela, que la demande en réduction soit formée dans l'année du décès ; si elle est formée après, les fruits, même de la portion excédante, ne seront dus que du jour de la demande.

C'est là une règle nouvelle introduite dans notre jurisprudence, et qu'on applique même, en certains cas, aux successions, comme nous le verrons plus bas. On veut empêcher que l'on ne laisse accumuler une quantité considérable d'intérêts, qui doivent devenir ruineux pour le débiteur ; ce qui n'est pas dénué de sagesse.

Mais si un tuteur a négligé de former la demande en réduction, dans l'année d'une donation faite au préjudice de son mineur ; si un mari s'est rendu coupable de la même négligence, à l'égard de sa femme, seront-ils responsables de la perte qui en résultera pour eux ? Il semble qu'une telle question ne saurait être problématique.

ARTICLE CCXIX.

Les immeubles à recouvrer par l'effet de la réduction, le seront sans charge de dettes ou hypothèques créées par le donataire.

Si, pendant la jouissance qu'il a eue des biens excédant la quotité disponible, le donataire avait contracté des dettes, et que ses créanciere eussent pris des inscriptions hypothécaires sur ses biens, la demande en réduction en détruirait l'effet, et ces biens rentreraient francs et quittes de toutes dettes et hypothèques, entre les mains des héritiers.

Les créanciers du donataire ne pourraient pas se plaindre d'avoir été trompés ; la transcription de la donation, au bureau de la conservation des hypothèques, qui est nécessaire pour sa perfection, comme nous le verrons plus bas, a dû leur faire connaître à quel titre le donataire possédait, et à quel danger il pouvait être exposé : ils devaient faire ce calcul en traitant avec lui.

ARTICLE CCXX.

L'action en réduction ou revendication pourra être exercée par les héritiers contre les tiers détenteurs des immeubles faisant partie des donations, et aliénés par les donataires, de la même manière et dans le

même ordre que contre les donataires eux-
mêmes, et discussion préalablement faite
de leurs biens. Cette action devra être exercée suivant l'ordre des dates des aliénations,
en commençant par la plus récente.

La loi prévoit ici le cas où le donataire aurait aliéné
les biens donnés, et excédant la quotité disponible. Cette
aliénation est nulle de droit, puisqu'en ce cas le donataire a aliéné ce qui ne lui appartenait pas. Les héritiers
ont donc le droit de revendiquer ces biens entre les
mains des tiers détenteurs.

La loi veut que cette revendication se fasse de la même
manière, et dans le même ordre que contre les donataires mêmes ; de façon que, comme on commence la
réduction par la donation la plus récente, pour remonter aux plus anciennes, de même on commence par
faire restituer l'acquéreur le plus récent, pour remonter
successivement aux plus anciens.

Ces paroles que la loi ajoute : *discussion préalablement faite de leurs biens*, ne laissent pas de causer
quelque embarras; car on ne sait pas si c'est aux donataires ou aux acquéreurs qu'elle doit s'appliquer.

L'on peut dire que si on l'applique aux donataires,
on ne pourra pas user de revendication contre les tiers
détenteurs, comme la loi cependant y autorise expressément, puisque si, par l'effet de cette discussion, on
trouvait à se payer sur les biens du donataire, de la
valeur des biens aliénés, toute action cesserait par là
contre les héritiers détenteurs. Il résulterait même de
cela, en certains cas, du préjudice pour les hért iers. Car,
au lieu d'avoir les biens ils n'en auraient que le prix ; et,
encore on ne sait s'ils seraient obligés de se contenter
du prix de l'aliénation, ou bien si, ce qui est plus na-

turel et plus juste, ils pourraient exiger la valeur réelle de la chose.

D'un autre côté, il semble que cette disposition ne peut guère s'appliquer aux tiers détenteurs, contre lesquels on n'a à prétendre que la restitution des biens induement-acquis. En les rendant ils sont à couvert de toute recherche ultérieure, et il n'y a dans aucun cas de discussion à faire de leurs biens.

Il paraît que la disposition de cette clause ne s'applique qu'aux donataires.

CHAPITRE III.

Des donations entre-vifs.

SECTION PREMIÈRE.

De la forme des donations entre-vifs.

ARTICLE CCXXI.

Tous actes portant donation entre-vifs seront passés devant notaires, dans la forme ordinaire des contrats ; et il en restera minute, sous peine de nullité.

Cet article est pris mot à mot de l'ordonnance de 1731, art. I et II. Il avait été incertain jusqu'à cette ordonnance, si les donations faites sous seing privé, étaient valables. Les jurisconsultes, comme les tribunaux, étaient fort partagés là-dessus. L'ordonnance fixa toutes les incertitudes.

La loi romaine n'était pas aussi rigide. Elle admettait, non seulement les donations sous seing privé, mais encore celles faites verbalement, ou par une simple lettre. *Leg.* 13, 29, 50. *cod. de donat.* L'insinuation, dont nous parlerons plus bas, fut établie pour donner aux libéralités entre-vifs une publicité et une authenticité qu'on n'exigeait pas pour les autres actes.

A l'exemple de l'ordonnance 1731, la loi veut que l'on suive dans les donations les mêmes formes que dans les actes publics. Ces formes avaient été introduites successivement par diverses ordonnances, et principalement par celles de 1539, art. LXVII, CLXIV. Blois CLXV, et suiv. Orléans, LXXXIV. Elles sont toutes réunies, avec quelque changement ou modification, dans la loi du 25 ventose an 11, sur les notaires et les actes notariés. article VI, VIII, et suiv.

Il y est dit qu'un notaire ne peut instrumenter hors de son ressort (art. VI); qu'il ne peut recevoir des actes où ses parens ou alliés en ligne directe à tous les degrés, et en collatérale, jusqu'au degré d'oncle ou de nevéu inclusivement, seraient parties, ou qui contiendraient quelque disposition en leur faveur. (Art. VIII.)

Que les actes seront reçus par deux notaires, ou par un notaire assisté de deux témoins, citoyens français, sachant signer et domiciliés dans l'arrondissement communal où l'acte sera passé. (Art. IX.)

Que deux notaires, parens ou alliés au degré prohibé dans l'article VIII, ne pourront concourir au même acte; que les parens, alliés au même degré, soit des notaires, soit des parties contractantes, leurs clercs et leurs serviteurs ne pourront être témoins. (Art. X.)

Que les actes seront signés par les parties, les témoins et les notaires qui doivent en faire mention à la fin de l'acte; et que, quant aux parties qui ne savent signer, le notaire doit faire mention à la fin de l'acte de leurs déclarations à cet égard. (Art. XIV.)

Que les notaires garderont minute de tous les actes

qu'ils recevront, à l'exception de quelques-uns mentionnés dans la loi. (Art. XX.)

Que les actes reçus par un notaire suspendu, des-
titué ou remplacé, ne seraient plus valables sitôt après
que sa suspension, sa destitution ou son remplacement
lui a été signifié. (Art. LII.)

La contravention à tous ces articles emporte nullité
de l'acte, qui n'est pas revêtu de la signature de toutes
les parties ; ceux qui sont revêtus de cette signature va-
lent seulement comme écriture privée. (Art. LXVIII.)

Il est cependant à observer que cette exception ne
pourrait s'appliquer à la donation. L'acte qui la contiendrait, et où l'on aurait omis quelques-unes des formes
ordinaires des contrats publics, serait nul, bien qu'il
fût revêtu de la signature des parties. La raison de la
différence est qu'un contrat ordinaire, quoique fait sous
seing privé, ne lie pas moins les parties que s'il était
fait pardevant notaire ; seulement il ne jouit pas des
prérogatives attachées aux actes publics ; tandis que la
loi ne reconnaît de donations que celles qui sont faites
par acte devant notaire.

Les autres formes que la loi n'exige point sous peine de
nullité, et dont elle ne punit l'omission que par une amende
contre le notaire , telles que celles mentionnées aux
articles XII, XIII, et autres, n'entraîneraient pas la nullité de la donation où elles auraient été omises, comme
elles n'opèrent pas la nullité des autres actes. Car la loi
ayant déclaré, art. LXVIII, quelles étaient les formes requises à peine de nullité, est censée par là en avoir excepté
les autres.

L'article II de l'ordonnance de 1731 avait réservé
les autres formalités qui *avaient* eu lieu jusqu'alors pour
les donations en quelques pays et coutumes de la France,
et *avait* ordonné qu'on continuerait de les observer.

Les législateurs de quelques contrées de la France

s'étaient apperçus que les hommes se dépouillaient dif-
ficilement de ce qui leur appartenait pour le seul plaisir
d'obliger un autre, et que la séduction ou la surprise entraient souvent pour beaucoup dans les déterminations
de cette espèce; l'expérience leur avait en outre montré
que la cupidité, humble et souple quand elle demandait,
devenait insolente et ingrate quand ses desirs étaient sa-
tisfaits; ils avaient cru devoir entourer les donateurs de
quelques précautions qui les missent à l'abri de la surprise et de la séduction, et assujettir pour cela ces actes
à des formalités plus solennelles que les contrats ordinaires. Cette sage prévoyance se remarque principalement dans les coutumes ou statuts de l'ancienne Provence et de l'ancien Dauphiné. Il fallait dans toutes les
deux la présence du juge, et même d'un administrateur
de la commune et d'un des plus proches parens du donateur; cette dernière formalité ne s'observait pas toujours. Le statut delphinal ne permettait pas encore de
faire une donation hors de son domicile, pour empêcher qu'on ne transmarchât celui de qui on voudrait
arracher une libéralité.

L'ordonnance de 1731 respecta, comme nous avons
vu, ces formalités; si elle ne les étendit pas à toute la
France, c'est qu'elles n'étaient pas par-tout nécessaires,
la faculté de donner étant limitée en bien des lieux.

La loi du 13 avril 1791, tit. 1er, art. XXIV, la respecta aussi; elle ordonna que le juge de paix tiendrait
la place du juge.

La loi du 13 floréal, qui donne une si grande étendue
à la faculté de donner, aurait peut-être bien fait de
rendre commune à toute la France cette ancienne loi
locale.

Il est vrai que, comme nous le verrons plus bas, elle
donne plus de moyens de punir les donataires ingrats
qu'on n'en avait autrefois. Mais, en tout, le législateur

doit plus s'attacher à prévenir les délits qu'à établir des peines pour les châtier.

ARTICLE CCXXII.

La donation entre-vifs n'engagera le donateur, et ne produira aucun effet, que du jour qu'elle aura été acceptée en termes exprès.

L'acceptation pourra être faite du vivant du donateur, par un acte postérieur et authentique, dont il restera minute ; mais alors la donation n'aura d'effet, à l'égard du donateur, que du jour où l'acte qui constatera cette acceptation lui aura été notifié.

La donation, dit-on dans les motifs de la loi, est considérée comme un engagement réciproque; il est par conséquent indispensable que les deux parties y interviennent, celle qui donne et celle qui reçoit. Il y a donc une grande différence entre les donations et les dispositions testamentaires, comme nous l'avons fait voir dans nos observations préliminaires. C'est d'après ce principe que le droit romain mettait les donations dans la classe des contrats synallagmatiques ou obligatoires, de part et d'autre, comme on le voit, *Leg.* 56 *, ff. de obligat. et act.*

L'acceptation est donc de l'essence de la donation, et toute donation non acceptée est encore un acte informe, qui ne saurait produire aucun effet; le donateur peut changer de volonté, et révoquer son bienfait. Il n'y a que l'acceptation du donataire qui lie le donateur irrévocablement.

On a toujours été d'accord sur ce point; il n'y a eu de doute que sur la nature et sur la forme de l'acceptation; le droit romain était plus facile sur ce point qu'on ne l'a été dans la suite; il suffisait que le donataire eût eu connaissance de la donation, et qu'il eût exprimé sa volonté de l'accepter, soit par une déclaration positive, soit tacitement en assistant à l'acte ou en prenant possession de la chose donnée, pour que l'acceptation fût censée valable. *Leg.* 6 *et* 10, *ff. de donat.*

Nos anciennes ordonnances exigèrent aussi l'acceptation pour la validité des donations. 1539, article CXXXIX, ordonnance de 1549, art. IV. On était, en certains parlemens, plus indulgent à l'égard des donations en faveur de l'église ou des établissemens de charité.

L'ordonnance de 1731 confirma, dans toute sa vigueur, la nécessité de l'acceptation pour toutes les espèces de donations, excepté celles en contrat de mariage. Elle exigea qu'elle fût expresse, et elle ne voulut pas permettre de la suppléer par aucun équipollent, et qu'on pût avoir égard aux circonstances dont on prétendrait induire une acceptation tacite ou présumée. (Art. V et VI.)

La loi du 15 floréal, sans s'exprimer d'une manière si positive, exige une acceptation expresse, et les motifs disent positivement que cela doit s'entendre dans le sens plus étendu de l'ordonnance.

Il n'est cependant pas nécessaire, pour la validité de la donation, que l'acceptation se fasse par le donnataire en personne, et dans l'acte même; elle peut se faire par un acte séparé ou par une personne fondée de la procuration du donataire; mais alors le donateur n'est lié par l'acceptation que du jour qu'elle lui a été signifiée.

On doutait autrefois si la procuration devait être expresse et spéciale pour la donation qu'il s'agissait d'ac-

cepter, ou bien si une procuration générale, pour accepter les donations faites et à faire, était suffisante : il
paraît, par les motifs, qu'une procuration générale suffit.

L'acceptation, ne formant qu'un seul et même acte
avec la donation, dont elle est une partie nécessaire,
elle doit être par conséquent aussi solennelle et aussi authentique. Elle doit donc être faite par acte public, et
il doit en rester minute.

La loi dit que l'acceptation doit être faite du vivant
du donateur, qui est maître de révoquer sa donation,
jusqu'à ce que l'acceptation l'ait rendue irrévocable ; d'où
il suit que si le donateur venait à mourir avant que le
donataire eût accepté, il n'y aurait pas de donation.

En serait-il de même si le donataire venait à décéder
avant d'avoir fait son acceptation ? Ses héritiers seraien -
ils reçus à la faire à sa place ? Les auteurs antérieurs
à l'ordonnance de 1731 n'étaient par d'accord là-
dessus ; il n'y a plus eu de doute depuis l'ordonnance,
qui, quoiqu'elle ne s'exprime pas positivement sur ce
point, dit cependant, ainsi que la loi du 13 floréal,
que l'acceptation sera faite par le donataire ou un fondé
de pouvoir de sa part ; d'où l'on doit conclure que ce
droit est personnel au donataire, et ne peut appartenir
à d'autres.

L'article que nous commentons, dit encore que l'acceptation sera faite par un acte authentique. A défaut
de notaire, pourrait-elle se faire devant un juge assisté
de son greffier ? Il semble que la loi ne s'y oppose pas,
puisqu'elle parle en général d'un acte authentique, et
que les actes des juges sont aussi authentiques que ceux
des notaires.

Cependant l'ordonnance de 1731 disait qu'elle serait
reçue par un notaire, et c'est la règle qu'il faut suivre.

ARTICLE CCXXIII.

Si le donataire est majeur, l'acceptation doit être faite par lui, ou, en son nom, par la personne fondée de sa procuration, portant pouvoir d'accepter la donation faite, ou un pouvoir général d'accepter les donations qui auraient été ou qui pourraient être faites.

Cette procuration devra être passée devant notaires, et une expédition devra en être annexée à la minute de la donation, ou à la minute de l'acceptation qui serait faite par acte séparé.

Cet article règle la forme de l'acceptation qui sera faite par un majeur; elle est toute simple : il la fera lui-même, ou par un fondé d'un pouvoir spécial ou général; cette procuration sera passée devant notaire. La loi du 25 ventose, concernant les actes notariés, n'exige point qu'on garde une minute des procurations : cependant l'article que nous examinons, semble supposer qu'on en gardera une des procurations en question, puisqu'elle dit qu'une expédition en sera annexée à la minute de la donation, ou à celle de l'acceptation, si elle est faite par acte séparé.

ARTICLE CCXXIV.

La femme mariée ne pourra accepter une donation sans le consentement de son mari, ou, en cas de refus du mari, sans autorisation de la justice, conformément à ce qui est prescrit par les articles CCXI et CCXIII, au titre *du Mariage*.

Une femme en puissance de mari est dans une espèce d'interdiction qui la rend incapable de contracter, seule et sans l'autorisation de son mari, aucun engagement civil, *Louet et Brodeau, Lett. M. Som.* 11. Cette maxime est née du droit coutumier, et elle éprouvait des modifications dans les pays régis par la loi romaine. En effet, l'art. IX de l'ordonnance de 1731, dont celui-ci est pris en partie, faisait une exception pour les donations qui, en pays de droit écrit, seraient faites à la femme pour lui tenir lieu de biens paraphernaux; mais cette exception n'existe plus aujourd'hui; la loi est uniforme: une femme ne peut accepter une donation, quoique, pour l'ordinaire, elle fasse par là sa condition meilleure. Toute la ressource qu'on lui accorde contre les caprices d'un mari, qui voudrait la priver des libéralités d'un bienfaiteur, c'est de lui permettre, en cas de refus du mari, de recourir à l'autorisation de la justice, comme il est dit aux articles indiqués de la loi sur le mariage.

On peut demander si l'acceptation, étant faite par une femme sans l'autorisation de son mari, la ratification que celui-ci en fait par la suite, rend la donation valable. Cette question, agitée postérieurement à l'ordonnance de 1731, a été fort débattue par les jurisconsultes. Ceux qui tenaient pour la négative, et qui pensaient que la ratification intervenue après coup, ne pouvait pas valider l'acceptation faite par une personne incapable, se fondaient sur l'art. CCIII de la coutume de Paris, qui veut que tout contrat passé par la femme sans l'autorisation de son mari soit déclaré nul.

La loi du 26 ventose an 11, qui a rendu cette règle

générale dans toute la France, ne laisse aucun doute à ce sujet, puisqu'elle exige que l'autorisation du mari soit donnée dans l'acte même ; elle ne peut donc être faite après : c'était d'ailleurs la règle anciennement.

Il faut cependant convenir qu'il y a une espèce d'opposition entre cette maxime et celle établie dans l'article CCXIX de la loi du 26 ventose an 11 relative au mariage, portant : « que la nullité fondée sur le « défaut d'autorisation (de la femme par le mari) ne « pouvait être opposée que par la femme, par le mari « ou leurs héritiers. »

L'autorisation du mari est exigée pour l'avantage de la femme, afin de la mettre à l'abri des séductions auxquelles elle pourrait être exposée ; et ensuite pour celui du mari, qui, étant le chef de la famille, a intérêt de veiller à ce qu'il ne se fasse, sans son approbation, aucun acte contraire à ses intérêts.

De là il suit que, lorsque ni la femme ni le mari ne se plaignent point de l'acte qui a été passé sans autorisation; que cet acte, loin d'être nuisible à leurs intérêts, leur est peut-être favorable, il semble que personne autre n'a droit de se plaindre de l'omission d'une formalité, que le seul intérêt des époux a fait établir.

Ces observations s'appliquent naturellement au cas de l'acceptation faite par la femme sans le consentement du mari. Si ni l'un ni l'autre ne réclame, et approuve par son silence un acte, qui leur est infailliblement avantageux, pourquoi la loi ne l'approuvera-t-elle pas, comme elle fait pour les autres contrats, dans une pareille hypothèse ? La donation n'est qu'un contrat qui se régit par les règles des conventions.

ARTICLE CCXXV.

La donation faite à un mineur non émancipé ou à un interdit, devra être acceptée
par son tuteur, conformément à l'article
CDLVII, au titre *de la Minorité*.

Le mineur émancipé pourra accepter
avec l'assistance de son curateur.

Néanmoins, les père et mère du mineur
émancipé ou non émancipé, ou les autres
ascendans, même du vivant des père et
mère, quoiqu'ils ne soient ni tuteurs ni
curateurs du mineur, pourront accepter
pour lui.

Il est ici question de l'acceptation d'une donation
faite à un mineur, dont il est aussi parlé dans l'article VII de l'ordonnance de 1731, qui donnait au tuteur
et au curateur le pouvoir de faire cette acceptation.
Mais le tuteur ne l'a plus aujourd'hui, s'il n'y est autorisé par un conseil de famille. *Art. CDLVII* de
la loi du 5 germinal, sur la tutelle et la minorité. Cependant, lorsque le mineur sera émancipé, il pourra
faire lui-même l'acceptation, avec l'assistance de son
curateur.

Mais la loi, tout en dépouillant le tuteur du pouvoir qu'il avait toujours eu d'accepter les donations
faites à son mineur, accorde ce droit aux père et mère
du mineur émancipé ou non émancipé, et aux autres
ascendans, même du vivant des père et mère, quoi-

qu'ils ne soient ni tuteur, ni curateur du mineur. Cela se pratiquait même avant l'ordonnance de 1731, qui consacra cette règle. Art. VII. *Journal du Palais, arrêt du 5 juillet 1677.*

Il suit néanmoins des dispositions de cet article, qu'un mineur est dans une incapacité absolue d'accepter une donation, quelque avantageuse qu'elle pût lui être, sans le concours de son tuteur, autorisé lui-même par un conseil de famille. L'acceptation faite sans ces formes serait nulle, et sa nullité entraînerait celle de la donation. Malgré les dispositions bien précises de l'ordonnance, des auteurs, tels que Furgole, avaient encore osé douter si l'acceptation faite par le mineur ne serait point valable.

En effet, il est généralement convenu que les stipulations faites par un mineur et un pupille même, qui a déjà l'usage de la raison, quand elles leur sont avantageuses, obligent ceux avec qui ils traitent, quoique la plupart du temps ils ne soient pas obligés eux-mêmes. Comment, d'après cela, ne pas reconnaître la validité d'une donation qu'ils auraient acceptée, puisqu'il est presque impossible qu'une donation devienne onéreuse pour celui à qui on la fait ? On peut encore appliquer ici ce que nous avons dit sur l'article précédent, relativement à l'acceptation faite par la femme sans le consentement du mari, et contre laquelle ni l'un ni l'autre ne réclame. L'incapacité de la femme est de la même nature que celle du mineur ; leur acceptation doit être jugée d'après les mêmes principes.

Si la donation est faite à une personne en état d'interdiction, l'acceptation doit être faite par le tuteur, dans la même forme que pour le mineur. Loi du 5 germinal an 11, art. DIII.

Mais cette règle ne s'appliquerait point au prodigue, qui n'est pas précisément interdit, mais à qui l'on donne seulement un conseil, sans lequel il ne peut ni plaider, ni transiger, ni recevoir un capital mobilier, ni en donner décharge, aliéner, etc. Art. DVII.

Cette précaution, qui n'a été imaginée que pour empêcher un prodigue de dissiper son bien, cesse quand il s'agit d'en acquérir, comme dans la donation.

ARTICLE CCXXVI.

Le sourd-muet qui saura écrire pourra accepter lui-même ou par un fondé de pouvoir.

S'il ne sait pas écrire, l'acceptation doit être faite par un curateur nommé à cet effet, suivant les règles établies au titre *de la Minorité*.

Le sourd et muet qui est majeur peut accepter lui-même, ou par un fondé de pouvoir, la donation qui lui est faite, pourvu qu'il sache écrire, et qu'il manifeste l'intention où il est d'accepter le don qui lui est fait, ou en assistant à l'acte de donation qu'il doit souscrire, ou en faisant une procuration pour donner pouvoir d'accepter à sa place.

Mais s'il n'a pas l'usage de l'écriture, l'acceptation ne pourra être faite que par un curateur, qui lui sera donné dans la forme établie par la loi du 5 germinal an II sur la minorité. Art. CDLXXIV.

ARTICLE CCXXVII.

Les donations faites au profit d'hospices, des pauvres d'une commune, ou d'établissemens d'utilité publique, seront acceptées par les administrateurs de ces communes ou établissemens, après y avoir été duement autorisés.

Nous avons expliqué assez au long ci-dessus comment est réglée à présent l'administration des biens appartenant aux communes ou aux établissemens publics. S'il s'agit d'une donation, les administrateurs en donnent avis au préfet, qui adresse au ministre de l'intérieur les renseignemens convenables sur les avantages qui peuvent en résulter; et ensuite, sur le rapport du ministre, le Gouvernement approuve, par un arrêté, l'acceptation faite par les administrateurs; elle ne vaut pas jusqu'alors. *Arrêté du 15 brumaire an 12.* L'arrêté du Gouvernement tient lieu des lettres patentes qu'il fallait autrefois pour que les gens de main-morte pussent faire de nouvelles acquisitions. Il n'y avait que les hôpitaux qui étaient dispensés de cette formalité, en mettant, dans l'année, hors de leur main les biens acquis par donation ou testament, et en les remplaçant par des rentes sur l'Etat.

ARTICLE CCXXVIII.

La donation duement acceptée sera parfaite par le seul consentement des parties, et la propriété des objets donnés sera transférée au donataire, sans qu'il soit besoin d'autre tradition.

Cet article est une conséquence ou une répétition de tout ce qui a été dit précédemment, et d'où il résulte qu'une donation est parfaite par le seul consentement des parties, dont l'une donne et l'autre accepte. Ce consentement seul suffit pour transférer la propriété de la chose donnée, de la personne du donateur à celle du donataire, sans qu'il soit besoin d'une tradition de la part du donateur, ou d'une prise de possession réelle et effective de celle du donataire.

Il n'en était point ainsi dans notre ancienne jurisprudence coutumière : la donation n'était parfaite qu'autant que la tradition réelle de la chose donnée s'était ensuivie, et que le donataire en avait été saisi. Si le donateur venait à mourir avant que cette tradition fût effectuée, la donation était comme non avenue. On pensait alors que le donateur restant en possession de la chose donnée, n'avait pas eu l'intention de s'en dépouiller. De là la maxime *donner et retenir ne vaut*, qu'on trouve dans nos anciens jurisconsultes. *Instit. cout. de Loisel*, liv. IV, tit. IV, n° 5, et qu'on a insérée dans la coutume de Paris, art. CCLXXIII, CCLXXIV, où cependant elle est énoncée d'une manière moins rigoureuse que dans les anciens livres du droit coutumier.

L'article CCLXXIV dit que c'est donner et retenir quand le donateur s'est réservé la jouissance de disposer librement de la chose donnée, ou qu'il demeure en possession jusqu'au jour de son décès.

Il n'y a pas de doute que, si un donateur se réservait la libre disposition de la chose donnée, ou s'il ne faisait la donation que sous une condition, de l'exécution de laquelle il demeurât le maître, ce serait le cas de la maxime *donner et retenir ne vaut*, et que la donation serait comme non avenue. (Ordonnance de 1731, article XV.)

Mais la coutume n'empêche pas que, comme dans le droit romain, on ne puisse faire une donation sous une condition casuelle, ou que, se contentant d'une translation fictive de la propriété, le donateur ne puisse se réserver l'usufruit des biens donnés; ce qui n'était pas autrefois.

Ainsi, quand la condition apposée dans la donation dépend du donataire ou d'un événement incertain, ou que le donateur s'est réservé seulement pour lui ou pour d'autres la jouissance des fruits des biens donnés, la propriété de ces biens est transférée par le seul fait, du consentement des parties, dont le rôle change dès ce moment; le donateur devenant simplement usufruitier, de propriétaire qu'il était auparavant; et le donataire acquérant, par la donation, la propriété d'une chose à laquelle il n'avait aucun droit; sauf l'usufruit, qui n'y sera réuni qu'à l'expiration du terme, pendant lequel il est accordé à un autre.

Pour achever de bien faire entendre le sens de la maxime *donner et retenir ne vaut*, nous ajouterons ici un passage d'une lettre de M. d'Aguesseau, ou il dit : « Que le sens de cette maxime n'est point que la tradition feinte ne puisse avoir lieu dans les donations, et que personne, dans les pays coutumiers même, n'a jamais pensé à exiger des donateurs une tradition réelle. Tout ce que cette maxime signifie, est que le donateur ne peut se réserver, ni la propriété de la chose donnée, dans le temps qu'il la donne, ni le droit d'en priver le donataire quand il le jugera à propos; et, en ce sens, la maxime est, en quelque manière, de droit naturel. » *Tom.* 9, *lett.* 289, 290.

M. d'Aguesseau donne ici la maxime du droit coutumier telle qu'elle existait de son temps, épurée par les principes du droit romain. Mais il n'en était pas ainsi dans les anciens temps, où les esprits, peu accoutumés

à la distinction subtile de la tradition feinte et de la
tradition réelle, ne voyaient de donation que là où il
y avait désemparation totale de la propriété.

D'après ces principes, il est évident qu'une simple
promesse de donner, fût-elle revêtue de toutes les formes de la donation, ne peut jamais en avoir les effets.
Une promesse de donner ne saurait être une donation,
puisque promettre et faire ce que l'on promet sont deux
choses très-distinctes, et qu'on ne saurait confondre.
Une simple promesse n'est point un engagement irrévocable, consommé par le consentement de deux
parties ; elle n'est que l'acte d'une partie : c'est l'espoir
qu'on donne d'un bienfait à venir, et non la consom-
mation d'un bienfait présent. Celui qui promet peut s'en
dédire : il n'y a donc pas cette irrévocabilité qui fait un
des caractères essentiels de la donation. Tous les efforts
de Furgole pour en trouver une dans la simple promesse de donner sont donc vains.

Observons encore qu'une donation faite sans tradition feinte ou réelle est prescrite par trente ans.
D'Aguess. plaid. 15. Ainsi, si, à la suite d'une donation pure et simple, le donateur restait détenteur
des biens donnés, et si le donataire laissait passer
trente ans sans en demander la délivrance, son action
serait prescrite.

Tout ce que nous avons dit de la tradition ne concerne que les immeubles. Car, quant aux meubles, la
tradition réelle qu'on en fait complète la donation. Il
en est de même de celle d'une somme modique. On
n'exige aucune des formes de l'ordonnance. Il ne faut
pas d'écrit, ni pour la donation, ni pour l'acceptation.
La tradition effective du meuble, et l'acceptation de
celui à qui on le donne, sont suffisans sans formalité.
Leg. 25, *Cod. de donat. D'Aguess. tome* 9,
lett. 290, 293. L'art. 15 de l'ordonnance n'exige

qu'on fasse un état des meubles, que lorsqu'il n'y a pas
de tradition réelle.

ARTICLE CCXXIX.

Lorsqu'il y aura donation de biens susceptibles d'hypothèques, la transcription
des actes contenant la donation et l'acceptation, ainsi que la notification de l'acceptation qui aurait eu lieu par acte séparé ,
devra être faite aux bureaux des hypothèques dans l'arrondissement desquels les
biens sont situés.

La plupart des actes se faisaient verbalement ou
sous seing privé chez les Romains. Il n'y avait pas,
comme chez nous, des notaires pour les recevoir, ou
qui eussent du moins le droit de leur imprimer un caractère de publicité et d'authenticité. Un acte ne devenait public que lorsqu'il était *insinué*, c'est-à-dire,
enregistré au greffe des tribunaux. Cette formalité
n'était point requise pour les actes ordinaires ; on l'exigea, sous peine de nullité, pour les donations, auxquelles il était nécessaire, pour éviter les surprises, de
donner de la publicité, lorsqu'elles exédaient une certaine somme. *Leg.* 36, §. *ult. Cod. de donat.*

Quand le droit romain fut devenu celui d'une grande
partie da la France , et qu'on y eut adopté l'usage des
donations, celui de l'insinuation se conserva aussi. La
plupart des ordonnances, à dater de celle de 1539,
art. 132, en font mention : il se maintint même lorsqu'on eut établi la nécessité de la rédaction par écrit
de la plupart des actes, et même après que le contrôle,
aujourd'hui l'enregistrement , eut ajouté un nouveau

caractère de publicité à celui que l'acte avait déjà reçu par le ministère du notaire.

L'insinuation était de rigueur ; et il n'y avait d'exception que pour les donations en ligne directe faites en contrat de mariage, comme on le voit par l'ordonnance de 1731.

Le principal objet de l'insinuation était de donner connaissance aux créanciers du donateur ou à ceux qui voudraient traiter avec lui, des engagemens qu'il avait pris par la donation qu'il avait consentie des biens donnés. L'établissement du régime hypothécaire, et les transcriptions qu'il exige des actes d'aliénation, pour leur donner toute leur force, remplit d'une manière plus simple l'objet de l'insinuation. Cette formalité devenait dès-lors inutile. Elle a donc été supprimée, comme cela résulte du silence de la loi, et de l'assertion positive des motifs à ce sujet. Elle a été remplacée par la transcription aux bureaux des hypothèques de l'arrondissement où les biens sont situés.

Si l'acceptation a été faite séparément de la donation, elle doit être transcrite, de même que la notification qui en aurait été faite au donateur.

La transcription transmet au donataire les droits que le donateur avait à la propriété des immeubles donnés ; mais avec les dettes et hypothèques dont ces immeubles sont grevés. (Loi du 11 brumaire an 7, art. XXVIII.) Jusqu'alors, le droit du donataire est encore incertain ; et si le donateur en disposait autrement, ou s'il grevait les immeubles donnés de nouvelles charges et hypothèques, la donation serait en vain alléguée pour contester leur légitimité.

Il s'élèverait seulement la question de savoir si une personne faisant une nouvelle donation d'une chose déjà donnée, mais dont l'acte ne serait pas transcrit encore, serait tenue de dommages et intérêts à l'égard du donataire. Il n'y a pas de doute pour le cas de la vente ; puisqu'il y a même stellionat, en vendant une même chose à deux personnes différentes.

La question semble plus douteuse dans le cas de la donation, parce que, s'agissant d'une aliénation gratuite, le donataire n'a pas donné, comme l'acheteur, une somme en retour des biens qu'il a acquis.

Il n'est pas moins vrai que la donation opère, comme la vente, le transport de la propriété, et qu'il ne peut être au pouvoir du donateur d'anéantir un acte consommé, en disposant en faveur d'un autre d'un bien qui n'était plus en sa propriété. La loi l'entend tellement de cette manière, qu'elle exclut le donateur du droit d'opposer le défaut de transcription, comme nous le verrons dans l'article suivant.

ARTICLE CCXXX.

Cette transcription sera faite à la diligence du mari, lorsque les biens auront été donnés à sa femme ; et, si le mari ne remplit pas cette formalité, la femme pourra y faire procéder sans autorisation.

Lorsque la donation sera faite à des mineurs, à des interdits ou à des établissemens publics, la transcription sera faite à la diligence des tuteurs, curateurs ou administrateurs.

Le mari qui était obligé de faire faire, dans l'ancienne jurisprudence, l'insinuation des donations que l'on faisait à sa femme ; les tuteurs, curateurs des mineurs ou interdits, les administrateurs, à qui la même obligation était imposée, pour les donations faites aux personnes ou aux établissemens dont le soin leur était confié, sont également chargés aujourd'hui de faire faire la transcription.

Si le mari néglige ce devoir, la femme pourra faire procéder à la transcription sans l'autorisation de son mari. Le mineur aurait sans doute le même droit, en cas de négligence de son tuteur, s'il était en état de veiller lui-même à ses affaires.

On mettait tant d'importance à l'observation de cette formalité, qu'on fit même, pour la régler, des lois postérieures à l'ordonnance.

ARTICLE CCXXXI.

Le défaut de transcription pourra être opposé par toutes personnes ayant intérêt, excepté toutefois celles qui sont chargées de faire faire la transcription, ou leurs ayans cause et le donateur.

La même règle existait autrefois relativement à l'insinuation, comme on le voit par les articles 27 et 31 de l'ordonnance de 1731. Tous ceux qui avaient intérêt à contester une donation, et les héritiers même du donateur, pouvaient faire valoir le défaut d'insinuation : il n'y avait que ceux qui étaient chargés par devoir de faire remplir cette formalité qui ne pouvaient exciper de son omission ; tels que le mari, les tuteurs, curateurs, administrateurs, dont nous avons parlé dans l'article précédent ; s'ils ont des intérêts à démêler avec le donataire, et dans la discussion desquels il leur fût utile de faire valoir le défaut de transcription, ils n'en auraient pas le droit. Il en est de même du donateur, qui ne peut alléguer le défaut de transcription pour s'exempter d'exécuter la donation, ou pour justifier la disposition frauduleuse qu'il aurait faite des biens donnés en faveur d'un tiers, comme nous l'avons dit dans l'article précédent. La transcription n'étant faite que pour rendre la donation publique, et en donner connaissance à ceux qui pourraient avoir intérêt à se la procurer ,,ce motif cesse à l'égard du donateur.

Mais la faculté dont on prive le donateur, on l'accorde à ses héritiers. (1731, article XXVII, d'*Aguess. tom.* 9, *lett.* 290. Si le donateur était mort avant la transcription de la donation, elle serait comme non avenue.

Par les lois anciennes il y avait quatre mois pour faire faire l'insinuation; et lorsqu'elle était faite dans ce délai la donation était valable, quand même le donateur serait venu à décéder dans cet intervalle. Mais si on avait laissé passer ce délai , et que le donateur fût venu à mourir, on n'était plus à temps de réparer cette omission. Il en était autrement lorsque le donateur était vivant : on pouvait même, après les quatre mois , faire faire l'insinuation; mais, en ce cas, la donation n'avait d'effet que du jour de l'insinuation; et si dans l'intervalle le donateur contractait de nouvelles dettes, les créanciers avaient action sur les biens donnés, comme sur tous les autres. La mort du donataire n'empêchait point l'insinuation de la donation , tant que le donateur était vivant.

Le délai qu'on avait pour l'insinuation n'existe plus pour la transcription : on doit donc se hâter de la faire faire, pour éviter les difficultés qui pourraient s'élever , si le donateur venait à mourir avant la transcription, ou si, dans l'intervalle de la donation à la transcription, le donateur contractait de nouveaux engagemens.

ARTICLE CCXXXII.

Les mineurs, les interdits, les femmes mariées, ne seront point restitués contre le défaut d'acceptation ou de transcription des donations ; sauf leur recours contre leurs tuteurs ou maris, s'il y échet, et sans que la restitution puisse avoir lieu, dans le cas même où lesdits tuteurs et maris se trouveraient insolvables.

La loi répète ici ce qu'elle avait déjà dit précédemment, que les mineurs, les interdits, les femmes mariées, ne seraient point restitués contre le défaut d'acceptation ; mais cela ne décide pourtant pas la question, si l'acceptation faite par la femme ou le mineur serait radicalement nulle, ou s'il n'y aurait qu'eux qui pussent alléguer cette nullité si la donation était contraire à leurs intérêts. La loi ne parle que de l'acceptation en général, qui est toujours requise pour la validité de la donation.

On les prive aussi du bénéfice de restitution pour le défaut de transcription : on leur laisse seulement un recours contre leurs tuteurs ou maris, dont l'insolvabilité ne serait point un prétexte pour demander que la donation soit confirmée à l'égard des tiers, nonobstant le défaut de transcription.

L'ordonnance de 1731, art. XXVIII, contenait une disposition semblable à l'égard du défaut d'insinuation. Il y a cependant cette différence, c'est que le défaut d'insinuation était une nullité absolue de la donation ; tandis que le défaut de transcription n'annulle pas précisément la donation, il empêche seulement qu'on n'en puisse faire usage au préjudice des tiers.

ARTICLE CCXXXIII.

La donation entre-vifs ne pourra comprendre que les biens présens du donateur; si elle comprend des biens à venir, elle sera nulle à cet égard.

C'était une grande question dans la jurisprudence française, avant l'ordonnance de 1731, de savoir si la liberté indéfinie qu'a toute personne jouissant de ses droits de disposer de l'universalité de ses biens par donation entre-vifs, s'étendait aux biens à venir comme aux biens présens. Cette question ne faisait pas beaucoup de difficulté dans les pays de droit écrit, où la faculté de disposer de tous ses biens, par acte de dernière volonté, était si étendue. La donation des biens présens et à venir, étant une espèce d'institution universelle d'héritier, entrait assez bien dans l'esprit de la loi romaine.

Mais elle était absolument contraire à celui du droit coutumier; et c'est une de ses bizarreries les plus singulières, qu'en mettant d'un côté tant de gêne à la faculté de tester, elle laissât de l'autre tant de latitude à celle de donner. On justifiait cette singularité en disant qu'il était plus nécessaire de mettre les hommes en garde contre les dispositions de dernière volonté, parce que ne s'exécutant qu'après leur mort, et ne les dessaisissant point de leur vivant, ils s'y portaient avec moins de répugnance. On croyait qu'il n'en était pas de même de la donation entre-vifs, qui, d'après les anciens principes du droit coutumier, n'étant parfaite que par la tradition réelle et le dépouillement effectif des donateurs, se trouvait par là munie d'un préservatif suffisant contre l'intrigue et la séduction.

On attaquait encore les donations de biens présens et à venir par des raisons légales : on n'y trouvait plus cette tradition même fictive, qui fait un des caractères principaux de la donation. On ne pouvait transmettre la propriété des biens que l'on n'avait point encore. D'un autre côté, les biens à venir ne pouvant s'apprécier qu'à l'époque de la mort du donateur, il avait le droit d'en disposer jusqu'alors comme il l'entendait, et sa donation manquait encore d'un de ses caractères essentiels, qui est l'irrévocabilité.

Une donation des biens présens et à venir n'était qu'une institution universelle déguisée sous un autre nom ; elle ne pouvait donc s'allier avec une législation qui était si contraire à ce dernier genre de disposition.

On voit même par les lettres de M. d'Aguesseau que l'on regardait comme une acte de folie l'acte par lequel on se dessaisissait des biens que l'on n'avait pas encore. *Tom. 9 lett.*

Sous ce rapport, la donation des biens présens serait bien moins sage encore. On a observé plus haut que les hommes se décidaient plus facilement à disposer par acte de dernière volonté que par acte entre-vifs, parce que l'un les laissait jouir, et l'autre les dépouillait de suite. Celui qui donne ce qu'il tient a plus d'effort à faire que celui qui renonce à ce qu'il n'aura peut-être jamais.

Ceux même qui rejetaient les donations des biens présens et à venir n'étaient pas d'accord sur la question de savoir si la donation des biens présens et à venir était au moins valable pour les biens présens, c'est-à-dire, existant à l'époque de la donation.

Plusieurs étaient d'avis que le donataire pouvait se restreindre aux biens présens, et renoncer à ceux à venir ; et, en se chargeant des dettes antérieures à la

donation, se débarrasser par là de celles créées postérieurement.

Pour admettre cette division des biens, d'autres voulaient qu'on en eût fait une clause de la donation.

Le chancelier d'Aguesseau n'était pas pour cette division; il la regardait comme contraire aux vrais principes du droit, qui ne veulent pas qu'on puisse diviser
un acte qui avait été originairement *un* dans l'esprit
des contractans, avec d'autant plus de raison que les
choses n'étant plus entières, lorsqu'on en venait à cette
distinction, il n'était pas possible de savoir si elle était
conforme à l'intention du donateur, et que la liberté
qu'on laissait au donataire d'opter entre les biens
présens et ceux à venir, était cause d'un grand nombre
de procès. Voyez encore *Henrys, liv. IV, quest.*
CLXXIII.

C'est d'après ces considérations que l'ordonnance
de 1731 déclarait les donations de biens présens et
à venir, nulle même pour les biens à venir.

Dans la loi du 13 floréal on est revenu à l'ancienne
jurisprudence, qui n'annullait la donation qu'à l'égard
des biens à venir, et les laissait subsister pour les biens
présens.

Cependant il y a cette différence, que dans l'ancienne
jurisprudence le donataire pouvait prendre la donation
en entier des biens présens et à venir, ou demander
à son choix la séparation; au lieu que, par la nouvelle
loi, il est décidé que la donation entre-vifs ne peut
comprendre que les biens présens, et qu'elle est nulle
pour les autres. (Voyez les motifs.)

ARTICLE CCXXXIV.

oute donation entre-vifs faite sous des

7

conditions dont l'exécution dépend de la seule volonté du donateur, sera nulle.

Nous avons parlé plus haut des diverses espèces de conditions auxquelles un acte peut être soumis. Une donation en est susceptible comme tous les autres, à moins qu'il ne s'agît d'une condition dont l'exécution dépendît de la seule volonté du donateur, puisqu'alors il pourrait révoquer et anéantir à son gré sa libéralité: ce serait le cas de la règle *donner et retenir.* On peut voir ce que nous avons dit à ce sujet sur l'article CCXXVIII auquel celui-ci se rapporte.

Lorsque l'article XVI de l'ordonnance de 1731, copié en partie dans l'article CCXXXV de la loi du 13 floréal, prohibait les donations des biens présens, à la charge de payer toutes les dettes qui pourraient exister à la mort du donateur. On ne révoquait pas en doute que celui-ci n'eût le droit d'imposer telles conditions qu'il lui plairait à sa libéralité; mais on pensait, par une conséquence de l'article que nous commentons, qu'il ne serait pas juste néanmoins qu'il abusât de cette liberté jusqu'au point d'anéantir ou de diminuer la donation par des dispositions postérieures, qui dépendraient absolument de sa volonté. *D'Aguess. tom.* 9, *lett.* 293.

ARTICLE CCXXXV.

Elle sera pareillement nulle, si elle a été faite sous la condition d'acquitter d'autres dettes ou charges que celles qui existaient à l'époque de la donation, ou qui seraient exprimées, soit dans l'acte de donation, soit dans l'état qui devrait y être annexé.

Cet article est une conséquence des deux précédens.
Dès que la donation entre vifs ne peut comprendre que
les biens présens, il suit évidemment que le donataire
ne peut être chargé d'acquitter d'autres dettes ou charges que celles qui existaient à l'époque de la donation ;
car si le donateur imposait au donataire l'obligation de
payer toutes les dettes qu'il pourrait contracter jusqu'à
sa mort, il se réserverait le pouvoir indirect de disposer
des biens donnés, et d'en anéantir sa libéralité, en faisant des dettes capables d'en absorber la valeur : ce serait alors donner et retenir.

La loi, en parlant des dettes existant à l'époque de
la donation, ajoute, ou qui seraient exprimées, soit
*dans l'acte de donation, soit dans l'état qui
devrait y être annexé.* Cette précaution est sur-tout
nécessaire pour les dettes mobiliaires et chirografaires,
qui n'ont pas une date authentique; car si le donataire
était tenu de payer toutes les dettes de cette espèce, on
pourrait, par des antidates, tomber dans l'inconvénient
que la loi a voulu prévoir de ne pas laisser au donateur le
pouvoir d'anéantir la donation en créant postérieurement
des dettes nouvelles.

D'un autre côté, les héritiers chirografaires du donateur ne doivent pas être la dupe de la mauvaise foi
qu'il aurait eue de ne pas déclarer leur créance en faisant
la donation. Ce sont les circonstances plus ou moins
fortes qui peuvent faire présumer la bonne ou mauvaise foi, qui doivent décider.

ARTICLE CCXXXVI.

En cas que le donateur se soit réservé
la liberté de disposer d'un effet compris
dans la donation, ou d'une somme fixe
sur les biens donnés ; s'il meurt sans en

avoir disposé, ledit effet ou ladite somme appartiendra aux héritiers du donateur, nonobstant toutes clauses et stipulations à ce contraires.

Cette disposition est prise de la dernière partie de l'article XVI de l'ordonnance de 1731 : elle suppose que le donateur n'a pas donné la totalité de ses biens, et qu'il s'en est réservé une partie. Cette réserve était si nécessaire, suivant le droit romain, qu'une donation qui aurait compris l'universalité des biens du donateur, aurait été regardée comme un acte de démence, parce qu'on ne pouvait imaginer qu'un homme sain d'esprit, pût se dessaisir de tout ce qui lui appartenait, au point de ne pas se réserver de quoi vivre. Les donations universelles furent ensuite permises, sauf les modifications dont il sera question plus bas. Mais quand il y avait une réserve dans la donation, on était toujours en doute de savoir qui devait en hériter après la mort du donateur : étaient-ce ses héritiers de droit, ou bien devait-elle être réunie à la donation ?

On était assez d'accord que quand la donation ne contenait aucune stipulation à ce sujet, c'étaient les héritiers de droit qui profitaient de la réserve, ou ceux en faveur de qui le donateur en disposait, soit entre-vifs, soit par testament, lorsque la loi lui en donnait le pouvoir. Le doute était seulement lorsque la donation contenait la clause qu'au cas où le donateur ne disposerait pas de la réserve, elle appartiendrait au donataire. On regardait assez généralement cette clause comme nulle. La raison était qu'un objet dont il n'y avait pas de dessaisissement actuel de la part du donateur, puisqu'il se réservait le droit d'en disposer, ne pouvait faire partie de la donation, dont ce dessaisissement fait une partie essentielle.

Il fallait donc une nouvelle disposition relative à la réserve pour en transmettre la propriété, à défaut de laquelle elle appartenait aux héritiers légitimes.

L'ordonnance de 1731 consacra ces principes; et sa décision a été maintenue par la nouvelle loi. Si le donateur est du nombre de ceux qui ont la disposition pleine et entière de leurs biens, il est libre de disposer de sa réserve en faveur du premier donataire; mais il faut qu'il le fasse par une disposition nouvelle.

ARTICLE CCXXXVII.

Les quatre articles précédens ne s'appliquent point aux donations dont est mention aux chapitres VII et VIII du présent titre.

On excepte ici des dispositions des quatre articles précédens, les donations mentionnées aux chapitres VII et VIII de la loi. Ce sont les donations par contrats de mariage ou faites entre époux. Dans ces donations on peut comprendre les biens présens et à venir, obliger le donataire à acquitter toutes les dettes qui se trouveront à la mort du donateur, et enfin stipuler que la réserve appartiendra au donataire, au cas que le donateur n'en ait pas disposé autrement. Nous en parlerons plus amplement quand nous en serons à ces chapitres.

L'article XVII de l'ordonnance de 1731 contenait une exception pareille.

ARTICLE CCXXXVIII.

Tout acte de donation d'effets mobiliers ne sera valable que pour les effets dont un état estimatif, signé du donateur et du donataire, ou de ceux qui acceptent pour lui, aura été annexé à la minute de la donation.

Les articles précédens ne concernent que les donations des immeubles qui ont une assiette fixe, et qu'il est aisé de reconnaître et de retrouver au besoin. Il est question dans celui-ci des donations d'effets mobiliers, dont le donateur ne se dessaisit point dans le moment même de la donation; car, pour ceux dont il se dessaisit, elles n'ont besoin en quelque sorte d'aucune formalité. Car les meubles pouvant se transporter facilement, et étant censés toujours appartenir à celui entre les mains de qui ils se trouvent, quand on veut les transmettre par donation ou autrement, la tradition ou la livraison que l'on en fait suffit pour opérer la translation de propriété.

Mais quand le donateur veut faire une donation d'effets mobiliers et s'en conserver la jouissance, il faut nécessairement prendre quelque précaution pour en indiquer la consistance, et en fixer en quelque sorte la mobilité.

On peut donner des effets mobiliers de deux manières : ou la donation est faite d'une somme mobiliaire à prendre sur les biens du donateur après sa mort; ou bien elle est faite d'effets purement mobiliers.

La donation d'une somme mobiliaire à prendre sur les biens du donateur, produit le même effet qu'une reconnaissance ou une obligation que le donateur ferait de cette somme. L'acte qui la contient doit renfermer les mêmes formalités que les donations ordinaires; et, lorsque l'acte est parfait par l'acceptation, on le fait inscrire aux hypothèques ; et, du jour de cette inscription, les biens du donateur sont affectés à cette somme, et le donataire a un droit irrévocablement acquis et indépendant de la volonté du testateur.

Il ne peut en être ainsi d'une donation d'effets purement mobiliers, qui ne sont pas par eux - mêmes susceptibles d'hypothèque. On ne peut y donner de la consistance et de la stabilité qu'en en fixant la valeur et la quantité dans un état estimatif qui demeure annexé à la donation : cet état est de rigueur. La donation serait autrement nulle ; car on ne connaîtrait pas sans cela les objets sur lesquels elle porte. Le donateur ayant la liberté de disposer des meubles à son gré, et le donataire n'ayant pas sur eux suite par hypothèque pour les revendiquer des tiers, entre les mains de qui ils se trouveraient, la donation deviendrait illusoire. Voyez Ricard, n° 963 et suivant. Au moyen de l'état estimatif, la valeur des meubles est déterminée. On connaît les objets que comprend la donation ; et à défaut des meubles, le donateur peut en réclamer la valeur, comme il sera dit ci-après.

ARTICLE CCXXXIX.

Il est permis au donateur de faire la réserve à son profit, ou de disposer, au profit d'un autre, de la jouissance ou de l'usufruit des biens - meubles ou immeubles donnés.

Cet article ne fait que confirmer la maxime que nous avons montré précédemment avoir lieu pour les donations d'immeubles, que la tradition feinte par laquelle le donateur transfère la propriété au donataire, et ne réserve pour lui que l'usufruit, s'applique aussi aux effets mobiliers , quoiqu'ils n'en paraissent pas autant susceptibles. Ainsi , on peut donner des meubles dont le donataire n'entrera en possession qu'après la mort du donateur ; en observant cependant la formalité prescrite dans l'article précédent.

ARTICLE CCXL.

Lorsque la donation d'effets mobiliers aura été faite avec réserve d'usufruit, le donataire sera tenu, à l'expiration de l'usufruit, de prendre les effets donnés qui se trouveront en nature , dans l'état où ils seront ; et il aura action contre le donateur ou ses héritiers, pour raison des objets non existans, jusqu'à concurrence de de la valeur qui leur aura été donnée dans l'état estimatif.

Cet article n'est en quelque sorte que la conséquence, et même la répétion du CCXXXVIII^e. Les effets mobiliers n'ayant pas de suite par l'hypothèque , le donateur reste en quelque sorte le maître d'en disposer à son gré. A sa mort, le donataire prend ceux qui se trouvent en nature , et en l'état où ils se trouvent ; s'ils ont été dégradés par l'usage ou par le temps, il n'a aucune indemnité à prétendre pour cela. Car la donation ne s'exécutant pleinement qu'à la mort du donateur, il faut prendre les effets donnés tels qu'ils se trouvent à cette époque. Mais, si les effets donnés ont péri pendant la vie du donateur, ou s'il en a disposé en faveur d'autres personnes , par vente ou autrement, le donataire n'a pas droit de les revendiquer il a seulement action contre les héritiers du donateur pour raison des objets non existans, jusqu'à concurrence de la valeur qui leur aura été donnée dans l'état estimatif.

Mais, pour s'assurer le recouvrement de cette valeur, en cas qu'il se trouve en concurrence avec d'autres créanciers, il faudra qu'il ait fait inscrire l'acte de donation au bureau des hypothèques. Comme il ne s'agit que du recouvrement d'une somme mobiliaire, l'inscription seule suffit.

Il n'est pas nécessaire qu'il y ait transcription comme pour la donation des immeubles, dont la transcription fait pour ainsi dire le complément ; car il n'y a pour eux de vraie translation de propriété, au moins par rapport au tiers, que lorsque l'acte qui la contient a été transcrit. Mais elle est inutile pour l'obligation d'une somme mobiliaire, qui ne transfère pas la propriété, et donne seulement un droit sur la chose. L'inscription suffit.

•Article CCXLI.

Le donateur pourra stipuler le droit de retour des objets donnés, soit pour le cas du prédécès du donataire seul, soit pour le cas du prédécès du donataire et de ses descendans.

Ce droit ne pourra être stipulé qu'au profit du donateur seul.

Le droit de retour est celui par lequel les biens qui ont été donnés, retournent au donateur, en cas de prédécès du donataire sans enfans. Il est fondé sur cette présomption que le donateur ne s'est dépouillé qu'en faveur du donataire ou de ses enfans, et non en faveur de ses autres héritiers ou ayans cause.

Il ne paraît pas trop qu'il fût admis en général par le droit romain, et en faveur de tous les donateurs. C'était une maxime de ce droit que la dot constituée par le père lui retournait, en cas de prédécès de sa fille sans enfans. Des parlemens de droit écrit accordèrent ensuite le même droit à la mère, et même aux aïeuls et aïeules. Le droit de retour n'avait pas autant de faveur dans les pays coutumiers. Il n'avait lieu qu'autant qu'il avait été stipulé. La loi du 17 nivose an 2 confirma ce principe. Il ne fallait pas toujours une stipulation expresse : on la concluait quelquefois des clauses du contrat.

La loi du 29 germinal an 11 sur les successions, art. XXXVII, porte que les ascendans succèdent à l'exclusion de tous autres, aux choses par eux données à leurs enfans ou descendans décédés sans postérité, lorsque les objets donnés se retrouvent en nature dans la succession.

Si les objets ont été aliénés, les ascendans recueillent le prix qui peut en être dû. Ils succèdent aussi à l'action en reprise que pourrait avoir le donataire.

Cet article établit un droit de retour légal en faveur des ascendans ; et cela est conforme à la jurisprudence des pays de droit écrit.

Mais il peut naître bien des doutes sur cet article, et la loi ne fournit aucun principe pour les résoudre.

Elle n'admet le retour qu'autant que les biens donnés existeront encore en nature, ou qu'ayant été aliénés, le prix en sera dû en totalité ou en partie.

Le droit de retour semble borné aux donations d'immeubles ; de façon que s'il s'agissait du don d'une somme pécuniaire, dont le donataire aurait profité, l'ascendant donateur n'aurait rien à réclamer.

L'on ne voit pas cependant quelle peut être la différence dans les deux cas.

La stipulation nécessaire pour assurer le droit de retour, ne peut donc être requise en ligne directe, que quand il s'agit d'une somme pécuniaire. Il a lieu autrement de plein droit. C'est même encore une grande question de savoir si le droit de retour en faveur des ascendans, a lieu au préjudice d'une disposition testamentaire. Ce qui fait le doute, c'est qu'il n'est parlé du droit de retour que dans la loi sur les successions *ab intestat*, et non dans celle sur les testamens. Ce droit de retour en faveur des ascendans paraît si équitable, qu'ils doivent en jouir dans les deux cas.

Il n'en est pas de même en collatérale. On suit à cet égard toute la rigueur de l'ancien droit coutumier ; il n'y a pas de retour, s'il n'est stipulé ; et encore le donateur ne peut-il le stipuler que pour lui-même. Les stipulations pour les héritiers ou ayans cause seraient nulles. Pour qu'il ait lieu, même en cas de stipulation, il faut que le donataire décède sans enfans, avant le donateur.

ARTICLE CCXLII.

L'effet du droit de retour sera de résoudre toutes les aliénations des biens donnés, et de les faire revenir au donateur, francs et quittes de toutes charges et hypothèques, sauf néanmoins l'hypothèque de la dot et des conventions matrimoniales, si les autres biens de l'époux donataire ne suffisent pas, et dans le cas seulement où la donation lui aura été faite par le même contrat de mariage duquel résultent ces droits et hypothèques.

Le droit de retour stipulé en collatérale opère de

plus grands effets que celui que la loi accorde en ligne directe. Nous avons vu que d'après l'article XXXVII de la loi du 29 germinal, le retour n'a lieu en ce dernier cas qu'autant que les biens existent en nature, et que là où ils ont été aliénés, on n'a à répéter que le prix qui en est encore dû.

Ici, au contraire, le droit de retour a la vertu de résoudre les aliénations qui ont été faites des biens à donner, et de les faire rentrer dans les mains du donateur, francs et quittes de toutes charges et hypothèques. On n'excepte que celles de la dot et des conventions matrimoniales, et dans le cas seulement où la femme ne trouve pas d'autres biens pour se payer, et où la donation a été faite par le même contrat de mariage duquel résultent ces droits et hypothèques. On suppose sans doute que dans ce cas le donateur a voulu affecter les biens donnés à la restitution de la dot, stipulée dans le mariage, en faveur duquel il disposait.

SECTION II.

Des Exceptions à la règle de l'irrévocabilité des Donations entre-vifs.

ARTICLE CCXLIII.

La donation entre-vifs ne pourra être révoquée que pour cause d'inexécution des conditions sous lesquelles elle aura été faite, pour cause d'ingratitude et pour cause de survenance d'enfans.

Il résulte de ce que nous avons dit précédemment, que la donation entre-vifs est un acte irrévocable de sa nature. Quand les formalités prescrites par la loi ont été exactement observées, et que la donation, ainsi que l'acceptation ont été transcrites au bureau des hypothèques, tout est consommé. La propriété des biens donnés est transférée au donataire, et il n'est plus au pouvoir du donateur de révoquer son bienfait.

Cette règle souffre cependant trois exceptions, dont cet article fait mention; et la donation peut être révoquée; 1° pour cause d'inexécution des conditions sous lesquelles elle a été faite; 2° pour ceux d'ingratitude; 3° pour cause de survenance d'enfans.

On pourrait à la rigueur soutenir qu'il n'y a que deux causes qui peuvent opérer la révocation d'une donation; car les deux premières se confondent et rentrent, en quelque sorte, l'une dans l'autre. L'ingratitude est en effet une inexécution formelle de la donation, pour laquelle le donateur n'avait exigé d'autre retour que la reconnaissance du donataire. Celui-ci, en acceptant le bienfait, s'était engagé à s'en montrer reconnaissant. En devenant ingrat, il a manqué essentiellement aux conditions de la donation. Or, dans tous les contrats, lorsque l'une des personnes qui s'est obligée refuse ou néglige de remplir ses engagemens, l'autre est également déchargée des siens. D'après cela, la loi romaine met le cas de l'inexécution des conditions parmi ceux d'ingratitude. *Leg. ultim. cod. de revoc. donat.*

ARTICLE CCXLIV.

Dans le cas de la révocation pour cause d'inexécution des conditions, les biens rentreront dans les mains du donateur, libres de toutes charges et hypothèques du chef du donataire; et le donateur aura, contre les tiers détenteurs des immeubles donnés, tous les droits qu'il aurait contre le donataire lui-même.

La loi donne ici à la révocation pour cause d'inexécution des conditions de la donation, un effet qu'elle n'accorde point avec tant de latitude à la révocation pour cause d'ingratitude. Elle veut non seulement que les biens donnés retournent au donateur, francs et quittes de toutes les charges et hypothèques que le donataire aurait pu y imposer ; mais elle lui permet encore de déposséder les tiers acquéreurs de ces biens, et de faire résoudre les aliénations qui en auraient été faites par le donataire, sauf aux acquéreurs leur recours contre leur vendeur. C'est la conséquence nécessaire de la disposition, portant que le donateur aura contre les tiers détenteurs des immeubles donnés, tous les droits qu'il aurait contre le donataire lui - même. Or , comme il a incontestablement le droit de reprendre les biens donnés des mains du donataire, il l'a donc aussi à l'égard des tiers détenteurs.

Nous reviendrons sur cette disposition de la loi, parce que le retour des biens donnés a lieu également dans les autres cas de révocation, mais avec quelques modifications.

ARTICLE CCXLV.

La donation entre-vifs ne pourra être révoquée pour cause d'ingratitude que dans les cas suivans :

1º Si le donataire a attenté à la vie du donateur ;

2° S'il s'est rendu coupable envers lui de sévices, délits ou injures graves;

3° S'il lui refuse des alimens.

L'ordonnance de 1735 n'avait point parlé de la révocation pour cause d'inexécution des conditions de la donation, ni pour cause d'ingratitude. Ce n'est pas qu'elle rejetât ces moyens de révocation; mais, comme les principes en étaient assez clairement établis par le droit romain, et que son objet principal était de décider seulement les questions problématiques, elle avait laissé celle dont il s'agit ici dans la doctrine générale de la jurisprudence. L'ingratitude d'ailleurs d'un donataire pouvant se manifester de plusieurs manières différentes ; il n'était pas toujours aisé d'en spécifier les caractères positifs.

La loi du 13 floréal a cru devoir comprendre ces cas dans ses dispositions, et ériger en préceptes positifs, quelques-uns des caractères que la loi romaine et ses interprètes avaient assignés à l'ingratitude.

L'article que nous commentons réduit les signes d'ingratitude à trois principaux.

1° Si le donataire a attenté à la vie du donateur,

2° S'il s'est rendu coupable envers lui de sévices, délits ou injures graves.

3° S'il lui refuse des alimens.

La loi dernière, *cod. de revocand. donation.* entre là-dessus dans quelques détails qui reviennent à peu près aux deux premiers chefs d'ingratitude établis par notre article.

Elle donne pour signes d'ingratitude, si le donataire s'est porté jusqu'à battre le donateur ; s'il lui a suscité des affaires capables de compromettre tous ses biens ou du moins la plus grande partie ; s'il a mis le donateur en danger de perdre la vie, ou par des voies de fait, ou par des accusations criminelles, ou même par des dénonciations ; enfin, s'il refuse d'accomplir les charges sous lesquelles la donation a été faite, et tout ce qu'il a promis au donateur.

Ainsi, on voit que la loi du 13 floréal n'a ajouté à cela, que l'obligation pour le donataire de fournir des alimens au donateur.

Mais cette obligation, dont les anciennes lois ne parlaient point, peut donner lieu à un grand nombre de difficultés. L'obligation de fournir des alimens au donateur ne peut, ce semble, exister qu'à l'égard du donataire de tous les biens ou de la plus grande partie, de manière qu'il ne restât plus au donateur de quoi vivre. Elle ne saurait être justement imposée au donataire d'un objet particulier, qui n'a que médiocrement diminué la fortune de donateur.

D'un autre côté, il faut que cette obligation ait existé à l'époque même de la donation, et elle ne peut naître postérieurement. Sans cela on fournirait au donateur un moyen indirect d'anéantir sa libéralité ; puisqu'il pourrait aliéner réellement ou fictivement les biens qu'il s'était réservés pour sa subsistance, et exiger ensuite que le donataire d'une partie, quelle qu'elle fût, de ces biens lui fournît des alimens ou lui restituât les biens donnés ; car le donataire pour qui la charge des alimens excéderait le bénéfice de la donation en serait réduit à cette alternative.

Au reste, cela ne pourrait avoir lieu qu'à l'égard des donations faites à des étrangers ou à des parens en collatérale, puisque les parens en ligne directe sont tenus de se donner des alimens, indépendamment de toute donation de leur part. *Loi du 26 nivose an XI.*

La loi romaine accordait au donateur le bénéfice de compétence ; c'est - à - dire, qu'il n'était pas tenu d'exécuter la donation au - delà de ce qui lui était nécessaire pour vivre ; ainsi, le donateur, qui se croyait plus riche qu'il n'était réellement, ayant donné plus qu'il ne pouvait, poursuivi pour délivrer les biens donnés, pouvait toujours en retenir ce qui était absolument nécessaire pour le soutien de ses jours. Car la donation ne venant ordinairement que de la pure libéralité de celui qui donne, la loi ne veut pas qu'il soit contraint de l'accomplir avec une telle rigueur qu'il se réduise à l'extrémité. On ne peut donc pas tout ôter au donateur ; on doit lui laisser de quoi vivre ; ce qui est en quelque sorte arbitraire, et dépend de la condition et des facultés du donateur. *Leg.* 12. *ff. de donat. Leg.* 19. §. 1 , *et leg.* 30. *ff. de re judic.*

Au reste, l'obligation de fournir des alimens ne peut avoir lieu que comme toutes les autres actions de cette espèce, c'est-à-dire dans le cas où le donateur n'aurait pas les moyens d'y pourvoir d'ailleurs.

ARTICLE CCXLVI.

La révocation pour cause d'inexécution des conditions, ou pour cause d'ingratitude, n'aura jamais lieu de plein droit.

Cette disposition est tirée de la loi dernière, *cod. de revocand. Donat.*, que nous avons déjà citée plusieurs fois. La résolution de la donation pour cause d'ingratitude ne se fait pas de plein droit : elle n'a lieu qu'autant qu'elle a été prononcée en jugement sur la plainte du donateur. Il est toujours censé avoir pardonné l'injure qui lui a été faite, jusqu'à ce qu'il ait intenté son action pour poursuivre la révocation.

8

ARTICLE CCXLVII.

La demande en révocation pour cause d'ingratitude devra .en être formée dans l'année, à compter du jour du délit imputé par le donateur au donataire, ou du jour que le délit aura pu être connu par le donateur.

Cette révocation ne pourra être demandée par le donateur contre les héritiers du donataire, ni par les héritiers, du donateur contre le donataire, à moins que, dans ce dernier cas, l'action n'ait été intentée par le donateur, ou qu'il ne soit décédé dans l'année du délit.

Cet article n'est qu'une conséquence de l'autre. L'action en ingratitude ne passe ni aux héritiers du donateur, ni contre ceux du donataire.

La demande en révocation doit être intentée dans l'année, à compter du jour du délit imputé par le donateur au donataire, ou du jour qu'il aura pu en avoir connaissance.

Mais s'il ne s'agit pas d'un délit proprement dit, mais seulement du refus d'exécuter les conditions de la donation ou de fournir des alimens au donateur, le délai sera-t-il le même? On ne peut en douter; un tel refus ne peut être traité plus rigoureusement qu'un délit; mais alors l'année ne pourra compter que du jour où le donateur aura fait faire sommation au donataire de remplir ses obligations ou de lui fournir des alimens.

Les héritiers du donateur peuvent poursuivre l'action en révocation contre le donataire, si le donateur l'avait commencée de son vivant, et s'il était mort avant l'expiration du délai d'un an qui lui est accordé pour l'intenter.

ARTICLE CCXLVIII.

La révocation pour cause d'ingratitude ne préjudiciera ni aux aliénations faites par le donataire, ni aux hypothèques et autres charges réelles qu'il aura pu imposer sur l'objet de la donation, pourvu que le tout soit antérieur à l'inscription qui aurait été faite de l'extrait de la demande en révocation, en marge de la transcription prescrite par l'article CCXXIX.

Dans le cas de révocation, le donataire sera condamné à restituer la valeur des objets aliénés, eu égard au temps de la demande, et les fruits, à compter du jour de cette demande.

On voit ici la différence que la loi met dans les effets de la révocation, pour n'avoir pas exécuté les conditions de la donation, et celle qui a lieu pour cause d'ingratitude. Dans le premier cas, les biens retournent au donateur, francs et quittes de toutes charges et hypothèques; et s'ils ont été aliénés, le donateur a contre les tiers-détenteurs, les mêmes droits que contre le donataire. Dans le second cas, si le donataire a aliéné les biens donnés, ou s'il les a hypothéqués, la révocation pour cause d'ingratitude ne nuit point aux tiers-acquéreurs, ni aux créanciers du donataire. Telle était la disposition de la loi romaine, *leg.* 7, *cod. de revocand. Donat.* Il en était de même dans le cas de révocation pour non-exécution, que cette loi confondait avec celui d'ingratitude. Le motif sur lequel elle s'appuyait, s'appliquait à tous les deux. La révocation provenant d'une cause postérieure à une donation parfaite et consommée, les tiers-acquéreurs et les créanciers ont dû croire qu'ils pouvaient contracter en sûreté avec le donataire, devenu propriétaire incommutable des biens donnés. Les engagemens relatifs à ces biens ne pouvaient sur-tout être annullés par le fait du donataire.

La loi du 13 floréal s'est conformée à ces principes de la loi romaine, pour le cas qu'il qualifie d'ingratitude et non pour celui de simple inexécution des clauses de la donation.

Mais, pour que les tiers-acquéreurs ou les créanciers puissent se maintenir dans la propriété, dans les droits qu'ils ont acquis sur les biens donnés, il faut que les actes sur lesquels ils fondent leurs prétentions soient antérieurs à la demande en révocation et à l'inscription qui doit en être faite en marge de la transcription qui a dû être faite de la donation au bureau de la conservation des hypothèques. On prévient les fraudes par ce moyen, et on ne peut, par des actes après coup, frustrer le donateur de ses droits.

Lorsque les biens donnés ont été aliénés et transcrits avant la demande en révocation, le donateur n'a plus à prétendre contre le donataire que la valeur des objets aliénés, eu égard au temps de la demande, et les fruits, à compter du jour de cette demande.

La valeur de ces biens doit être appréciée, non ce qu'elle était à l'époque de la donation, mais ce qu'elle est à celle de la demande en révocation.

Il se présente une autre question, celle de savoir
uelle date on donnera à l'hypothèque du donateur,
our la demande de la valeur des biens aliénés. Datera-
-elle de l'époque de la donation, ou de celle de la de-
ande, ou du jugement qui l'aura accordée ?

Si l'on faisait dater l'hypothéque de l'époque de la
donation, la faveur qu'elle accorde aux tiers-acquéreurs et aux créanciers serait vaine la plupart du
temps, puisque le donateur, s'il ne les dépouillait pas
en cette qualité, pourrait le faire en vertu de son hypothèque.

Cette hypothèque ne doit donc dater que du jour
du jugement, qui a déclaré la donation révoquée, ou
tout au plus du jour où le donateur a fait inscrire la
demande en révocation.

ARTICLE CCXLIX.

Les donations en faveur de mariage ne
seront pas révocables pour cause d'ingratitude.

La justice l'exige ainsi ; car la donation en faveur
d'un mariage étant souvent moins faite pour celui qui
le contracte, qu'en considération de l'autre époux et
des enfans qui peuvent naître de leur union, il ne peut
dépendre d'un seul d'entr'eux d'annuller un acte, dont
l'objet a été l'intérêt de plusieurs. C'était là l'ancienne
jurisprudence.

ARTICLE CCL.

Toutes donations entre-vifs faites par
personnes qui n'avaient point d'enfans ou
de descendans actuellement vivans, dans le

temps de la donation, de quelque valeur que ces donations puissent être, et à quelque titre qu'elles aient été faites, et encore qu'elles fussent mutuelles ou rémunératoires, même celles qui auraient été faites en faveur de mariage par autres que par les ascendans aux conjoints, ou par les conjoints l'un à l'autre, demeureront révoquées de plein droit par la survenance d'un enfant légitime du donateur, même d'un posthume, ou par la légitimation d'un enfant naturel par mariage subséquent, s'il est né depuis la donation.

Cet article et les suivans sont copiés des articles XXXIX et suivans de l'ordonnance de 1731, qui elle-même n'avait fait que consacrer la jurisprudence, qu'on avait tirée de la fameuse loi *si unquam*, 8, *cod. de revocand. donation.*

Cette loi portait que si un patron, n'ayant pas d'enfans, avait donné à ses affranchis ses biens en totalité ou en partie, et qu'il vînt ensuite à avoir des enfans, les biens donnés devaient lui revenir, et lui appartenir, tout comme s'il n'y avait pas eu de donation.

Cette loi mit sur la voie pour dévoiler un sentiment du cœur humain ; on supposa qu'un homme qui donnait son bien n'ayant pas d'enfans, ne l'aurait pas fait s'il en avait eu ; et qu'en ce cas, il aurait préféré leur intérêt à celui d'un étranger.

De là la jurisprudence étendit à tous les cas la décision que la loi *si unquam* avait bornée à celui de la donation faite par un patron à son affranchi.

Cette maxime passa de la jurisprudence du droit romain, dans celle de plusieurs coutumes; il y eut cependant beaucoup de doute sur l'étendue qu'on devait y donner. Les uns voulaient excepter les donations pour cause pie; les autres, les donations rémunératoires, ou celles faites en faveur de mariage. Les anciennes cours souveraines étaient font partagées là-dessus.

L'ordonnance de 1731, dont la loi du 13 floréal a adopté les dispositions, fit cesser toutes les incertitudes, et statua que la révocation par survenance d'enfans aurait lieu pour toutes les donations, de quelque espèce qu'elles fussent.

Cette ordonnance, en déclarant que la révocation se fait de plein droit, a encore terminé une grande dispute entre les docteurs et a concilié la diversité de jurisprudence, dont elle était la source): car plusieurs jurisconsultes tenaient, et des tribunaux jugeaient que cette révocation n'avait pas lieu de plein droit, et qu'il fallait que le donateur l'eût demandée en justice. *Journ. des Aud.*, *4 mars 1656. Journ. du Pal.*, *6 juillet 1672.*

La jurisprudence et le sentiment des auteurs étaient conformes à la fin de l'article, qui veut que les enfans naturels du donateur, légitimés par le mariage subséquent, donnent également lieu à la révocation. *Ricard*, *part. 3*, n° 599.

L'ordonnance ajoutait qu'aucune autre sorte de légitimation que celle par mariage subséquent ne produirait l'effet de la révocation. Il y avait, à l'époque de cette ordonnance, d'autres formes de légitimation, telle que celle par rescrit du prince, qui n'existe plus aujourd'hui. Aussi a-t-on retranché cette disposition de la loi du 13 floréal.

D'un autre coté, on en a ajouté une dans cette loi,

qui ne se trouve pas dans l'ordonnance, c'est que, pour que la légitimation de l'enfant naturel puisse opérer la révocation de la donation, il faut qu'il soit né depuis qu'elle a été faite. S'il était déjà au monde à cette époque la révocation n'aurait pas lieu.

Si un homme condamné à mort par contumace, et par conséquent réputé mort civilement, venait à se marier, les enfans qu'il aurait de ce mariage ne révoqueraient pas les donations qu'il aurait faites antérieurement. La mort civile dont il était atteint l'a dépouillé de tous ses droits, et confirmé irrévocablement tous les actes qu'il a passés précédemment.

Il en serait autrement s'il était décédé dans les cinq ans que la loi lui donne pour se représenter, ou si, s'étant représenté, il avait été absous.

Dans le premier cas, il est censé mort dans l'intégrité de ses droits.

Dans le second, il les a recouvrés par son absolution Voyez cependant la loi du 20 pluviose.

S'il s'agissait d'enfans nés d'un mariage affecté de quelque nullité, mais dont les enfans qui en seraient issus se trouveraient légitimés par la bonne foi des deux époux ou d'un seul, (loi du 26 ventose an 11, article CXCV,) la révocation aurait également lieu. Car cette révocation s'opérant en considération des enfans plutôt que du père ou de la mère, et ne dépendant que de la légitimité des premiers, elles doivent aller toujours ensemble.

ARTICLE CCLI.

Cette révocation aura lieu, encore que l'enfant du donateur ou de la donatrice fût conçu au temps de la donation.

Cet article est encore pris de l'ordonnance de 1731
art. XL, qui avait mis fin à la diversité qu'il y avait à
cet égard, dans la jurisprudence de quelques parlemens.
Arrêt du 17 août 1675. Journ. du Palais.

La loi suppose qu'un enfant conçu est au nombre des
hommes, quand il est question de son intérêt.

Cette fiction doit cesser lorsqu'elle lui serait préjudiciable.

ARTICLE CCLII.

La donation demeurera pareillement révoquée, lors même que le donataire serait
entré en possession des biens donnés, et
qu'il y aurait été laissé par le donateur,
depuis la survenance de l'enfant , sans
néanmoins que le donataire soit tenu de
restituer les fruits par lui perçus, de quelque nature qu'ils soient, si ce n'est du jour
que la naissance de l'enfant où sa légitimation par mariage subséquent lui aura été
notifiée par exploit ou autre acte en bonne
forme ; et ce , quand même la demande
pour rentrer dans les biens donnés n'aurait été formée que postérieurement à cette
notification.

Cet article est le quarante-unième de l'ordonnance
de 1731. Les auteurs s'accordaient assez à dire que la
révocation de la donation se faisait de plein droit par
la survenance d'enfans; mais leur logique était en défaut dans les doutes qu'ils élevaient après être convenus
de cette maxime. On mettait en effet en question : si ,
lorsque le père avait permis que le donateur continuât

de jouir des biens dont il avait été investi par la donation, et n'avait pas formé la demande en révocation pendant sa vie, ses enfans ou autres héritiers pouvaient la former après sa mort. Mais une fois qu'on était convenu que la donation était révoquée de plein droit par la survenance d'enfans ; que cette révocation est par conséquent l'ouvrage de la loi, sans qu'on ait besoin pour cela de l'action de l'homme, il était bien évident que la donation était anéantie, que le donateur rentrait dans la propriété des biens, et que s'il négligeait de les réclamer de son vivant, son action passait à ses héritiers, avec tous ses autres droits.

L'autre doute qu'on se formait n'était pas mieux fondé. Il consistait à savoir si, quand l'enfant dont la naissance avait donné lieu à la révocation de la donation, venait à mourir avant que le père eût fait signifier la révocation de la donation au donataire, la donation pouvait être révoquée, après la mort de l'enfant.

Cette question rentre dans l'autre, et se décide d'après les mêmes principes. La donation étant une fois annullée ne peut plus revivre, quand même la cause qui l'a fait annuller viendrait à cesser. Plusieurs auteurs, et entre autres Ricard, étaient d'un avis contraire, et le plus grand nombre des tribunaux partageait leur erreur.

Quant à ce qui concerne la restitution des fruits, les auteurs ni les tribunaux ne s'accordaient pas davantage. Les uns voulaient que la révocation ayant lieu de plein droit, les fruits fussent dus du jour de la donation ; les autres du jour de la naissance de l'enfant ; les autres du jour que le donataire en aurait été instruit ; les autres enfin du jour de la demande et de la notification de la naissance de l'enfant. L'ordonnance de 1731 adopta cette dernière opinion, et la loi du 13 floréal l'a consacrée de nouveau.

ARTICLE CCLIII.

Les biens compris dans la donation révoquée de plein droit rentreront dans le patrimoine du donateur, libres de toutes charges et hypothèques du chef du donataire, sans qu'ils puissent demeurer affectés, même subsidiairement, à la restitution de la dot de la femme de ce donataire, de ses reprises ou autres conventions matrimoniales ; ce qui aura lieu, quand même la donation aurait été faite en faveur du mariage du donataire, et insérée dans le contrat, et que le donateur se serait obligé comme caution, par la donation, à l'exécution du contrat de mariage.

Cet article est le quarante-deuxième de l'ordonnance de 1731. Après avoir établi le principe que la donation était révoquée de plein droit par la survenance d'enfans, il fallait nécessairement régler la manière dont les biens donnés retourneraient aux donateurs, et ce que deviendraient les aliénations que le donataire en aurait faites, ou les charges qu'il y aurait imposées. Nous avons déjà traité cette question pour les cas où la donation est révoquée ou par inexécution des conditions ou par ingratitude. Nous avons vu que la régle n'était pas la même dans les deux cas ; et que le retour était plus complet dans le premier que dans le second.

Quant à celui qui nous occupe en ce moment, on suit la même règle que pour la révocation qui a lieu pour cause d'inexécution des conditions ; les biens re-

tournent au donateur francs et quittes de toutes charges
et hypothèques du chef du donataire.

Si la donation avait été faite en faveur du mariage
du donataire, sa femme n'aurait pas même une action
subsidiaire sur ces biens pour sa dot, reprises ou autres
conventions matrimoniales.

On n'en excepte pas même le cas où le donateur se
serait obligé comme caution, à l'exécution du contrat
de mariage.

La survenance d'enfans détruit ces obligations comme
elle anéantit la donation.

Il n'en était pas de même avant l'ordonnance de
1731, toutes ces questions étaient diversement déci-
dées par les jurisconsultes et par les tribunaux.

L'article que nous examinons ne parle que des charges et hypothèques que le donataire aurait pu imposer
sur les biens donnés, et dont ils demeurent francs et
quittes, en retournant au donateur.

L'ordonnance de 1731, d'où il est tiré, ne s'expli-
quait pas davantage sur la question de savoir si le donateur avait le droit de déposséder les tiers-acquéreurs des
biens donnés, et de faire résoudre les aliénations qui
en auraient été faites par le donataire, sauf à eux leur
recours contre le vendeur, qui ne possédait ces biens
que sous la condition tacite que le donateur n'aurait
jamais d'enfans.

On ne doutait point que ces aliénations ne fussent
résolues par la survenance d'enfans, et que le donateur
n'eût le droit de dépouiller les tiers-acquéreurs. Ricard,
des donat., troisième part. n° 651.

L'ordonnance le disait même d'une manière indirecte
dans l'article XLV qui est le CCLVI° de la loi du 13
floréal, comme nous le dirons dans l'instant.

D'ailleurs, l'article CCXLIV ci-dessus, dans le cas

de révocation pour cause d'inexécution, accorde au donateur contre les tiers-détenteurs des biens donnés les mêmes droits qu'il aurait contre le donataire lui même.

Or, le cas de révocation par survenance d'enfans est un de ceux que la loi traite avec plus de faveur. On peut donc en ce cas exercer les mêmes droits que dans tous les autres.

Il semble que, pour éviter toute équivoque, il aurait fallu ne faire qu'un seul article, pour régler les effets des diverses espèces de révocations.

<h3 style="text-align:center">A R T I C L E CCLIV.</h3>

Les donations ainsi révoquées ne pourront revivre ou avoir de nouveau leur effet, ni par la mort de l'enfant du donateur, ni par aucun acte confirmatif ; et si le donateur veut donner les mêmes biens au même donataire, soit avant ou après la mort de l'enfant par la naissance duquel la donation avait été révoquée, il ne le pourra faire que par une nouvelle disposition.

Cet article, qui est le XLIII de l'ordonnance, n'est qu'une conséquence de tout ce qui a été dit précédemment. La donation, une fois anéantie de plein droit par la survenance d'enfans, il est tout simple qu'elle ne puisse revivre que par un nouvel acte où l'on suive les formes ordinaires.

La mort de l'enfant qui a donné lieu à la révocation n'en saurait détruire l'effet ; parce que, une fois la donation détruite, elle ne saurait reprendre l'existence. Un acte confirmatif ne peut aussi la lui redonner, puisqu'il n'en existe pas.

Les auteurs, et entre autres Ricard, n'étaient pas de cette opinion; mais ils tombaient dans une inconséquence.

ARTICLE CCLV.

Toute clause ou convention par laquelle le donateur aurait renoncé à la révocation de la donation pour survenance d'enfant, sera regardée comme nulle, et ne pourra produire aucun effet.

Cet article, qui est le **XLIV** de l'ordonnance, décide une question fort controversée auparavant; savoir, si une personne, en faisant une donation, avait pu renoncer à la révocation par survenance d'enfans. La jurisprudence des tribunaux était loin d'être uniforme sur ce point. *Journal du Pal.*, 15 *juillet* 1680. Il n'y a plus de doute aujourd'hui.

ARTICLE CCLVI.

Le donataire, ses héritiers ou ayans cause, ou autres détenteurs des choses données, ne pourront opposer la prescription pour faire valoir la donation révoquée par la survenance d'enfans, qu'après une possession de trente années, qui ne pourront commencer à courir que du jour de la naissance du dernier enfant du donateur, même posthume, et ce, sans préjudice des interruptions, telles que de droit.

C'est l'article **XLV** de l'ordonnance de 1731; en comprenant parmi ceux qui ne pourront opposer que la prescription de trente ans pour faire valoir la donation révoquée par survenance d'enfans, les tiers détenteurs des biens donnés, elle indique bien précisément, comme nous l'avons remarqué plus haut, qu'elle entend que ces tiers détenteurs puissent être dépouillés par le donateur, ensuite de la révocation de la donation. Il aurait peut-être mieux valu le dire d'une manière positive; mais il échappe toujours quelque chose, dans les lois à la rédaction desquelles on donne le plus d'attention; peut-être même l'ordonnance qui ne voulait décider que les points litigieux, ne parla pas de celui-là, parce qu'il ne formait aucun doute.

Quoi qu'il en soit, l'ordonnance changea la maxime que l'on suivait auparavant, et d'après laquelle un tiers détenteur était à l'abri de toute recherche après le laps de dix années.

Elle éclaircit également une autre question, savoir, si, lorsqu'il y avait eu plusieurs enfans, la prescription devait courir du jour de la naissance du premier ou de celle du dernier : l'ordonnance, en se déterminant pour cette dernière opinion, a donné toute l'étendue possible à la faveur qu'exigeait cette espèce de révocation.

CHAPITRE IV.

Des Dispositions testamentaires.

SECTION PREMIÈRE.

Des Règles générales sur la forme des Testamens.

ARTICLE CCLVII.

Toute personne pourra disposer par testament, soit sous le titre d'institution d'héritier, soit sous le titre de legs, soit sous toute autre dénomination propre à manifester sa volonté.

Les dispositions de cet article se trouvent répétées à peu près, dans l'article CCXCI : elles tendent à détruire la différence qui existait entre les actes de dernière volonté, qui se faisaient sous le titre d'institution d'héritier ou sous le titre de legs, et qui dérivaient des principes si opposés que l'on suivait, sur cette matière, dans les pays coutumiers, et dans les pays de droit écrit.

La loi, après avoir seulement indiqué ici que son intention est que toute différence cesse à cet égard, passe tout de suite à la forme des testamens, et entre à ce sujet dans de très-grands détails. Nous suivrons le même ordre, et nous renverrons sur l'article CCXCI, ce que nous avons à dire sur la différence qui existait autrefois dans les diverses manières de disposer de ses biens.

ARTICLE CCLVIII.

Un testament ne pourra être fait dans le même acte par deux ou plusieurs personnes, soit au profit d'un tiers, soit à titre de disposition réciproque et mutuelle.

L'ordonnance de 1735, article LXXVII, avait déjà proscrit les testamens faits par deux ou plusieurs personnes, soit au profit d'un tiers, soit à titre de disposition réciproque et mutuelle. Les motifs de cette prohibition paraissent avoir été, que le testament étant un acte révocable de sa nature, cette liberté, que chacun a de changer ses dispositions à son gré, recevait nécessairement des entraves dans les testamens mutuels :

on doutait si l'un des testateurs, révoquant ses dispositions, celles de l'autre étaient aussi révoquées de plein
droit? ou bien, si l'un étant décédé sans avoir révoqué
son testament, l'autre était ou non autorisé à changer
le sien? Il y avait beaucoup de difficultés, quelque parti
qu'on prît ; il n'y en avait point d'abolir ce genre de
testament, absolument contraire à la vraie nature de
cet acte. *D'Aguess., tom. IX, lett.* 324.

L'ordonnance de 1735, en abrogeant les testamens
mutuels ou faits conjointement, n'exceptait pas même
ceux faits par mari et femme. La loi du 13 floréal n'est
pas plus indulgente à cet égard, comme on le voit par
l'article CCCLXXXVI ci-après.

ARTICLE CCLIX.

Un testament pourra être olographe, ou
fait par acte public ou dans la forme mystique.

Toutes ces espèces de testamens dérivent du droit
romain, d'où ils avaient passé sous quelques modifications, dans les pays de droit coutumier. La faculté de
tester étant entièrement opposée à l'esprit de ce dernier,
et y étant même dans le principe entièrement inconnue,
il ne devait pas y avoir aussi de testament ; c'est lorsque le droit de tester s'y fut introduit, qu'on s'occupa
à établir les formes dans lesquelles il serait permis de
l'exercer ; mais comme ce droit fut toujours beaucoup
plus restreint dans les pays coutumiers que dans les
pays de droit écrit, qu'il ne s'y appliquait pas, comme
dans celui-ci, à toutes sortes de biens, on y fut moins rigoureux pour les formes.

Dans les pays régis par la loi romaine, on avait scrupuleusement conservé les formes solennelles qu'elle exi-

geait de la part de ceux à qui elle permettait de s'ériger en quelque sorte en législateurs, en disposant arbitrairement de leurs biens : ces formes avaient beaucoup varié chez les Romains. Elles étaient extrêmement bizarres dans le principe : comme leur législation primitive n'était pas très-favorable, ainsi que nous l'avons dit, à la faculté de tester, on ne l'accordait qu'à ceux qui étaient sur le point de partir pour l'armée, et encore étaient-ils obligés de manifester leur volonté dans une assemblée du peuple.

On exerça ensuite plus facilement la faculté de tester, en la déguisant sous la forme d'une vente, dans laquelle le testateur feignait de vendre son bien à celui en faveur de qui il avait l'intention d'en disposer. Comme tous les actes se faisaient alors verbalement, il fallait nécessairement y appeler des témoins pour en conserver le souvenir ; il en fallait cinq dans la vente fictive qui tenait lieu de testament, et ces cinq témoins réunis au testateur qui était censé vendre, et à l'héritier qui faisait le rôle d'acheteur, faisaient le nombre de sept personnes qui concouraient à cet acte. *Heinecc. parat. ff. part. 5, §. 3, 4 et 14.*

La jurisprudence prétorienne et sur-tout les ordonnances des empereurs, débarrassèrent les testamens des formes bizarres dont ils avaient d'abord été accompagnés ; mais elles laissèrent subsister le nombre de sept témoins, et à cet égard comme à quelques autres, ces formes antiques servirent de base et de modèles à celles qu'on exigea pour les diverses sortes de testamens qu'on conserva.

Il y en avait de plusieurs espèces : le testament écrit, le nuncupatif et les testamens privilégiés.

Le testament écrit devait être signé par les témoins, qui y apposaient en outre leur sceau, et par le testateur si le testateur ne pouvait ou ne savait écrire, on appelait un huitième témoin.

Le testament nuncupatif se faisait sans écrit, comme son nom l'indique, en présence de sept témoins qui attestaient la volonté du testateur. Justinien, qui simplifia les anciennes formes, régla celles que l'on observerait dans ces deux sortes de testamens, dans sa célèbre loi, *Hâc consultissimâ. cod. de testam.* Il établit aussi par une autre loi, les testamens mystiques ou secrets.

Les testamens privilégiés n'étaient pas soumis à des formes aussi rigoureuses et aussi solennelles que les autres. Tels étaient d'abord les testamens des parens entre enfans; leurs dispositions, quoique imparfaites, devaient être observées. *Dict. leg. hâc consultissimâ, §. 50, cod. de testam.*

Pour faciliter, même aux parens, la faculté de disposer entre leurs enfans, Justinien imagina le testament olographe qui, étant écrit et signé par le testateur, valait pour les enfans, quoique non revêtu des formes requises dans les autres testamens. *Novell.* 107.

Il y avait encore les testamens militaires, ceux faits en temps de peste, que les cironstances avaient obligé d'exempter de la plupart des formalités que l'on suivait dans les testamens ordinaires.

Toutes ces espèces de testamens s'étaient conservées en France, dans les pays régis par la loi romaine, avec les formes dont nous avons parlé; on exigeait seulement que le testament solennel et nuncupatif fût rédigé par écrit et reçu par un notaire. Il y avait cependant des provinces, telles que celles dépendant du parlement de Toulouse, où le testament nuncupatif non écrit s'était maintenu jusqu'à l'ordonnance de 1735; mais, comme ces testamens non écrits étaient sujets à de grands inconvéniens, cette ordonnance les prohiba; et depuis on ne connut en France que les testamens écrits. Il fallait en pays de droit écrit qu'ils fussent reçus par un notaire : les testamens olographes y étaient connus, mais ils avaient conservé la destination que Justinien leur avait donnée; ils n'étaient exécutés qu'à l'égard des enfans; et les dispositions qu'ils contenaient en faveur des étrangers, étaient censées non écrites.

Dans les pays coutumiers au contraire, où, à raison des entraves qu'y éprouvait la faculté de tester, on était moins attentif à la solennité des formes, le testament olographe y était pratiqué pour les étrangers comme pour les enfans, et dans les coutumes ou la faculté de tester était très-étendue, ou quand il était question d'une succession composée de biens, pour lesquels la faculté de tester était illimitée, on pouvait la transporter à qui on voulait, par cette manière très-légère de disposer.

Quand on testait par écrit, l'intervention d'un notaire n'était pas par-tout nécessaire. Les curés, en plusieurs lieux, pouvaient remplir ce ministère; il ne fallait pas un aussi grand nombre de témoins que dans les pays de droit écrit : deux suffisaient presque par-tout. L'ordonnance de 1735 ne changea rien aux formes extérieures des testamens, comme elle avait respecté les limites que les usages anciens avaient imposées à la faculté de tester.

La loi du 13 floréal, après avoir établi des règles uniformes sur ce dernier point, était nécessairement obligée d'établir aussi l'uniformité pour les actes contenant les dispositions de dernière volonté.

Elle veut ici qu'un testament soit ou olographe, ou par acte public, ou dans la forme mystique. Ce sont toujours les formes du droit romain : nous verrons sur les articles suivans, si on les a toujours sagement appliquées.

ARTICLE CCLX.

Le testament olographe ne sera point valable, s'il n'est écrit en entier, daté et signé de la main du testateur ; il n'est assujetti à aucune autre forme.

Nous avons dit que les Romains, en imaginant les testamens olographes qui étaient seulement écrits et signés par le testateur, et étaient dispensés des autres formalités des testamens solennels, en avaient borné l'usage entre les enfans, de manière que les parens pouvaient bien distribuer, par ce testament, leurs biens à leurs enfans; mais les dispositions faites en faveur des étrangers étaient considérées comme non écrites.

On pensait, avec quelque fondement, que rien n'était plus contraire aux principes et à l'importance des testamens, que de les affranchir ainsi de toutes sortes de formalités publiques. Si un testateur paraît plus libre et moins exposé à la surprise et aux suggestions étrangères, lorsque, seul et sans témoins, il trace lui-même le plan de ses dernières volontés, il est souvent livré sans confusion et sans remords aux mouvemens injustes de ses passions, qui sont les plus ordinaires et les plus dangereux de tous les séducteurs. Il se met au-dessus de la loi par l'autorité de sa disposition; il ne doit pas moins s'élever au-dessus, par la justice et par la sagesse de ce qu'il ordonne. C'est pour cette raison que les premiers testamens chez les Romains ne se faisaient pas avec moins d'appareil que les lois publiques, et ils ne devaient rien contenir dont le testateur eût pu rougir en présence du peuple. Il semble que plus les formalités que les lois ont substituées à cette ancienne solennité lui sont inférieures, moins on doit s'en écarter,

Un testateur, prêt à faire une injustice dans l'intérieur de sa maison, a souvent honte de la revêtir d'une formalité publique.

C'est d'après ces considérations que l'empereur Justinien rejeta de son code la novelle quatrième de Valentinien, laquelle introduisait les testamens olographes qui n'avaient d'autres formalités que d'être écrits et signés par le testateur; et lorsque l'édit de 1629 eut tenté d'établir dans toute la France cette manière de disposer, il ne fut point reçu dans les pays de droit écrit, où le testament olographe continua seulement à servir pour les dispositions entre enfans, pour les testamens militaires ou ceux faits en temps de peste; mais seulement dans les pays de coutumes, où cette forme avait moins d'inconvéniens à raison des entraves, que presque toutes les coutumes mettaient à la faculté de tester.

Dans le nouveau code même on a apperçu le danger d'admettre des actes privés et clandestins, pour les cas qui donnent le plus d'accès aux mouvemens des passions, et exposent le plus à la séduction. La loi du 2 germinal an 11, article CCCXXVIII, exige que la reconnaissance d'un enfant naturel soit faite par un acte authentique, lorsquelle n'aura pas été faite dans l'acte de naissance, et dans les motifs on dit, que cela est établi ainsi, pour que les familles soient, à cet égard, à l'abri de toute surprise.

En donnant à la faculté de tester une étendue aussi illimitée qu'on a fait, il était, ce semble, nécessaire d'accroître les formes des testamens au lieu de les diminuer; et l'usage du testament olographe devait être borné, comme chez les Romains, aux dispositions d'un père entre ses enfans, qui, en les rédigeant, est censé n'être inspiré que par sa tendresse pour eux.

Il est effrayant, quand on pense qu'un homme peut

être entraîné à transporter toute sa fortune à des étrangers, avec moins de formalitée qu'il n'en faut pour faire la plus simple promesse. *Voyez d'Aguess., tome 9, lettr.* 331.

Quoi qu'il en soit, le testament olographe est parfait lorsqu'il est écrit, daté et signé de la main du testateur.

L'ordonnance de 1735 avait déjà fait de la date une des formes essentielles de toutes les espèces de testamens : elle ne fit que confirmer en cela la règle générale établie par la novelle 47 et la novelle 107, *cap.* 1. Tout testament d'ailleurs, suivant les principes du droit romain, est regardé comme une loi, et les lois faites *sine die et consule* sont nulles, suivant *la loi* 1 *, cod. Theodos.*

La date est utile, non seulement quand il y a plusieurs testamens, mais même quand il n'y en a qu'un seul, pour savoir si, lorsqu'il a été fait, le testateur avait l'âge fixé par la loi, et la capacité de tester, ou la liberté d'esprit et le degré de raison nécessaire pour disposer de ses biens; s'il avait l'usage de la parole et celui de la vue, etc. *D'Aguess., tom.* 9, *lettr.* 318 *et* 333.

Une chose essentielle à connaître, est de savoir ce que la date doit contenir pour être parfaite : suffit-il qu'elle fasse mention de l'an ou du jour que l'acte est passé, ou faut-il encore qu'elle indique le lieu où on le passe? Les auteurs ont toujours été divisés à ce sujet. *Journ. du pal., tome* 1 *, pag.* 909.

Mais les lois anciennes, et celle du 25 ventose an 11, relative au notariat et aux actes notariés, exigeant que les notaires fassent mention, non seulement du jour et de l'an, mais encore du lieu où l'acte est passé, il s'en suit qu'une date n'est complète qu'autant qu'elle comprend toutes ces choses.

ARTICLE CCLXI.

Le testament par acte public est celui qui est reçu par deux notaires, en présence de deux témoins, ou par un notaire, en présence de quatre témoins.

Le testament par acte public remplace aujourd'hui le testament nuncupatif écrit, du droit romain, dont nous avons parlé plus haut, dont l'ordonnance de 1735 réglait les formes dans son article V.

En rapprochant cet article de l'ordonnance de celui de la loi du 17 floréal, que nous examinons en ce moment, on verra qu'on a abrégé plusieurs des formes du testament solennel du droit romain, et qu'on s'est rapproché de la simplicité des formes qu'on y mettait dans les pays coutumiers, où la faculté de tester n'était pas aussi étendue. En agrandissant cette faculté, il semble qu'on aurait dû prendre une marche opposée.

ARTICLE CCLXII.

Si le testament est reçu par deux notaires, il leur est dicté par le testateur, et il doit être écrit par l'un de ces notaires, tel qu'il est dicté.

S'il n'y a qu'un notaire, il doit également être dicté par le testateur, et écrit par ce notaire.

Dans l'un et l'autre cas, il doit en être donné lecture au testateur, en présence des témoins.

Il est fait du tout mention expresse.

Le testament étant la manifestation de la volonté du testateur, on ne la considère comme telle, qu'autant qu'il l'a exprimée et dictée lui-même, et qu'elle ne lui a pas été suggérée par des interrogations. Un testament serait donc nul, si un testateur au lieu de dicter lui-même ses dispositions, ne faisait que répondre par oui par non aux questions qui lui seraient faites par le notaire. Celui-ci doit écrire lui-même ses dispositions à mesure qu'elles sont prononcées par le testateur; il ne peut les faire écrire par un autre. M. d'Aguesseau blâmait le parlement de Provence d'avoir toléré l'usage contraire. *Tom.* 9. *Lett.* 344 et 345.

Après que le testateur a achevé de dicter ses dispositions, et qu'elles ont été écrites par le notaire, ou par un des notaires, s'ils sont deux à le recevoir, il doit en être donné lecture au testateur en présence des témoins, et il faut faire, dans l'acte même *mention expresse* de l'observation de toutes ces formalités.

On était fort scrupuleux dans l'ancienne jurisprudence sur la manière dont on devait énoncer cette lecture. On ne regardait pas comme remplissant le vœu de la loi, la mention que le testament avait été *publié* en présence des témoins et du testateur. M. d'Aguesseau pensait que cette formule ne signifiait pas tout à fait que le testament avait été lu. *Tom.* 9. *Lett.* 339.

On trouvait même à redire lorsqu'au lieu de faire mention qu'on avait fait *lecture*, on disait seulement, fait et lu, etc. *Gazett. des Trib.*, *tom.* 5, *pag.* 97, 217, *et tom.* 6, *pag.* 47 *et suiv.*

Toutes ces formalités minutieuses, qui ne sont pas toujours de sûrs garans de la validité d'un acte, venaient du droit coutumier. *Journ. des Audienc.*, *tom.* 6, *liv.* 7, *ch.* 5.

ARTICLE CCLXIII.

Ce testament doit être signé par le testateur : s'il déclare qu'il ne sait ou ne peut signer, il sera fait dans l'acte mention expresse de sa déclaration , ainsi que de la cause qui l'empêche de signer.

L'ordonnance de 1735, n'était pas si sévère à cet égard, comme on le voit par l'article V, dont nous avons parlé ci-dessus. Quand le testateur ne savait ou ne pouvait signer, il suffisait qu'il en fût fait mention sans qu'on fût obligé d'ajouter la cause qui l'empêchait de signer.

Une formalité ancienne, à laquelle le testament solennel était soumis par le droit romain, et qui avait été conservée par l'ordonnance de 1735, était que le testament devait être écrit *uno contextu* ; c'est-à-dire, qu'on ne pouvait l'interrompre pour vaquer à une autre affaire, et distraire ainsi l'attention qu'un acte aussi important exigeait. Cela cependant, dit M. Daguesseau, dans l'ordonnance comme dans les lois romaines, s'entend d'une continuité morale, et non pas physique. *tom.* 9, *lett.* 333.

La loi du 13 floréal n'en parle point pour le testament par acte public ; elle le suppose sans doute, car on l'exige expressément pour l'acte de suscription du testament mystique, comme nous le verrons plus bas

ARTICLE CCLXIV.

Le testament devra être signé par les témoins ; et néanmoins, dans les campagnes, il suffira qu'un des deux témoins signe, si le testament est reçu par deux notaires, et que deux des quatre témoins signent, s'il est reçu par un notaire.

L'assistance des témoins est une des formes les plus importantes des actes de dernière volonté. Nous avons vu que, chez les Romains, les testamens se faisaient d'abord dans les assemblées du peuple; et, comme on ne les redigeait pas par écrit, c'était le moyen le plus propre à leur donner de la publicité, et d'en conserver le souvenir ; c'était dans la même vue que, dans le moyen âge, on faisait tous les actes, ou à la porte des églises, ou en jugement. Quand les actes devinrent plus fréquens, on y appela un certain nombre de personnes pour en être témoins, et remplacer en quelque sorte tout le peuple, qui ne s'assemblait pas aussi souvent, que l'exigeait la commodité des affaires.

Quand on eut commencé à rédiger les actes par écrit, on ne laissa pas que d'y appeler encore des témoins, soit par l'effet des anciennes habitudes, soit pour donner à l'acte écrit une plus grande authenticité.

Jusqu'à la loi du 13 floréal, la loi n'était point uniforme en France sur le nombre de témoins requis dans un testament.

On mettait tant d'importance à l'assistance des témoins, qu'il fallait, suivant la loi romaine, qu'ils eussent été convoqués pour cela, et non qu'ils se fussent présentés volontairement. Il devait en être fait mention expresse. Le témoignage de gens pris au hasard, ou qu'on aurait retenus malgré eux, n'aurait pas été valable. *Leg.* 20, §. *ultim. leg.* 21, § 2, *qui testam. facer. poss.* C'est l'ordonnance de 1735, article VI, qui statua la première qu'il suffirait que les témoins qui assisteraient au testament nuncupatif écrit, y fussent présens tous ensemble, sans qu'il fût nécessaire de faire mention qu'ils avaient été priés et convoqués à cet effet.

Il faut que les témoins soient présens tous ensemble tant que dure le testament. Ils ne peuvent se retirer que quand il est entièrement terminé. *Leg.* 20 , §. 8, *ff. qui testam. facer. poss.* Ils doivent en outre le signer avec le testateur.

L'ordonnance de 1735 prononçait des peines très-sévères contre les notaires ou les témoins qui auraient signé des testamens sans avoir vu le testateur et lui avoir entendu prononcer ses dispositions. Art. XLVIII.

Quant à la nécessité de la signature, la loi établit une exception pour les lieux où il n'est pas toujours possible de trouver des témoins qui sachent signer, et elle dit que, dans les campagnes, il suffira qu'un des deux témoins signe, si le testament est reçu par deux notaires, et que deux des quatre témoins signent, s'il est reçu par un notaire.

Le mot *campagne*, que la loi a employé, est bien vague. Sont-ce des villages ou seulement des hameaux, ou même des campagnes isolées, qu'on a entendu par là ? Si ce sont des villages, comment les distinguera-t-on des bourgs ? Combien faudra-t-il d'habitations pour constituer un village, et le distinguer du hameau.

La signification en est toute relative, et ne peut par conséquent jamais être bien déterminée. Versailles est campagne à l'égard de Paris; Corbeil à l'égard de Versailles, et ainsi de suite. Les anciennes ordonnances, qui avaient établi la même exception, s'étaient exprimées d'une manière plus positive. L'ordonnance de Blois, article CLXVI, n'exigeait la signature de tous les témoins que pour les villes et gros bourgs; celle de 1735, article XLV, que pour les villes, ou bourgs fermés; ce qui était à peu près la même chose.

Dans le cas même où la signature de tous les témoins n'était exigée que pour les villes et gros bourgs, il s'élevait souvent des doutes pour savoir si leurs faubourgs ou habitations adhérentes, mais placées hors de l'enceinte commune, étaient comprises dans l'exception ou dans la règle.

ARTICLE CCLXV.

Ne pourront être pris pour témoins du testament par acte public, ni les légataires, à quelque titre qu'ils soient, ni leurs parens ou alliés jusqu'au quatrième degré inclusivement, ni les clercs des notaires par lesquels les actes seront reçus.

Les témoins n'étant appelés au testament que pour y donner plus d'authenticité et pour assurer, par leur présence, la liberté du testateur et celle de ses dispositions, il est bien évident que leur qualité doit être telle, qu'elle exclue de leur part tout soupçon de partialité ou de suggestion. Les législateurs romains n'avaient pas négligé cette précaution. Il fallait, suivant eux, pour pouvoir servir de témoin dans un testament, être au moins majeur, citoyen romain, et avoir la jouissance de tous les droits civils; les femmes ne pouvaient l'être, ainsi que les furieux, excepté dans les intervalles lucides. Il n'était pas permis aussi à celui qui était institué héritier d'être témoin dans un testament qui l'instituait. On le permettait aux légataires et aux fidéicommissaires. *Leg.* 20, *ff. qui testament. facer. poss. Institut. de testam. ordin.* C'était la règle que l'on suivait en France dans les pays de droit écrit, et même dans les pays coutumiers, à quelques différences près.

Dans les coutumes qui ne prohibaient pas aux femmes le droit d'être témoins dans un testament, elles pouvaient y être admises. *Ricard des donat. part. 1, chap. 5, sect. 8.* L'ordonnance de 1735 les exclut expressément, mais elle laissa subsister la différence, quant à l'âge des témoins, qui existait entre les pays de droit écrit et les pays coutumiers. *Article XL et suivans.*

La loi du 13 floréal a établi l'uniformité sur ce point comme sur tout le reste.

L'article CCLXX ci-dessous, qui traite, comme celui-ci, de la qualité des témoins dans les testamens, dit, en règle générale, que les témoins appelés pour être présent au testament devront être mâles, majeurs, républicoles, jouissant des droits civils. Ce sont des qualités requises pour tous les témoins appelés dans quelque testament que ce soit.

Il suit de là que, pour être témoin dans un testament, il suffit d'avoir la jouissance des droits civils, et qu'il n'est pas nécessaire d'avoir la qualité de citoyen français.

Ainsi, l'étranger qui aurait obtenu du gouvernement la permission de s'établir en France, et qui aurait acquis par là la jouissance des droits civils, pourrait être témoin, quoiqu'il n'eût point encore acquis la qualité de citoyen.

Un homme condamné à une peine emportant la mort civile ne pourrait être témoin. Loi du 20 ventose.

L'article que nous expliquons exclut en outre, de la faculté de servir de témoin dans un testament par acte public, les légataires, à quelque titre qu'ils soient, et leurs parens ou alliés, jusqu'au quatrième degré exclusivement, et les clercs des notaires par lesquels les actes seront reçus.

Toutes ces règles sont tirées en grande partie des anciennes ordonnances ou des coutumes.

L'ordonnance de 1735, outre les clercs des notaires, excluait encore leurs serviteurs ou domestiques. *Article XLII*. La coutume de Paris excluait les légataires. *Art. CCLXXXIX*.

Au reste, il faut observer que le présent article ne concerne que les testamens par acte public, et qu'il ne peut pas s'appliquer, au moins en entier, aux testamens mystiques, dont il sera question dans l'article suivant.

La nature de ces derniers testamens étant d'être secrets, on excluait bien autrefois les héritiers institués ou substitués de la faculté de servir de témoins dans l'acte de suscription ; mais les légataires, qu'on ne pouvait pas toujours ni connaître ni soupçonner, y étaient admis. *Ordonnance de 1735. Art. XLIII*.

Cette distinction existera-t-elle aujourd'hui ? c'est ce qu'il n'est pas facile de dire, comme nous le verrons à l'article suivant.

Les jurisconsultes romains avaient agité la question de savoir si le témoin devait entendre le langage du testateur : ils décidèrent que cela n'était pas nécessaire, et les glossateurs prétendent qu'il suffit qu'ils puissent s'assurer de ses intentions par signe ou autrement. *Leg.* 20, §. 9, *ff.*, *qui testam. facer. poss. et ibi Gotof.* Ce cas là pourrait se présenter parmi nous, depuis sur-tout qu'on a réuni à la France tant de pays, dont le langage est si différent du sien.

ARTICLE CCLXVI.

Lorsque le testateur voudra faire un testament mystique ou secret, il sera tenu de signer ses dispositions, soit qu'il les ait

écrites lui-même, ou qu'il les ait fait écrire
par un autre. Sera le papier qui contiendra
ces dispositions, ou le papier qui servira
d'enveloppe, s'il y en a une, clos et scellé.
Le testateur le présente ainsi clos et scellé
au notaire, et à six témoins au moins, ou
il le fera clorre et sceller en leur présence;
et il déclarera que le contenu en ce papier
est son testament écrit et signé de lui, ou
écrit par un autre et signé de lui; le notaire en dressera l'acte de suscription, qui
sera écrit sur ce papier ou sur la feuille
qui servira d'enveloppe; cet acte sera signé
tant par le testateur que par le notaire, ensemble par les témoins. Tout ce que dessus
sera fait de suite et sans divertir à autres
actes ; et en cas que le testateur, par un
empêchement survenu depuis la signature
du testament, ne puisse signer l'acte de
suscription, il sera fait mention de la déclaration qu'il en aura faite, sans qu'il soit
besoin, en ce cas, d'augmenter le nombre
des témoins.

Ce genre de testament fut introduit, ou du moins
régularisé par la fameuse loi *hác consultissimâ,*
21. cod. de testam., qui veut que le testateur écrive
ou fasse écrire son testament, qu'ensuite, il le plie
et l'enveloppe d'un papier qu'il cachète; qu'il le présente à sept témoins appelés pour cet effet; qu'il leur
déclare que dans ce papier est son testament; qu'il
signe et les prie de signer sur cette enveloppe et d'y

apposer leurs cachets. Si le testateur ne sait pas signer, il faut appeler un huitième témoin qui signe pour lui.

Ce testament est appelé mystique, parce qu'il est mystérieux et secret : on le confondait quelquefois avec le testament olographe, dont il diffère cependant, en ce que le testament olographe n'est point secret de sa nature. Dans quelques lieux on l'appelait testament solennel; dans d'autres, testament secret, ou clos et cacheté.

Cette espèce de testament fut principalement introduite pour donner le moyen de cacher leurs dispositions de dernière volonté à ceux qui ne voulaient pas qu'elles fussent connues.

Mais, en admettant les gens illettrés à tester de cette manière, on les exposait à des surprises. Celui qu'ils chargeaient d'écrire leurs dispositions pouvait les tromper et les rédiger à sa propre fantaisie.

Aussi, les interprètes du droit romain, qui, non seulement en ont éclairci les difficultés, mais en ont aussi corrigé les erreurs, cherchèrent un remède à celle-là. Le savant Godefroi, dans ses notes sur la loi *hâc consultissimâ*, prétend que, lorsqu'elle parle de celui qui est ignorant dans les lettres, ces paroles ne doivent point s'entendre de celui qui ne sait ni lire ni écrire, mais seulement de ceux qui, sachant lire, ne peuvent néanmoins signer, soit par ignorance ou par infirmité.

Cette distinction n'est exacte que pour le cas d'infirmité; car, pour celui d'ignorance, elle est trop subtile. L'art de lire et celui d'écrire ont tant de connexité entre eux, qu'il ne peuvent guère exister l'un sans l'autre.

D'ailleurs, s'il s'élève la question de savoir si un testateur savait écrire, il est aisé de la résoudre en produisant de son écriture; mais, si l'on agite celle de savoir s'il savait lire, je ne sais comment on s'y prendrait pour le prouver, la lecture étant un acte fugitif, qui ne laisse pas de trace après lui. Du moins la distinction de Godefroi sauvait une contradiction à Justinien, qui, dans une autre loi, *hâc consultissimâ. 8. cod. qui testam. facere poss.*, ne permettait à un aveugle que de faire un testament public et nuncupatif, pour prévenir les surprises que son infirmité pouvait favoriser. Un homme illettré est aveugle pour ce qui concerne l'écriture.

La loi 31 *cod. de testam.* ne veut point encore que les rustiques, qui sont dans une ignorance absolue des lettres, puissent tester autrement qu'en déclarant publiquement le nom de leur héritier, en présence de cinq témoins. On ne peut donc concevoir comment on aurait permis à des personnes totalement illettrés de faire un testament mystique.

Ce testament était usité dans tous les pays régis par la loi romaine, et si l'on excepte l'apposition des cachets qui avait été abolie, les autres formalités prescrites par la loi *hâc consultissimâ* y étaient observées. Mais il y avait des parlemens, tels que ceux de Provence et de Toulouse, où l'on avait eu la sagesse de l'interdire à ceux qui ne savaient ni lire ni écrire. A Bordeaux et à Paris, pour les pays du ressort où l'on suivait le droit romain, on le leur permettait en appelant un témoin de plus. *Bretonnier, quest. de droit. Du testament, journ. du pal. t.* 1, *p.* 175.

Le testament mystique était inconnu en pays coutumier; le testament olographe en tenait lieu. Celui qui teste de cette dernière façon, étant le maître de cacher son testament comme il le trouve bon, de le garder chez lui ou de le déposer ailleurs, le testament mystique était superflu. Il ne l'était point dans les pays de droit écrit, où le testament olographe n'était reçu qu'entre enfans.

La loi du 13 floréal, en rendant le testament olographe commun à toute la France, aurait pu, sans inconvénient, supprimer le testament mystique, ou, en l'adoptant, il fallait n'y ajouter que les formes qui fussent en harmonie avec les autres dispositions de dernière volonté.

On s'est contenté de copier mot à mot l'article IX de l'ordonnance de 1735, qui avait adopté elle-même les dispositions de la loi *hâc consultissimâ*, avec quelques modifications.

Mais l'article IX de l'ordonnance se trouvait en accord avec ceux qui le précédaient, et qui réglaient la forme des testamens nuncupatifs et solennels. Elle exigeait, pour l'acte de suscription du testament mystique, le nombre de sept témoins, le notaire compris, comme elle l'exigeait dans les testamens nuncupatifs écrits. En copiant littéralement cet article, et en voulant qu'il y ait sept témoins, le notaire compris, pour cet acte de suscription, il arrive qu'on exige plus de formalité pour faire une enveloppe que pour faire un testament par acte public, où deux notaires et deux témoins, ou un notaire, et quatre témoins sont suffisans. L'ordonnance de 1735 n'était pas tombée dans une pareille inconvenance; car, par l'article XIII, dans les coutumes où les testamens mystiques étaient reçus, elle n'exige qu'un témoin de plus au-dessus du nombre requis pour les testamens publics.

Bien plus, la loi permet, lorsque le testament est fait en campagne, d'admettre une partie de témoins qui ne sachent pas lire. Cette exception semble ne regarder que les testamens par acte public à la suite desquels elle se trouve. On est en doute si elle s'applique aussi à l'acte de suscription des testamens. Il n'y avait pas de difficulté à ce sujet dans l'ordonnance de 1735, qui avait placé tout ce qui regarde les qualités des témoins après tout ce qu'elle avait dit sur la forme des testamens. Les règles qu'elle établissait à cet égard étaient par conséquent générales, et s'appliquaient à tout ce qui précédait.

Il y a plus: cet article, d'après l'ordonnance de 1735, porte : *Que tout ce que* dessus *sera fait de suite et sans divertir à autre acte*, c'est-à-dire que, pour la validité d'un testament, il faut qu'il soit fait de suite, et, qu'après l'avoir commencé, on ne l'interrompe point pour vaquer à une autre affaire et le reprendre ensuite.

Cela était tiré de la loi *hâc consultissimâ ;* et, d'après cette loi et l'ordonnance de 1735, il devait être observé dans les testamens publics, comme dans les mystiques. Dans la loi du 13 floréal, n'en étant fait mention que pour les derniers, il semble que ce n'est que là que cette continuité doit être observée. Elle était importante pour fixer l'attention du testateur et des témoins, et empêcher qu'ils ne fussent distraits par d'autres objets.

La loi *hâc consultissimâ* entendait, par cette continuité de l'acte, que, dans le même temps et dans le même jour, sans s'occuper d'aucun autre acte, le testateur et les témoins signassent le testament. Cette continuité, comme l'observe M. d'Aguesseau, doit cependant s'entendre comme l'entendaient les lois romaines, d'une continuité morale et non d'une continuité physique. *Tom.* 9, *lett.* 233.

ARTICLE CCLXVII.

Si le testateur ne sait signer, ou s'il n'a

pu le faire lorsqu'il a fait écrire ses dispositions, il sera appelé à l'acte de suscription un témoin, outre le nombre porté par l'article précédent, lequel signera l'acte avec les autres témoins ; et il y sera fait mention de la cause pour laquelle ce témoin aura été appelé.

Cet article est le dixième de l'ordonnance de 1735, qui est encore pris dans la loi *hâc consultissimâ*, *Cod. de Testam.* Nous avons déjà vu que cette loi, contredisant d'autres textes du même code, admettait les illettrés à faire un testament mystique. Les commentateurs, entre autres Godefroi, appercevant les inconvéniens d'une telle faculté, avaient interprété les mots de cette loi, *quod si litteras testator ignoret*, dans le sens qu'il ne savait pas écrire, mais qu'il savait du moins lire. Cette distinction était absurde, comme nous l'avons vu dans l'article précédent. C'était cependant beaucoup qu'on eût osé s'écarter jusqu'à ce point d'un texte qui paraissait très-précis, dans un temps où cette licence était très-rare.

Mais à mesure qu'on s'est écarté de cette déférence que l'on avait d'abord montrée pour les textes, souvent les plus déraisonnables de la loi romaine, l'on aurait dû supprimer cette distinction de ceux qui savent seulement lire sans savoir écrire. Des parlemens de droit écrit en avaient donné l'exemple, en ne permettant les testamens mystiques qu'à ceux qui savaient tout à la fois lire et écrire.

L'ordonnance de 1735 n'adopta point cette sage opinion : elle préféra celle fondée sur la loi *hâc consultissimâ*, avec la modification de Godefroi. La loi du 13 floréal, qui a copié en cela l'ordonnance de 1735, a pris le même parti.

On dit même, dans les motifs, que l'usage des testamens mystiques ou secrets, inconnu dans les pays de
coutumes, *était une institution à propager en
faveur de ceux qui ne savent pas écrire.*

On ne s'en dissimule cependant pas les inconvéniens.
« On doit craindre, ajoute-t-on, dans ces actes, les
« substitutions de personnes ou de pièces; il faut que
« les formalités soient telles, que les manœuvres les plus
« subtiles soient déjouées; et c'est sur-tout le nombre
« des témoins qui peut garantir que tous ne sauraient
« entrer dans un complot criminel. »

Mais comme lorsque les témoins sont appelés, le testament est clos et cacheté, et que personne ne peut
savoir ce qu'il renferme, il s'ensuit que le nombre des
témoins, quelque considérable qu'il soit, n'est aucunement propre à déjouer les manœuvres de la cupidité.

Le testateur ne sachant écrire est obligé de s'en rapporter à autrui pour rédiger ses dispositions; et c'est
ce rédacteur dont l'infidélité est à craindre. On suppose
que le testateur sachant lire, s'assurera par ce moyen
de sa fidélité. Mais celui qui, après avoir appris à
lire, n'a pu arriver jusqu'à savoir écrire, n'annonce
pas un esprit assez délié pour se garantir des manœuvres d'un fripon adroit, de la main duquel il est
obligé de se servir. C'est lorsqu'on rédige les dispositions, qu'on les enveloppe et qu'on les cachette, que les
manœuvres sont à craindre. Tout est consommé quand
on appelle les témoins.

Quoi qu'il en soit, il est essentiel de remarquer une
différence qui se trouve entre cet article et la fin du
précédent, où l'on se contente d'ordonner la mention
dans l'acte de suscription que le testateur a déclaré ne
pouvoir signer, lorsque le testament n'est pas signé de
lui, sans qu'il soit nécessaire de faire signer l'acte de

suscription par un autre témoin à sa place. Mais ici, où il s'agit d'un testament qui n'est ni écrit, ni signé par le testateur, on ordonne non seulement d'appeler un huitième témoin pour signer en la place du testateur, mais on veut encore qu'il soit fait mention de la cause pour laquelle le témoin aura été appelé.

ARTICLE CCLXVIII.

Ceux qui ne savent ou ne peuvent lire, ne pourront faire de dispositions dans la forme du testament mystique.

Cet article, qui est le onzième de l'ordonnance, distingue ici ceux qui ne savent ou ne peuvent lire. Les premiers sont les illettrés, les autres les aveugles. De quelque cause que vienne leur impéritie, la faculté de faire un testament mystique leur est interdite. Il en était de même par la loi romaine. *Leg. hâc consultiss. Cod. qui testam. facer. poss. Leg.* 31, *Cod. de testam.*

Cela est dans les règles. Mais il reste toujours à savoir comment on prouvera qu'un homme qui ne savait pas écrire savait cependant lire.

ARTICLE CCLXIX.

En cas que le testateur ne puisse parler, mais qu'il puisse écrire, il pourra faire un testament mystique ; à la charge que le testament sera entièrement écrit, daté et signé de sa main ; qu'il le présentera au notaire et aux témoins, et qu'au haut de l'acte de suscription il écrira, en leur présence, que le papier qu'il présente est

son testament : après quoi le notaire écrira
l'acte de suscription, dans lequel il sera
fait mention que le testateur a écrit ces
mots, en présence du notaire et des témoins ; et sera, au surplus, observé tout
ce qui est prescrit par l'article CCLXVI.

Cet article est le douzième de l'ordonnance de 1735.
Ceux qui n'ont pas l'usage de la parole, soit naturellement, soit accidentellement, ne peuvent faire un
testament par acte public ; mais s'ils savent écrire,
ils peuvent faire un testament mystique.

Le testament du muet doit être écrit, daté et
signé de sa main. Il ne pourrait le faire écrire par
une main étrangère, comme on en a la faculté pour
les autres testamens mystiques. Cela est conforme à la
loi romaine, qui ne permettait pas, même au muet,
de tester de cette manière, s'il n'en avait auparavant
obtenu la permission du prince. *Leg.* 6, §. 1. *Leg.*
7 , *ff. qui testam. facer. poss. Leg.* 10 , *cod. eod.*

Le testament olographe entièrement écrit, daté et
signé par une personne qui n'aurait pas l'usage de la
parole devrait également être valable, puisqu'il réuni-
rait toutes les formes que la loi exige pour cette espèce de testament.

ARTICLE CCLXX.

Les témoins appelés pour être présens au
testament, devront être mâles, majeurs,
républicoles , jouissant des droits civils.

Cet article, se trouvant à la suite des dispositions relatives au testament mystique, semblerait d'abord ne

devoir concerner que ce genre de testament ; mais on s'apperçoit bientôt que les qualités qu'on y exige pour les témoins doivent se trouver, non seulement dans ceux qui assistent aux testamens mystiques, mais encore dans tous ceux qui sont appelés à un testament quelconque.

Nous en avons déjà dit quelque chose sur l'article CCLXV, ci-dessus.

Mais les qualités que cet article et le suivant exigent dans les témoins appelés à un testament par acte public, sont-elles également requises dans ceux qui assistent à l'acte de suscription d'un testament mystique?

Quand ce dernier testament sera fait en campagne, une partie des témoins sera-t-elle dispensée de savoir signer, comme l'article CCLXIV le permet pour les testamens publics? Tout cela ne formait pas de doute dans l'ordonnance de 1735, où l'on avait mis de suite ce qui concernait la capacité des témoins, et on l'avait placée après toutes les autres dispositions, art. XXXIX et suiv. La difficulté naît ici d'avoir fait des articles séparés concernant les témoins, et de les avoir entremêlés de matières étrangères. Cependant le motif qui doit dispenser une partie des témoins de savoir signer, lorsque le testament est fait en campagne, est le même, soit qu'il s'agisse d'un testament mystique, ou bien d'un testament par acte public ; la règle doit donc être égale.

SECTION II.

Des Règles particulières sur la forme de certains Testamens.

ARTICLE CCLXXI.

Les testamens des militaires et des individus employés dans les armées pourront, en quelque pays que ce soit, être reçus par un chef de bataillon ou d'escadron, ou par tout autre officier d'un grade supérieur, en présence de deux témoins, ou par deux commissaires des guerres, ou par un de ces commissaires en présence de deux témoins.

Lors même que les lois romaines avaient laissé subsister des entraves pour les testamens des simples citoyens, elles avaient donné la plus grande facilité pour ceux des militaires. Ainsi, tandis que les uns ne pouvaient tester que dans une assemblée du peuple, les autres pouvaient le faire lorsqu'ils étaient revêtus de l'habit militaire, et qu'ils étaient armés pour combattre *in procinunt*. On leur laissait la liberté d'exprimer leur volonté de la manière qu'ils trouvaient bon. Si un soldat blessé, dit une loi, marque avec son sang, soit sur son bouclier, soit sur le fourreau de son épée, sa dernière volonté, ou qu'il la trace sur la poussière avec son épée, au moment où il est prêt à expirer dans un combat, qu'une telle volonté soit exécutée. *Leg. milites, de militar. testam.*

Ni l'écriture, ni aucune marque extérieure n'étaient nécessaires pour la validité de ce testament. Il suffisait que le militaire exprimât sa volonté en présence de quelques témoins.

On a suivi cette règle dans la plupart des pays de droit écrit jusqu'à l'ordonnance de 1735.

Le testament militaire ne s'introduisit qu'avec peine et bien tard dans les pays coutumiers. Au parlement de Paris, depuis l'ordonnance de Moulins, qui défendait la preuve par témoins pour les sommes au-delà de cent francs, on ne reconnaissait de testament, même fait par un militaire, que lorsqu'il était rédigé par écrit. *Henrys. liv. 5. ch.* 37.

L'article XXVII et suivant de l'ordonnance de 1735, dont celui - ci est tiré, donna le premier une forme stable et fixe au testament militaire.

L'expérience avait prouvé que les militaires eux-mêmes étaient intéressés à ce qu'on établît pour leurs testamens des formes telles, qu'il ne fût pas possible de leur supposer des dispositions qu'ils n'auraient pas faites ; ce qui était trés-aisé quand le testament militaire était livré au témoignage de deux ou trois personnes, de la sincérité desquelles on n'était jamais assuré.

L'ordonnance voulut donc que le testament militaire fût rédigé par écrit. De là, les militaires peuvent, comme tous les autres, faire un testament olographe, écrit, daté et signé par eux. S'ils ne savent écrire, ils peuvent tester de la manière prescrite par le présent article.

Le privilége du testament militaire n'est pas seulement accordé à ceux qui portent les armes, mais encore à tous ceux qui se trouvent dans le camp, soit qu'ils rendent quelque service dans l'armée ou non. C'est du moins le sens que quelques interprètes donnent à la loi dernière, *ff. de militar. testam.*

D'autres pensaient au contraire qu'elle ne devait pas être entendue dans ce sens, et que le privilége du testament militaire ne pouvait être communiqué qu'à ceux qui avaient fonction et emploi dans le camp, pour y rendre service à l'état et favoriser les armes des soldats. *Leg. unic. ff. de bon. possess. ex testam. milit. et Leg.* 20. *ff. de milit. testam.*

L'ordonnance de 1735 se déclara pour cette dernière opinion, et exigea que, pour pouvoir jouir du privilége militaire, on fût, ou attaché à l'armée par quelque emploi, ou employé à la fourniture des vivres ou munitions des troupes, ou du moins que l'on fût au service de quelques officiers en particulier. C'est la disposition de l'article XXXI qu'on a fondu, avec l'article XXVII dans celui de la loi du 13 floréal, que nous examinons.

Ce dernier article parle vaguement des individus employés dans l'armée; il peut être éclairci par celui de l'ordonnance, qui s'explique d'une manière plus détaillée.

Tous ceux qui n'ont dans les troupes aucune fonction publique ou particulière, n'ont pas le droit de tester militairement, parce qu'aucun obstacle ne les empêche de se rendre dans un lieu où l'on puisse tester en la forme ordinaire.

Au reste, on voit que le privilége du testament militaire n'est pas aujourd'hui fort considérable, puisqu'on y requiert à peu près les mêmes formalités que dans les testamens par acte public. Toute la différence qu'il y a, c'est que celui-ci doit être reçu par un notaire, tandis que l'autre doit l'être par les officiers ou commissaires de guerres désignés dans la loi.

ARTICLE CCLXXII.

Ils pourront encore, si le testateur est malade ou blessé, être reçus par l'officier de santé en chef, assisté du commandant militaire chargé de la police de l'hospice.

Ceci est encore pris de l'article XXVII de l'ordonnance de 1735, avec cette différence, qu'au lieu de l'officier de santé dont il est parlé ici, c'était l'aumônier qui devait recevoir le testament.

ARTICLE CCLXXIII.

Les dispositions des articles ci-dessus n'auront lieu qu'en faveur de ceux qui seront en expédition militaire, ou en quartier, ou en garnison hors du territoire de la République, ou prisonniers chez l'ennemi, sans que ceux qui seront en quartier ou en garnison dans l'intérieur puissent en profiter, à moins qu'ils ne se trouvent dans une place assiégée, ou dans une citadelle et autres lieux, dont les portes soient fermées, et les communications interrompues à cause de la guerre.

C'est l'article XXX de l'ordonnance de 1735. Les lois romaines, en établissant le testament militaire, ne permettaient pas aux soldats d'en faire usage dans toutes les circonstances. Il fallait qu'ils fussent en campagne et dans une expédition militaire. *Leg. 17. cod. de testam. milit.*

Comme on n'y exigeait aucune sorte de formalité, c'était en quelque sorte un acte de nécessité, dont il fallait réduire l'usage au cas précis, pour lequel il avait été établi.

Avant l'ordonnance de 1735 les jurisconsultes étaient fort partagés à ce sujet : les uns voulant que les militaires ne pussent tester militairement que lorsqu'ils étaient sur le point de combattre ; d'autres, donnant dans un extrême opposé, prétendaient que les soldats pouvaient user du privilége du testament militaire, indistinctement dans tous les cas et dans toutes les circonstances ; d'autres soutenaient l'opinion embrassée par l'ordonnance de 1735, et la loi du 13 floréal, qu'il fallait être dans une expédition ; ce qui est d'ailleurs plus conforme aux lois romaines rappelées ci-dessus.

La loi refuse avec raison à ceux qui sont en garnison dans l'intérieur de la France en temps de paix, le droit de tester militairement. Rien ne les empêche de recourir, en ce cas, aux fonctionnaires chargés par la loi de recevoir les testamens. *Arrêt du 30 avril 1655, journ. des Audienc.*

ARTICLE CCLXXIV.

Le testament fait dans la forme ci-dessus établie, sera nul six mois après que le testateur sera revenu dans un lieu où il aura la liberté d'employer les formes ordinaires.

Ce sont les expressions de l'article XXXII de l'ordonnance de 1735 ; mais le sens en est bien différent. L'ordonnance ne déclarait nuls, six mois après que le testateur serait revenu dans un lieu où il aurait la liberté d'employer les formes ordinaires, que les testamens, non pas des militaires, mais des employés à la suite de l'armée. Quant à ceux des militaires, ils avaient leur effet tout le temps qu'ils restaient au service, et quelque longue que leur vie pût être. C'était à peu près la disposition de la loi romaine, qui n'annullait le testament d'un militaire qu'un an après qu'il avait obtenu son congé §. *Hactenus. instit. de testam. milit.*

La loi du 13 floréal n'a pas fait de distinction entre les testamens faits par les militaires ou par les employés dans les armées : ils sont tous nuls six mois après que les testateurs sont revenus dans un lieu où ils peuvent employer les formes ordinaires.

ARTICLE CCLXXV.

Les testamens faits dans un lieu avec lequel toute communication sera interceptée à cause de la peste ou autre maladie contagieuse, pourront être faits devant le juge de paix, ou devant l'un des officiers municipaux de la commune, en présence de deux témoins.

Le législateur s'occupe à présent des testamens faits dans un lieu avec lequel toute communication est interceptée, à cause de la peste ou de toute autre maladie contagieuse. C'est une matière qui est toute particulière au droit français. On ne trouve qu'un seul texte du droit romain qui en ait parlé, et toute la faveur qu'il accorde aux testamens faits, en pareil lieu, est de dispenser les témoins de se trouver tous ensemble réunis, lors de la confection du testament. *Leg.* 8, *de cod. testament.* Mais il fallait toujours qu'ils fussent au nombre requis pour les testamens ordinaires. Le droit canonique, dont Godefroi indique les textes sur la loi que nous venons de citer, introduisit d'autres règles à ce sujet dans le moyen âge. Il se contenta d'un moindre nombre de témoins que pour les testamens ordinaires. Mais cette autorité, qui prévalut dans presque tous les pays régis par la loi romaine, ne fut pas suivie par le parlement de Paris, pour la partie de son ressort où cette loi était observée. On crut toujours, dans ce tribunal, que bien loin de se relâcher dans de telles occasions de la rigueur des solennités ordinaires, on devait au contraire y tenir la main avec d'autant plus de soin, qu'un homme atteint d'une maladie contagieuse était, ou abandonné de tout le monde, ou se trouvait à la merci de deux ou trois personnes, qui pouvaient profiter des terreurs extraordinaires que cause ce fléau, pour lui faire prendre toutes les impressions qu'ils voudraient, soit en leur faveur, soit en faveur d'autres qui les auraient gagnés.

Dans les parlemens de droit écrit, on pensait au contraire que l'état d'abandon où sont ceux qui se trouvent atteints d'une maladie contagieuse, méritait une indulgence particulière, et que ce serait pousser la rigidité jusqu'à la barbarie, que d'exiger d'eux pour leurs testamens les mêmes formalités qui ont lieu dans les temps ordinaires.

Cela supposait que c'est une chose fort nécessaire de faire un testament, qui ne peut jamais être équitable que quand on a la liberté et la tranquillité d'esprit indispensables pour la validité d'un acte de cette espèce.

La différence des principes qui dirigeaient les anciennes cours de justice devait se faire remarquer sur-tout dans les jugemens qu'elles rendaient sur les questions de cette espèce. Ce fut l'ordonnance de 1735 qui établit la première sur ce point une jurisprudence uniforme.

L'article que nous examinons, et les suivans, ont été copiés, à peu de chose près, du XXXIIIe et des suivans de cette ordonnance.

Toute la différence qu'il y dans cet article et celui de l'ordonnance, c'est qu'elle admettait les officiers de justice ou ceux de l'administration municipale, et encore les curés, vicaires et autres desservans pour recevoir les testamens. Le présent article n'admet que le juge de paix, ou l'un des officiers municipaux, assisté de deux témoins.

ARTICLE CCLXXVI.

Cette disposition aura lieu , tant à l'égard de ceux qui seraient attaqués de ces maladies , que de ceux qui seraient dans les lieux qui en sont infectés , encore qu'ils ne fussent pas actuellement malades.

C'est l'article XXXVI de l'ordonnance de 1735. Ceux qui résident dans les lieux infectés d'une maladie contagieuse sont souvent dans une impuissance égale à celle de ceux qui en sont attaqués , pour remplir les formalités prescrites pour les temps ordinaires, ils doivent donc jouir des mêmes priviléges.

ARTICLE CCLXXVII.

Les testamens mentionnés aux deux précédens articles, deviendront nuls six mois après que les communications auront été rétablies dans le lieu où le testateur se trouve, ou six mois après qu'il aura passé dans un lieu où elles ne seront point interrompues.

C'est l'article XXXVII de l'ordonnance de 1735. Avant cette loi, les jurisconsultes étaient d'avis que le testament d'un pestiféré n'avait plus d'effet un an après sa guérison , s'il n'était fait suivant le droit commun ; à l'exemple du testament militaire , qui perdait toute sa force un an après son congé.

L'ordonnance réduit ce délai à six mois, à compter,

non du jour de la guérison du testateur, qui pourrait être fort antérieure au rétablissement du commerce dans le lieu infecté, mais seulement du jour où ce commerce aurait été rétabli, ou que le testateur aurait passé dans un lieu où le commerce n'était pas interdit.

Si cependant le testament était revêtu des formes exigées dans les testamens ordinaires, il conserverait toute sa force, même après le délai de six mois. La dernière disposition de l'article XXXVII de l'ordonnance, le portait ainsi; et on ne l'a pas copié comme le reste dans l'article actuel, parce qu'on a sans doute supposé qu'il était inutile de le dire.

ARTICLE CCLXXVIII.

Les testamens faits sur mer, dans le cours d'un voyage, pourront être reçus, savoir :

A bord des vaisseaux et autres bâtimens de l'état, par l'officier commandant le bâtiment, ou, à son défaut, par celui qui le supplée dans l'ordre du service, l'un ou l'autre conjointement avec l'officier d'administration, ou avec celui qui en remplit les fonctions ;

Et à bord des bâtimens de commerce, par l'écrivain du navire, ou celui qui en fait les fonctions, l'un ou l'autre conjointement avec le capitaine, le maître, ou le patron, ou, à leur défaut, par ceux qui les remplacent.

Dans tous les cas , ces testamens devront être reçus en présence de deux témoins.

C'est ici une espèce de testament, dont on n'avait pas eu l'idée de s'occuper jusqu'à présent. Ainsi, la faculté de tester, après avoir été long-temps resserrée ou combattue en France, et y avoir éprouvé même un instant d'anéantissement , y reçoit aujourd'hui une extension et une facilité qu'elle n'avait jamais eue nulle part.

Les passagers comme tous ceux qui sont employés dans le vaisseau peuvent tester de la manière qui est réglée ici. La loi n'excepte personne. Voyez l'article CCLXXXV, ci-après.

ARTICLE CCLXXIX.

Sur les bâtimens de l'état, le testament du capitaine , ou celui de l'officier d'administration, et, sur les bâtimens de commerce , celui du capitaine , du maître ou patron , ou celui de l'écrivain , pourront être reçus par ceux qui viennent après eux dans l'ordre du service, en se conformant pour le surplus aux dispositions de l'article précédent.

On désigne dans l'article précédent les personnes par qui seront reçus les testamens de ceux qui sont employés en sous-ordre dans un vaisseau , ou de ceux qui y sont passagers. Dans cet article, on détermine la forme dont se feront les testamens de ceux qu'on préposait pour recevoir ceux des autres. Les formalités sont les mêmes ; il n'y a que les personnes de différentes.

ARTICLE CCLXXX.

Dans tous les cas, il sera fait un double original des testamens mentionnés aux deux articles précédens.

Il semble que cette formalité, n'étant qu'une simple précaution pour assurer l'existence du testament, et en prévenir la perte, ne devrait pas être exigée, à peine de nullité. Cependant, l'art. CCXC ci-après, paraît comprendre cette disposition comme les autres.

Comment pouvoir faire dépendre la validité d'un testament d'une forme, que ni le testateur ni l'héritier ne sont les maîtres de remplir?

ARTICLE CCLXXXI.

Si le bâtiment aborde dans un port étranger dans lequel se trouve un commissaire des relations commerciales de France, ceux qui auront reçu le testament seront tenus de déposer l'un des originaux, clos ou cacheté, entre les mains de ce commissaire, qui le fera parvenir au ministre de la marine, et celui-ci en fera faire le dépôt au greffe de la justice de paix du lieu du domicile du testateur.

C'est encore ici une simple précaution, et non une formalité, dont l'omission puisse annuller le testament. Voyez ce qu'on a dit à ce sujet sur l'art. précédent.

ARTICLE CCLXXXII.

Au retour du bâtiment en France, soit dans le port de l'armement, soit dans un port autre que celui de l'armement, les deux originaux du testament, également clos, et cachetés, ou l'original qui resterait, si, conformément à l'article précédent, l'autre avait été déposé pendant le cours du voyage, seront remis au bureau du préposé de l'inscription maritime ; ce préposé les fera passer sans délai au ministre de la marine, qui en ordonnera le dépôt, ainsi qu'il est dit au même article.

Même observation que sur les articles précédens.

ARTICLE CCLXXXIII.

Il sera fait mention sur le rôle du bâtiment, à la marge, du nom du testateur, de la remise qui aura été faite des originaux du testament, soit entre les mains d'un commissaire des relations commerciales, soit au bureau d'un préposé de l'inscription maritime.

Même observation que sur les précédens.

ARTICLE CCLXXXIV.

Le testament ne sera point réputé fait en mer, quoiqu'il l'ait été dans le cours du voyage, si, au temps où il a été fait, le navire avait abordé une terre, soit étrangère, soit de la domination française, où il y aurait un officier public français; auquel cas il ne sera valable qu'autant qu'il aura été dressé suivant les formes prescrites en France, ou suivant celles usitées dans les pays où il aura été fait.

Pour que le testament soit réputé fait en mer, il faut qu'il l'ait été pendant le cours du voyage. Car, s'il avait été rédigé après que le navire aurait abordé une terre, soit étrangère, soit de la domination française; il ne serait valable, qu'autant qu'il aurait été dressé suivant les formes prescrites en France, ou suivant celles usitées dans le pays où il aurait été fait.

Cet article suppose qu'un navire abordera toujours dans des pays civilisés, où du moins l'usage des testamens soit pratiqué, et où l'on suive des formes analogues aux nôtres. Or, les pays que nos bâtimens marchands fréquentent ne sont guère de cette classe. Il s'élèvera des difficultés, non seulement pour savoir si l'on fait des testamens, dans les pays où l'on a abordé, mais encore pour constater les formes que l'on y suit. Cela ne sera pas toujours aisé pour les pays situés hors du continent européen.

ARTICLE CCLXXXV.

Les dispositions ci-dessus seront communes aux testamens faits par les simples passagers qui ne feront point partie de l'équipage.

Nous avons déjà fait cette remarque sur un des articles ci-dessus.

ARTICLE CCLXXXVI.

Le testament fait sur mer, en la forme prescrite par l'article CCLXXVIII, ne sera valable qu'autant que le testateur mourra en mer, ou dans les trois mois après qu'il sera descendu à terre, et dans un lieu où il aura pu le refaire dans les formes ordinaires.

De même que les testamens militaires, ou ceux faits en temps de peste deviennent nuls, dans un certain délai, après que le motif qui les a occasionnés a cessé; ainsi, les testamens faits dans un voyage maritime perdent toute leur force, quand le testateur ne sera point décédé pendant le voyage, ou pendant les trois mois depuis qu'il sera descendu à terre.

Le délai qu'on donne en ce cas est de moitié moins long que celui qui est accordé dans les deux autres.

ARTICLE CCLXXXVII.

Le testament fait sur mer ne pourra contenir aucune disposition au profit des officiers du vaisseau, s'ils ne sont parens du testateur.

Les testamens compris dans les articles ci-dessus de la présente section, seront signés par les testateurs, et par ceux qui les auront reçus.

Si le testateur déclare qu'il ne sait ou ne peut signer, il sera fait mention de sa déclaration, ainsi que de la cause qui l'empêche de signer.

Dans les cas où la présence de deux témoins est requise, le testament sera signé au moins par l'un d'eux, et il sera fait mention de la cause pour laquelle l'autre n'aura pas signé.

La première disposition de cet article établit une incapacité de la part des officiers du vaisseau, pour les dispositions qui seraient faites en leur faveur, par des personnes qui ne seraient pas leurs parens. On a craint l'influence que leur autorité pourrait leur donner dans une position pareille.

Les autres dispositions comprennent, non seulement les testamens faits sur mer, mais encore les testamens militaires, et ceux faits dans les lieux infectés d'une maladie contagieuse, remis à des personnes préposées pour les recevoir ; ils sont assimilés sur tout le reste.

Ils doivent être signés par le testateur ; s'il déclare ne le pouvoir ou ne le savoir, il doit en être fait mention, ainsi que de la cause qui l'a empêché de signer.

Dans les cas où la présence des deux témoins est requise, le testament doit être signé au moins par l'un d'eux, et l'on fait mention de la cause pour laquelle l'autre n'a pas signé.

ARTICLE CCLXXXVIII.

Un Français qui se trouvera en pays étranger, pourra faire ses dispositions tes-

tamentaires par acte sous signature privée, ainsi qu'il est prescrit en l'art. CCLX,
ou par acte authentique, avec les formes
usitées dans le lieu où il est passé.

Un Français se trouvant en pays étranger, et voulant
faire un testament, a deux moyens pour cela ; il peut,
ou tester par acte sous signature privée, dans les formes prescrites par l'art. CCLX ci-dessus, ou par acte
authentique, avec les formes usitées dans le lieu où il
fait son testament.

Cette disposition termine beaucoup de discussions
qu'il y avait dans l'ancienne jurisprudence, pour savoir qu'elle force devaient avoir en France, non seulement les testamens, mais encore les autres actes passés
en pays étranger.

La plupart ne voulaient les regarder que comme
de simples actes sous seing privé, qui ne pouvaient
donner aucun droit, qu'après avoir été enregistrés ou
reconnus en justice.

Il peut s'élever encore des doutes sur la nature et
l'étendue des formalités requises en pays étranger pour
les testamens ; et, il est tel pays où il ne serait pas aisé
de s'en assurer. Les testamens faits en pays étranger
doivent être légalisés par les agens diplomatiques français, ou ceux des relations commerciales, quand il y
en a.

ARTICLE CCLXXXIX.

Les testamens faits en pays étranger ne
pourront être exécutés sur les biens situés
en France, qu'après avoir été enregistrés
au bureau du domicile du testateur, s'il
en a conservé un, sinon au bureau de son

dernier domicile connu en France ; et dans le cas où le testament contiendrait des dispositions d'immeubles qui y seraient situés, il devra être en outre enregistré au bureau de la situation de ces immeubles, sans qu'il puisse être exigé un double droit.

C'était une formalité requise autrefois pour les actes en général passés en pays étranger. Elle est encore plus nécessaire pour les testamens.

ARTICLE CCXC.

Les formalités auxquelles les divers testamens sont assujettis par les dispositions de la présente section et de la précédente, doivent être observées à peine de nullité.

Cet article prononce la nullité pour l'omission de toutes les formalités exigées dans les testamens, dans cette section de la loi et dans la précédente ; mais cela ne doit, ce semble, s'entendre que des formalités intrinsèques et inhérentes à l'acte, et non des formalités extérieures, telles que nous les avons remarquées sur les articles CCLXXX, CCLXXXI ci-dessus, et qu'il n'est pas toujours possible d'observer, soit par celui qui fait le testament, soit par celui qui le reçoit.

SECTION III.

Des Institutions d'Héritier, et des Legs en général.

ARTICLE CCXCI.

Les dispositions testamentaires sont ou

universelles., ou à titre universel, ou à titre particulier.

Chacune de ces dispositions, soit qu'elle ait été faite sous la dénomination d'institution d'héritier, soit qu'elle ait été faite sous la dénomination de legs, produira son effet suivant les règles ci-après établies pour les legs universels, pour les legs à titre universel, et pour les legs particuliers.

Pour bien entendre les dispositions de cet article, il est essentiel de rappeler les principes du droit romain et du droit coutumier, relatifs à l'institution d'héritier.

L'institution d'héritier était la base du testament dans le droit romain. Il n'y avait pas de testament sans un héritier qui succédait à tous les biens et à tous les droits du défunt, et qui en tenait, en quelque sorte, la place. *Institut. de legat.* §. 39. *Leg.* 1, §. 3, *ff. de haered. instituend.* L'institution devenant caduque, tout croulait avec elle. L'institution d'héritier, dit M. d'Aguesseau, n'est ni une simple expression ni une simple formalité : elle appartient à l'essence du testament ; ce qui en fait, en un sens, toute la substance, *tome* 9, *lett.* 318.

Les testamens étant, en quelque sorte, comme nous l'avons dit plus haut, des actes de la puissance législative, puisqu'on ne pouvait les faire que dans les assemblées du peuple, devaient, comme les lois, être faits en termes directs et impératifs. *Ulpian , frag.*, *tit.* 24, §. 1.

Justinien permit de se servir des termes qu'on voudrait, pourvu qu'il y eût institution d'héritier. *Leg.* 15, *cod. de testam.*

L'héritier institué, quoique non parent du testateur, entrait de plein droit dans la jouissance de la succession ; il n'était obligé d'en demander la délivrance à personne.

Les principes du droit coutumier, à cet égard, étaient bien différens. L'usage des testamens n'y étant pas connu dans le principe, il ne pouvait y avoir d'institution d'héritier. On croyait même que le pouvoir de faire un héritier était au-dessus de celui des hommes, et qu'il n'appartenait qu'à Dieu seul. Les parens les plus proches, ou appelés par la loi à la succession du défunt, en étaient toujours saisis de plein droit. Aussi, quand l'usage des testamens s'y introduisit pour les meubles, les acquêts, et même une partie des propres, il n'y eut point d'institution d'héritiers. Les plus proches étaient toujours saisis de la succession ; celui à qui le défunt avait légué les meubles, acquêts, etc., n'était qu'un légataire, c'est-à-dire, un successeur à titre particulier. Il ne pouvait se mettre de lui-même en possession des effets légués ; il était obligé d'en demander la délivrance aux héritiers du sang, qui en étaient saisis par l'effet de la loi.

Telle était donc la différence des pays régis par la loi romaine, de ceux soumis à la loi coutumière, que, dans les premiers, le testateur transférait, sans intermédiaire, l'universalité de ses biens à son héritier institué, tandis que, dans l'autre, le testateur qui avait même la disposition de la totalité de ses biens, ne pouvait la transférer à celui qu'il en voulait gratifier, que par l'intermédiaire des héritiers du sang.

Celui même qui avait des enfans en pays de droit écrit, pouvait faire un héritier étranger ; il ne devait à

ses enfans que la légitime. A la vérité, il était obligé
de la leur laisser à titre d'institution ; c'est-à-dire, qu'il
était obligé de les nommer dans son testament, et de
les instituer ses héritiers dans la portion de ses biens
qu'il leur laissait. On n'exceptait que le cas d'exhérédation, permis en quelques circonstances ; mais elle
devait être expressément mentionnée dans le testament.

Quelque modique que fût la portion que laissait un
père à ses enfans, le testament était valable, pourvu
qu'ils y fussent institués héritiers. Ils avaient alors la
ressource de demander le supplément de leur légitime,
si elle n'était pas complète. Voyez l'ordonnance de 1735,
art. L et suiv., qui n'a fait que conserver en cela les
règles établies.

On était tenu au même devoir à l'égard des ascendans. Si celui qui avait des enfans ou descendans, pouvait instituer pour le surplus un héritier étranger, à
plus forte raison celui qui n'en avait pas. Il disposait
à son gré de ses biens au préjudice de ses parens.

Dans les pays coutumiers, au contraire, les enfans
étaient toujours les héritiers de droit de leurs parens ;
s'il y avait dans la succession de ceux-ci des biens
de nature à pouvoir en disposer, la légitime restait aux
enfans, à titre d'héritiers ; et si des étrangers étaient
appelés pour recueillir le restant, ils ne le prenaient
qu'à titre de légataires. Ils devaient en demander la
délivrance aux héritiers de droit.

La même chose avait lieu en collatérale, avec cette
différence, que les collatéraux n'avaient pas de légitime à prétendre, de manière que si la succession
était tout en meubles et en acquêts, le testateur, au
moins dans certaines coutumes, telle que celle de
Paris, pouvait en disposer en faveur de qui il voulait ; mais celui qu'il choisissait n'était point l'héritier

de la loi romaine, le représentant, le successeur du défunt dans tous ses droits, mais seulement un légataire universel, qui ne pouvait entrer en possession qu'après avoir demandé la délivrance aux héritiers de droit. Ce n'était la plupart du temps qu'une formalité, mais qui faisait reconnaître l'esprit de la législation d'où elle dérivait.

La loi du 17 nivose an 2 adopta en entier les principes du droit coutumier, et les rétablit dans toute leur vigueur, en ne reconnaissant d'autre héritier en collatérale, comme en ligne directe, que les parens qu'elle appelait à succéder. Il n'y eut d'exception que pour les testamens entre époux sans enfans, qui pouvaient se donner l'universalité de leurs biens; il ne resta même des légataires que pour la modique portion dont elle permit de disposer.

La loi du 4 germinal an 8, en étendant la faculté de tester, ne permit de faire des héritiers que lorsqu'on n'avait pas de parens à un certain degré.

La loi du 13 floréal n'a interdit l'institution d'héritier qu'en ligne directe ascendante ou descendante; c'est la loi qui les fait dans cette ligne : mais, au-delà, c'est, comme dans le droit romain, la volonté du testateur qui le crée.

Mais, en donnant une telle liberté, elle n'oblige pas, comme la loi romaine, d'employer le mot d'institution d'héritier, plutôt que celui de légataire; quelque expression que l'on emploie, elle produira son effet, d'après les règles établies par la loi.

Il est essentiel d'observer encore que, par le droit romain, une personne ne pouvait mourir partie *testat,* partie *ab intestat. Leg., ff. de regul. jur.,* de sorte que, si le testateur n'avait institué son héritier que d'une partie de ses biens, ce dernier pouvait en demander la totalité.

La maxime contraire était suivie dans les pays coutumiers. Le testateur n'y faisait pas les héritiers; les plus proches du sang l'étaient toujours. Les testamens n'étaient que des codicilles; et les institués, de simples légataires qui n'avaient droit qu'aux biens qu'on leur laissait nommément : si le testateur en omettait une partie, elle restait aux héritiers de droit; c'est la règle actuelle.

Pour compléter ce que nous avons dit sur les actes de dernière volonté, et la manière dont doivent être énoncées les dispositions qu'ils contiennent, nous allons faire mention des codicilles et des donations à cause de mort.

L'un et l'autre de ces actes venaient du droit romain; le *codicille*, comme le mot même l'indique en latin, était au commencement une simple lettre que celui qui avait fait un testament adressait à l'héritier qui y était institué, et par laquelle il le priait d'exécuter les dispositions qu'il lui indiquait. *Heinecc. elem. jur. civil*, §. 676 *et seq*. Ces prières ne furent pas d'abord obligatoires; elles le devinrent dans la suite, de sorte que les codicilles étaient une manière de disposer par acte de dernière volonté, moins solennelle qu'un testament. Il n'y fallait pas tant de formalités; cinq témoins y suffisaient. Mais on ne pouvait faire que des legs par un codicille, et on ne pouvait y instituer des héritiers; les codicilles du droit romain étaient les testamens du droit coutumier.

On les faisait à la suite d'un testament, ou bien *ab intestat*; dans le premier, la prière ou les dispositions contenues dans le codicille devaient s'exécuter par l'héritier institué; dans le second, par les héritiers de droit.

Dans beaucoup de testamens on insérait la clause que s'ils ne valaient, comme testamens, ils vaudraient comme codicilles ; c'était ce qu'on appelait la clause codicillaire : elle avait un tel effet, que si le testament était nul par défaut de formalités, pourvu qu'on y eût observé celles requises pour le codicille, il était réputé codicille, et les héritiers du sang appelés à recueillir la succession devaient la rendre à celui qui avait été institué dans le testament.

La donation à cause de mort était aussi, comme le codicille, un acte de dernière volonté, moins solennel que le testament ; on ne pouvait, par donation à cause de mort, instituer un héritier ou un successeur qui recueillît tous les droits du donateur.

La seule différence qu'il y avait entre la donation à cause de mort et le codicille, c'est que celui-ci était l'ouvrage d'un seul, tandis que, dans la donation à cause de mort, il fallait le concours d'un donataire qui acceptât.

Ces deux actes étaient également révocables de leur nature. L'art. III de l'ordonnance de 1731 les confondit, en quelque sorte, en annullant toutes les donations à cause de mort, qui ne seraient pas faites dans les formes des testamens ou des codicilles ; depuis lors, on ne put disposer en France que dans l'une ou l'autre de ces formes.

La loi du 17 nivose an 2 anéantit les testamens, ou du moins ne les laissa subsister qu'entre les époux sans enfans.

Il n'y eut depuis lors en France que des codicilles.

La loi du 13 floréal a rétabli les testamens ; mais il n'y a plus de codicilles ; toutes les dispositions de dernière volonté doivent être faites dans les formes prescrites pour les testamens, soit qu'elles comprennent la totalité des biens du testateur, ou seulement une partie.

La différence de ces actes ne vient plus aujourd'hui de leur forme extérieure, mais seulement de l'intention du testateur, qui a voulu disposer de tous ses biens ou seulement d'une partie, comme on va le voir sur les articles suivans.

SECTION IV.

Des Legs universels.

ARTICLE CCXCII.

Le legs universel est la disposition testamentaire par laquelle le testateur donne à une ou plusieurs personnes l'universalité des biens qu'il laissera à son décès.

Le terme de légataire universel n'était connu autrefois que dans les pays coutumiers : il signifiait celui qui était appelé à recueillir l'universalité des biens dont un testateur pouvait disposer; car l'on sait que dans la plupart des pays coutumiers, il y avait une distinction dans les biens, telle, que celui qui les possédait avait droit de disposer d'une certaine espèce, tandis qu'il ne le pouvait pas pour les autres. Dans la coutume de Paris, par exemple, il était permis de disposer des meubles, des acquêts et du quint des propres. Les autres quatre quints des propres devaient rester aux héritiers du sang ; celui qui était nommé légataire de toute la portion des biens disponibles s'appelait légataire universel, et quand la succession n'était composée que de biens déclarés disponibles par la loi, alors le légataire universel était, à peu de chose près, l'héritier universel du droit romain, qui succédait à l'universalité des droits du défunt. Il y avait cependant toujours cette différence entre eux que l'héritier universel entrait de plein droit dans la succession, sans être tenu d'en demander la délivrance à personne ; et que le légataire universel devait la demander aux héritiers du sang, qui, aux yeux de la loi, étaient censés saisis de tous les droits du défunt.

Aujourd'hui que tous les biens sont de la même nature, qu'il n'y a plus de différence entre eux, et que la manière d'en disposer est uniforme, le légataire universel est exactement le même que l'héritier universel ; et voilà pourquoi la loi permet dans l'article précédent d'employer indistinctement la même expression.

On peut faire plusieurs légataires universels, comme il est permis de faire plusieurs héritiers ; ils recueillent l'universalité des biens du testateur, et ils la partagent par égales portions, s'il n'a pas expliqué dans son testament celle qui devra revenir à chacun.

ARTICLE CCXCIII.

Lorsqu'au décès du testateur il y a des héritiers auxquels une quotité de ses biens est réservée par la loi, ces héritiers sont saisis de plein droit, par sa mort, de tous les biens de la succession ; et le légataire universel est tenu de leur demander la délivrance des biens compris dans le testament.

Cette règle est prise du droit coutumier. D'après la loi romaine, l'héritier institué se mettait de plein droit en possession de la succession, bien qu'il y eût des héritiers du sang, des enfans même du testateur ; il n'était pas obligé de leur demander la délivrance de la succession, il en était autrement dans les pays de coutumes, où le légataire, même universel, était obligé de demander la délivrance de son legs aux héritiers du sang, à quelque degré qu'ils fussent. Il faut convenir qu'il y avait bien plus de décence et de moralité dans ce dernier usage, et que la loi du 13 floréal a bien fait de l'adopter ; mais elle le borne au cas où il y a des héritiers auxquels une quotité des biens est réservée par la loi. Ce cas est celui où le testateur laisse des descendans ou des ascendans, qui sont saisis de plein droit, par sa mort, des biens de sa succession.

Le légataire universel est tenu de leur demander la délivrance des biens compris dans le testament. Il semble que cette disposition est inutile, attendu que dans un cas pareil, il ne peut pas y avoir de légataire universel, d'après la définition même qu'on en donne dans l'article CCXCII. C'est, dit-on, celui qui est appelé à recueillir *l'universalité des biens*. Comment cela peut-il se vérifier, quand le testateur ne peut disposer que d'une portion ?

ARTICLE CCXCIV.

Néanmoins, dans les mêmes cas, le légataire universel aura la jouissance des biens compris dans le testament, à compter du jour du décès, si la demande en délivrance a été faite dans l'année, depuis cette époque ; sinon cette jouissance ne commencera que du jour de la demande formée en justice, ou du jour que la délivrance aurait été volontairement consentie.

Quoique le légataire universel soit tenu de demander la délivrance du legs qui lui est fait, les fruits lui en appartiendront du jour du décès du testateur, si la demande en est faite dans l'an de la délivrance ; sinon, il ne pourra les répéter que du jour de cette demande, ou de celui où la délivrance en aura été volontairement consentie.

Il ne peut être ici question, comme nous l'avons déjà observé dans l'article précédent, d'un légataire universel, mais seulement d'un légataire particulier. Nous verrons plus bas la règle établie pour le même objet, à l'égard des legs particuliers.

ARTICLE CCXCV.

Lorsqu'au décès du testateur il n'y aura pas d'héritiers auxquels une quotité de ses biens soit réservée par la loi, le légataire universel sera saisi de plein droit par la mort, sans être tenu de demander la délivrance.

Dans ce cas, le légataire universel jouit des mêmes prérogatives que l'héritier du droit romain : il est saisi de la succession par le seul effet de la loi; il peut s'en mettre en possession tout de suite. Il n'est tenu d'en demander la délivrance à personne. Il est vraiment alors héritier ou légataire universel; il n'était que légataire particulier dans le cas des articles précédens.

ARTICLE CCXCVI.

Tout testament olographe sera, avant d'être mis à exécution, présenté au président du tribunal de première instance de l'arrondissement dans lequel la succession est ouverte. Ce testament sera ouvert s'il est cacheté. Le président dressera procès-verbal de la présentation, de l'ouverture et de l'état du testament, dont il ordonnera le dépôt entre les mains du notaire, par lui commis.

Si le testament est dans la forme mystique, sa présentation, son ouverture, sa description et son dépôt, seront faits de la même manière ; mais l'ouverture ne pourra se faire qu'en présence de ceux des notaires et des témoins, signataires de l'acte de suscription, qui se trouveront sur les lieux, ou eux appelés.

On indique ici les formalités qu'il est nécessaire d'observer avant de mettre à exécution un testament olographe et un testament mystique.

S'il s'agit d'un testament olographe, celui qui en est le dépositaire doit le présenter au président du tribunal civil de l'arrondissement, qui dresse procès-verbal de cette présentation, assisté du greffier, ordonne l'ouverture du testament s'il est cacheté, et, après en avoir vérifié l'état et le contenu, ordonne qu'il sera déposé chez un notaire qu'il désigne.

La forme est, à peu de chose près, la même pour le testament mystique. La différence seule consiste en ce qu'il faut toujours ordonner l'ouverture du testament mystique, qui est secret de sa nature, et qui doit avoir été cacheté sous enveloppe dans les formes prescrites ci-devant.

En attendant que ces formalités aient été remplies, les héritiers légitimes et les autres intéressés, peuvent requérir l'apposition des scellés sur les biens de la succession.

On peut demander si un testament clos et cacheté avait été ouvert avant d'être présenté au président du tribunal, cela le rendrait nul?

Il faut distinguer d'abord le testament olographe et le testament mystique ; et ensuite, si c'est le testateur lui-même ou un autre dépositaire qui en a fait l'ouverture.

Le premier n'est pas secret de sa nature. Ainsi, qu'il soit ouvert ou fermé, il doit être exécuté, à moins qu'on ne prouve que le testateur l'a révoqué.

Le testament mystique au contraire n'est valable qu'autant qu'on a observé pour son ouverture les formes prescrites par la loi. Ainsi, lorsque le testateur, dépositaire lui-même de ses volontés, a déchiré l'enveloppe dont elles étaient couvertes, il est censé par là avoir voulu en anéantir le contenu. Si c'est au contraire un dépositaire infidèle, qui a manqué à la confiance qu'on avait mise en lui, le testament n'en est pas pour cela nul. Celui qui l'a ouvert mérite seulement d'être puni.

ARTICLE CCXCVII.

Dans le cas de l'article CCXCV, si le testament est olographe ou mystique, le légataire universel sera tenu de se faire envoyer en possession, par une ordonnance du président, mise au bas d'une requête, à laquelle sera joint l'acte de dépôt.

Lorsque le légataire ou l'héritier universel sera institué par un testament olographe ou mystique, et que le testateur n'aura pas d héritiers auxquels une quotité de ses biens soit réservée, il sera tenu de se faire envoyer en possession par une ordonnance du président, mise au bas d'une requête.

Il suit de là que, quand il n'y a pas d'héritiers de droit, le légataire ou l'héritier universel, institué par un testament olographe ou mystique, est saisi de la succession par la mort du testateur, et peut s'en mettre en possession, sans être tenu d'en demander la délivrance à personne.

<h3 style="text-align:center">ARTICLE CCXCVIII.</h3>

Le légataire universel, qui sera en concours avec un héritier auquel la loi réserve une quotité des biens, sera tenu des dettes et charges de la succession du testateur, personnellement pour sa part et portion, et hypothécairement pour le tout; et il sera tenu d'acquitter tous les legs, sauf le cas de réduction, ainsi qu'il est expliqué aux articles CCXVI et CCXVII.

La loi parle ici des dettes et des charges que le légataire universel, en concours avec un héritier auquel la loi réserve une quotité de biens, sera obligé de supporter. Il en sera tenu personnellement au prorata de la partie des biens dont il héritera. Les créanciers hypothécaires du défunt auront aussi le droit de poursuivre leur paiement sur les biens échus au légataire universel, bien que leurs créances excédassent la valeur des biens qu'il a reçus, à moins qu'il n'eût pris son legs sous le bénéfice d'inventaire.

Le légataire est en outre tenu d'acquitter tous les legs. L'héritier, à qui une portion de biens est réservée, ne peut être tenu d'acquitter des legs, qu'autant qu'on lui laisserait au-delà de la portion que la loi lui adjuge. Quand il n'a tout justement que cette portion, c'est le légataire universel qui doit acquitter les legs; ou, pour mieux dire, il n'y a plus que des légataires particuliers, qui doivent être payés, sauf réduction, d'après les règles qui sont établies par les articles CCVI et CCVII ci-dessus.

Dans le droit romain, lorsque le testateur avait épuisé tout son bien par des legs, et qu'il ne restait rien à l'héritier, celui-ci refusait d'accepter la succession; et, par les principes de ce droit, le testament devenait caduc, et tout croulait avec lui.

Pour engager l'héritier à accepter, on régla ensuite que le testateur ne pourrait léguer au-delà des trois quarts de son bien, et que le quart restant demeurerait à l'héritier. Si le testateur avait excédé, l'héritier pouvait demander la réduction des legs jusqu'à concurrence du quart que la loi lui donnait.

On l'appela la quarte falcidie, du nom du tribun Falcidius, qui fit rendre la loi sous Auguste. On établit ensuite une pareille règle pour le fidéicommis, et la quarte, adjugée à l'héritier grevé, fut appelée trébellianique. Quand Justinien eut égalé en tout les legs et les fidéicommis, on confondit souvent dans le langage ordinaire la falcidie et la trébellianique.

Justinien détruisit en quelque sorte l'effet qu'on s'était promis de l'établissement de ces quartes, en permettant aux testateurs d'en prohiber la retenue.

Les choses passèrent en cet état dans nos pays de droit écrit; et les deux quartes, avec la modification que Justinien y avait faite, ont subsisté jusqu'à la révolution.

Il n'y avait rien de pareil dans les pays coutumiers. On n'avait pas cru ces quartes nécessaires, parce que le plus souvent on ne pouvait disposer de la totalité de ses biens, et qu'il y avait une portion réservée pour les héritiers du sang.

Quand on disposait de tout, on pouvait absorber toute la succession par des legs particuliers, de manière qu'il ne restât rien, ou aux héritiers du sang, ou au légataire universel.

On a préféré cette dernière règle dans la loi du 13 floréal. On a dit que s'il arrivait que des testateurs ignorassent assez l'état de leur fortune pour l'épuiser en legs particuliers, lors même qu'ils institueraient un héritier, ou qu'ils nommeraient un légataire universel, la loi ne devait pas être faite pour des cas aussi extraordinaires. *Voyez les motifs.*

SECTION V.

Des Legs à titre universel.

ARTICLE CCXCIX.

Le legs à titre universel est celui par lequel le testateur lègue une quote-part des biens dont la loi lui permet de disposer, telle qu'une moitié, un tiers, ou tous ses immeubles, ou tout son mobilier, ou une quotité fixe de tous ses immeubles, ou de tout son mobilier.

Tout autre legs ne forme qu'une disposition à titre particulier.

Nous avons vu par les articles précédens ce qu'était

le légataire ou l'héritier universel. Il est question ici du légataire ou de l'héritier à titre universel. Cette espèce de légataire ou d'héritier vient du droit coutumier, qui, faisant une classe à part des diverses sortes de biens, établissait un héritier pour chacune d'elles. Elle était inconnue dans le droit romain, où tous les biens étaient d'une même nature. En adoptant les disposisions du droit romain, à cet égard, il semble qu'il ne fallait plus de légataire ou d'héritier à titre universel ; il devait être confondu avec l'héritier ou le légataire particulier. Cette distinction amènera infailliblement des difficultés dans le partage des successions.

Quoi qu'il en soit, le légataire universel est celui à qui, au lieu de léguer un effet particulier ou la totalité de la succession, on lègue une quote-part ou la totalité d'une sorte de biens, telle qu'une moitié, un tiers, ou tous ses immeubles, ou tout son mobilier, ou une quotitité fixe de tous ses immeubles, ou de tout son mobilier.

Si l'on ne lègue qu'un seul immeuble, ou un seul ou plusieurs effets mobiliers, cela ne forme qu'un legs particulier.

On verrra sur les articles suivans la différence que la loi met entre les légataires à titre universel, et ceux à titre particulier.

ARTICLE CCC.

Les légataires à titre universel seront tenus de demander la délivrance aux héritiers auxquels une quotité des biens est réservée par la loi, à leur défaut aux légataires universels ; et, à défaut de ceux-ci, aux héritiers appelés dans l'ordre établi au titre *des Successions.*

Le légataire même à titre universel n'est pas saisi de plein droit, et ne peut se mettre immédiatement en possession des biens qui lui sont donnés, comme le légataire universel. S'il existe des héritiers auxquels une partie des biens est réservée, il est obligé de leur demander la délivrance de son legs. A défaut, c'est au légataire universel qu'il doit s'adresser ; et, s'il n'y a pas de légataire universel, aux héritiers appelés dans l'ordre établi des successions.

Le testament ne comprend pas l'universalité des biens du testateur, comme cela avait lieu par le droit romain. Le légataire ne peut prétendre que ce qui lui est expressément donné. Le restant demeure aux héritiers de droit, comme nous l'avons déjà observé ci-dessus.

ARTICLE CCCI.

Le légataire à titre universel sera tenu, comme le légataire universel, des dettes et charges de la succession du testateur, personnellement pour sa part et portion, et hypothécairement pour le tout.

Le légataire à titre universel doit contribuer, comme le légataire universel, aux dettes et charges de la succession, au prorata des biens qu'il a reçus. Il est également tenu des hypothèques inscrites sur les biens qui lui sont avenus.

ARTICLE CCCII.

Lorsque le testateur n'aura disposé que

d'une quotité de la portion disponible, et qu'il l'aura fait à titre universel, ce légataire sera tenu d'acquitter les legs particuliers par contribution avec les héritiers naturels.

Si le testateur n'a disposé que d'une partie de la quotité disponible, et, s'il l'a fait à titre universel, le légataire est tenu d'acquitter les legs particuliers par contribution avec les héritiers naturels.

Les héritiers naturels, outre la portion que la loi leur donne, jouissant d'une partie de la quotité disponible, sont tenus d'acquitter les legs particuliers jusqu'à concurrence de cette partie qui leur reste. Le légataire à titre universel, à qui l'autre portion de la quotité disponible est laissée, est obligé aussi de contribuer au paiement des legs particuliers. L'embarras sera de bien distinguer les legs à titre universel et les simples legs particuliers. Il n'y a pas de données bien fixes pour cela.

SECTION VI.

Des Legs particuliers.

ARTICLE CCCIII.

Tout legs pur et simple donnera au légataire, du jour du décès du testateur, un droit à la chose léguée, droit transmissible à ses héritiers ou ayans cause.

Néanmoins, le légataire particulier ne pourra se mettre en possession de la chose léguée, ni en prétendre les fruits ou inté-

rêts, qu'à compter du jour de sa demande
en délivrance, formée suivant l'ordre établi
par l'article CCC, ou du jour auquel cette
délivrance lui aurait été volontairement
consentie.

Lorsqu'un legs aura été fait purement et simplement
sans condition, le légataire en est saisi du jour du décès du testateur, et s'il vient à mourir avant que la
délivrance de la chose léguée lui ait été faite, son droit
passe à ses héritiers ou ayans cause. Il en serait autrement si le legs était conditionnel, et si le légataire
venait à mourir avant l'accomplissement de la condition. Comme dans ce cas il n'aurait jamais été saisi
de la propriété du legs, il ne transmettrait pas à ses
héritiers le droit de le réclamer.

Dans tous les cas, le légataire particulier ne peut pas,
comme l'héritier ou le légataire universel, se mettre
de plein droit en possession de la chose léguée. Il doit
en demander la délivrance aux héritiers légitimes ou
aux héritiers ou légataires universels nommés par le
testament.

Les fruits de la chose léguée ne sont pas même dus
du jour du décès du testateur, comme ceux du legs
universel, mais du jour seulement de la demande en
délivrance, ou du jour où cette délivrance lui aura été
consentie volontairement.

Toutes ces règles sont tirées du droit romain,
comme on peut le voir aux Institutes et au digeste
titul. de legatis.

ARTICLE CCCIV.

Les intérêts ou fruits de la chose léguée

courront au profit du légataire, dès le jour du décès, et sans qu'il ait formé sa demande en justice :

1º Lorsque le testateur aura expressément déclaré sa volonté, à cet égard, dans le testament ;

2º Lorsqu'une rente viagère ou une pension aura été léguée à titre d'alimens.

C'est ici une exception à la règle établie dans le titre précédent, qui ne fait courir les intérêts ou fruits de la chose léguée, que du jour de la demande en délivrance, ou du jour de la delivrance librement consentie.

Les intérêts ou fruits courront au profit du légataire dès le jour du décès, et sans demande préalable dans les deux cas spécifiés en cet article.

ARTICLE CCCV.

Les frais de la demande en délivrance seront à la charge de la succession, sans néanmoins qu'il puisse en résulter de réduction de la réserve légale.

Les droits d'enregistrement seront dus par le légataire.

Le tout, s'il n'en a été autrement ordonné par le testament.

Chaque legs pourra être enregistré séparément, sans que cet enregistrement puisse profiter à aucun autre qu'au légataire ou à ses ayans cause.

Ainsi, le légataire ne sera pas tenu des frais de la demande en délivrance qu'il sera tenu de former. Ils seront supportés par la succession. Cependant, si les legs avaient absorbé toute la partie disponible, les frais de la demande seraient à la charge des légataires. On ne pourrait les prendre sur la réserve légale, parce qu'autrement ce serait une manière indirecte de la retrancher.

Les frais d'enregistrement seront supportés par le légataire.

Le testateur peut cependant disposer que les frais de la demande en délivrance seront supportés par le légataire, et ceux d'enregistrement par l'héritier ou le légataire universel.

Si les héritiers légitimes ou les héritiers ou légataires universels sont en retard de faire enregistrer le testament, le légataire particulier, qui voudra demander la chose qui lui est léguée, pourra faire enregistrer séparément la partie du testament contenant le legs qui lui est fait.

Mais cet enregistrement ne servira qu'à lui ou à ses ayans cause.

C'était une question qui faisait naître souvent de la difficulté dans l'ancienne jurisprudence. On a bien fait de la décider.

ARTICLE CCCVI.

Les héritiers du testateur, ou autres débiteurs d'un legs, seront personnellement tenus de l'acquitter, chacun au prorata de la part et portion dont ils profiteront dans la succession.

Ils en seront tenus hypothécairement pour le tout, jusqu'à concurrence de la valeur des immeubles de la succession dont ils seront détenteurs.

Si le testateur laisse plusieurs héritiers, ils sont tous tenus personnellement de contribuer au paiement des legs, à proportion de ce dont ils profitent de la succession.

Les biens qu'ils en ont reçus y restent hypothéqués jusqu'à concurrence de leur valeur. Mais, le légataire, pour conserver ses droits sur les biens du défunt, aura-t-il besoin d'y faire un inscription hypothécaire? On ne le pense pas. Le présent article semble l'en dispenser, en disant que les héritiers du testateur seront tenus hypothécairement du paiement des legs qu'il aura faits. Si l'inscription était nécessaire pour la conservation des droits du légataire, il s'ensuivrait qu'un créancier de l'héritier, qui ferait une inscription sur la succession qui lui serait échue avant le légataire, lui serait préférable; ce qui contrarierait la disposition de l'article que nous examinons.

On peut concilier cela en disant que le légataire a, comme tous les créanciers du testateur, le droit de requérir la séparation du patrimoine du défunt d'avec celui de l'héritier, ainsi que le porte l'art. CLXVIII de la loi du 29 germinal an 11.

ARTICLE CCCVII.

La chose léguée sera délivrée avec les accessoires nécessaires, et dans l'état où elle se trouvera au jour du décès du donateur.

Tout ce qui est un accessoire nécessaire, ou fait partie de la chose léguée, doit être compris dans la délivrance qui en est faite. Les bestiaux de labour, les troupeaux dépendant d'une ferme, sont compris dans le legs qui en est fait. Les meubles fixés à demeure dans une maison en font également partie.

La chose léguée doit être encore livrée en l'état où elle se trouve au décès du testateur. Si elle avait dépéri par la faute de l'héritier, il en tiendrait compte ; mais non, si c'était par un accident qu'il n'eût pas été en son pouvoir d'empêcher.

ARTICLE CCCVIII.

Lorsque celui qui a légué la propriété d'un immeuble l'a ensuite augmentée par des acquisitions, ces acquisitions, fussent-elles contiguës, ne seront pas censées, sans une nouvelle disposition, faire partie du legs.

Il en sera autrement des embellissemens ou des constructions nouvelles faites sur le fonds légué, ou d'un enclos dont le testateur aurait augmenté l'enceinte.

C'était une question fort controversée parmi les jurisconsultes, de savoir si, lorsque quelqu'un faisait, postérieurement à son testament, des augmentations à une chose qui y était léguée, ces augmentations étaient censées comprises dans le legs.

La loi décide ici par une distinction : si cette augmentation consiste en une acquisition nouvelle, qu'on ajoute à l'immeuble qu'on possédait déjà, elles ne sont point censées comprises dans le legs qui en a été fait, quand même elles y seraient contiguës; il faut une disposition nouvelle : il en serait autrement, s'il s'agissait uniquement de constructions nouvelles, embellissemens faits au fonds légué, ou d'un enclos, dont le testateur aurait augmenté l'étendue.

Cette distinction est très-juste; elle est une conséquence de l'article précédent, qui ne comprend dans le legs d'une chose que ce qui en est l'accessoire, et en fait nécessairement partie.

ARTICLE CCCIX.

Si, avant le testament, ou depuis, la chose léguée a été hypothéquée pour une dette de la succession, ou même pour la dette d'un tiers ; ou si elle est grevée d'un usufruit, celui qui doit acquitter le legs n'est point tenu de la dégager : à moins qu'il n'ait été chargé de le faire par une disposition expresse du testateur.

La loi romaine distinguait, à ce sujet, si le testateur savait que la chose léguée était hypothéquée, ou s'il l'ignorait. Dans le premier cas, l'héritier était tenu de la dégager ; dans le second il ne l'était pas. *Leg.* 57 *ff. de légat.* 1. *Leg.* 6, *cod. de fidéicom. Leg.* 10, *cod. de legat.* L'article que nous examinons a posé une règle moins susceptible de difficulté, en décidant que celui qui doit acquitter le legs d'une chose hypothéquée n'est tenu de la dégager, qu'autant que le testateur lui en a imposé l'obligation.

ARTICLE CCCX.

Lorsque le testateur aura légué la chose

d’autrui, le legs sera nul, soit que le testateur ait connu ou non qu’elle ne lui appartenait pas.

La loi romaine permettait de léguer la chose d’autrui ; l’héritier était alors obligé, ou de l’acquérir pour la livrer au légataire, ou d’en payer l’estimation. *Institut. de legat.* §. 4. On distinguait encore si le testateur savait ou non que la chose ne lui appartenait point ; la décision était différente suivant les circonstances. L’article présent, sans entrer dans ces détails, décide que le legs d’une chose qui n’appartiendrait point au testateur, serait nul ou comme non écrit.

Mais si, postérieurement au testament, le testateur acquérait la chose qu’il avait léguée, quoique ne lui appartenant pas, le legs serait alors valable.

ARTICLE CCCXI.

Lorsque le legs sera d’une chose indéterminée, l’héritier ne sera pas obligé de la donner de la meilleure qualité, et il ne pourra l’offrir de la plus mauvaise.

C’est la règle qu’on a toujours suivie en pareil cas ; si l’héritier et le légataire ne sont pas d’accord sur la qualité de la chose léguée, on a recours à des experts.

ARTICLE CCCXII.

Le legs fait au créancier ne sera pas censé en compensation de sa créance, ni le legs fait au domestique en compensation de ses gages.

Pour décider ces questions, autrefois, on avait recours aux conjectures, pour savoir si l'intention du testateur avait été de compenser le legs qu'il faisait à son créancier, ou à ses domestiques, avec ce qu'il leur devait. Aujourd'hui cette compensation ne pourra avoir lieu, qu'autant que le testateur l'aura dit expressément.

ARTICLE CCCXIII.

Le légataire à titre particulier ne sera point tenu des dettes de la succession, sauf la réduction du legs, ainsi qu'il est dit ci-dessus, et sauf l'action hypothécaire des créanciers.

Le légataire particulier n'est pas tenu des dettes de la succession, comme l'héritier ou le légataire universel. Les immeubles légués restent toujours soumis à l'action hypothécaire des créanciers du testateur; mais le légataire qui serait recherché par eux, aurait toujours son recours contre l'héritier ou le légataire universel.

SECTION VII.

Des Exécuteurs testamentaires.

ARTICLE CCCXIV.

Le testateur pourra nommer un ou plusieurs exécuteurs testamentaires.

Les exécuteurs testamentaires ont pris naissance dans le droit coutumier. On y était si peu habitué à faire des actes de dernière volonté; on y avait tant de répugnance à les metre à exécution, que, ne pouvant point se confier pour cela sur les héritiers légitimes, qui étaient toujours saisis de droit de la succession, et qui ne voyaient pas de bon œil qu'on vînt la leur enlever en totalité ou en partie, on fut obligé d'appeler des tiers pour veiller à l'exécution des volontés du défunt. Ce fut là l'origine des exécuteurs testamentaires ; on ne les connaissait presque pas dans les pays de droit écrit, où l'on était plus familiarisé avec les testamens, et où l'héritier institué, étant saisi de plein droit de la succession, n'avait pas besoin d'un secours étranger, pour en avoir la délivrance.

L'étendue que l'on a donnée à la faculté de tester, la saisine directe que l'on accorde au légataire universel, quand il n'y a ni descendans, ni ascendans, semblait rendre inutiles les exécuteurs testamentaires.

La loi permet cependant d'en nommer un ou plusieurs ; les prérogatives dont ils jouissaient autrefois sont restreintes, comme nous aurons occasion de l'observer.

ARTICLE CCCXV.

Il pourra leur donner la saisine du tout, ou seulement d'une partie de son mobilier ; mais elle ne pourra durer au delà de l'an et jour, à compter de son décès.

S'il ne la leur a pas donnée, ils ne pourront l'exiger.

La plupart des coutumes donnaient autrefois à l'exécuteur testamentaire la saisine de tous les biens mobiliaires de la succession, pour l'accomplissement des testamens, pour acquitter les droits du fisc, pour payer les legs, etc. (*Paris* 197.) Il y en avait même qui les saisissaient des immeubles jusqu'à la valeur nécessaire, pour accomplir les volontés du testateur. (*Orléans*, 290, 291.)

L'article que nous examinons change tout cela. L'exécuteur testamentaire n'aura de saisine, même des meubles , qu'autant que le testateur la lui aura donnée expressément ; il ne pourra même lui conférer celle des immeubles en totalité ou en partie : cette saisine ne pourra durer au-delà de l'an et jour, à compter du jour du décès du testateur. Toutes les fonctions de l'exécuteur cessent après ce temps.

C'était la règle d'autrefois ; l'année ne courait cependant que du jour que l'exécuteur avait eu réellement les effets du défunt en sa disposition, ou qu'il n'avait tenu qu'à lui de les avoir.

ARTICLE CCCXVI.

L'héritier pourra faire cesser la saisine, en offrant de remettre aux exécuteurs testamentaires somme suffisante pour le paiement des legs mobiliers , ou en justifiant de ce paiement.

Les héritiers avaient autrefois la même faculté.

ARTICLE CCCXVII.

Celui qui ne peut s'obliger ne peut pas être exécuteur testamentaire.

Pour être exécuteur testamentaire, il faut par conséquent être majeur et jouir de tous ses droits civils : le mort civilement ou l'étranger ne pourrait l'être.

ARTICLE CCCXVIII.

La femme mariée ne pourra accepter

l'exécution testamentaire qu'avec le consentement de son mari.

Si elle est séparée de biens, soit par contrat de mariage, soit par jugement, elle le pourra avec le consentement de son mari, ou, à son refus, autorisée par la justice, conformément à ce qui est prescrit par les articles CCXI et CCXIII, au titre *du Mariage*.

La femme mariée, non séparée de biens avec son mari, ne peut accepter sans son consentement les fonctions d'exécuteur testamentaire. Si elle est séparée de biens, elle pourra encore les accepter avec le consentement de son mari ; mais ce consentement n'est pas ici de rigueur, comme dans l'autre cas. Si le mari le refuse, la femme peut se faire autoriser par justice, conformément aux articles cités de la loi sur le mariage.

ARTICLE CCCXIX.

Le mineur ne pourra être exécuteur testamentaire, même avec l'autorisation de son tuteur ou curateur.

Cet article est une conséquence du CCCXVII[e] ci-dessus, qui veut que celui qui ne peut s'obliger ne puisse être exécuteur testamentaire.

ARTICLE CCCXX.

Les exécuteurs testamentaires feront apposer les scellés, s'il y a des héritiers mineurs, interdits ou absens.

Ils feront faire, en présence de l'héritier présomptif, ou lui duement appelé, l'inventaire des biens de la succession.

Ils provoqueront la vente du mobilier, à défaut de deniers suffisans pour acquitter les legs.

Ils veilleront à ce que le testament soit exécuté ; et ils pourront, en cas de contestation sur son exécution, intervenir pour en soutenir la validité.

Ils devront, à l'expiration de l'année du décès du testateur, rendre compte de leur gestion.

On entre ici dans le détail des obligations imposées à l'exécuteur testamentaire. Elles consistent, 1° à faire mettre les scellés, s'il y a des héritiers, mineurs, interdits ou absens; 2° à faire un inventaire ; 3° à provoquer la vente du mobilier, s'il n'y a pas de deniers suffisans pour acquitter les legs.

Ils sont chargés, en outre, de veiller à l'exécution des testamens ; et on leur donne le droit d'intervenir dans les procès qui peuvent s'élever sur leur validité ou leur exécution.

Mais si ces procès durent plus d'un an, terme que la loi assigne à la durée des fonctions de l'exécuteur testamentaire, que deviendra alors cette intervention ?

La fin de l'article oblige l'exécuteur testamentaire de rendre son compte, à l'expiration de l'année du décès du testateur.

ARTICLE CCCXXI.

Les pouvoirs de l'exécuteur testamentaire ne passeront point à ses héritiers.

C'est la confiance personnelle qui détermine le testateur à désigner un exécuteur testamentaire. Si celui-ci prédécède le testateur, ou s'il vient à mourir avant l'année révolue de ses fonctions, elles ne passent pas à ses héritiers.

ARTICLE CCCXXII.

S'il y a plusieurs exécuteurs testamentaires qui aient accepté, un seul pourra agir au défaut des autres ; et ils seront solidairement responsables du compte du mobilier qui leur a été confié, à moins que le testateur n'ait divisé leurs fonctions, et que chacun d'eux ne se soit renfermé dans celle qui lui était attribuée.

Ceci n'a pas besoin d'éclaircissement. Il en est de ce cas comme de celui où il y aurait plusieurs tuteurs, qui sont solidairement responsables de leur gestion, à moins qu'en les nommant on n'ait divisé leurs fonctions.

ARTICLE CCCXXIII.

Les frais faits par l'exécuteur testamentaire pour l'apposition des scellés, l'inventaire, le compte et les autres frais relatifs à ses fonctions, seront à la charge de la succession.

Les fonctions de l'exécuteur testamentaire sont gra-
tuites de leur nature; il ne serait donc pas juste qu'il
dépensât encore son argent pour l'exécution des volontés d'autrui. Quelquefois le testateur joint à la nomination de l'exécuteur testamentaire un legs d'une valeur quelconque, qui lui tient lieu en quelque sorte de
salaire. On a agité la question de savoir si l'exécuteur
testamentaire, en refusant de remplir la charge qui lui
est imposée, ou se trouvant dans l'impossibilité de
l'acquitter, peut néanmoins réclamer le legs : on distingue si le legs lui est fait en qualité d'exécuteur testamentaire, ou s'il a été fait purement et simplement.

SÉCTION VIII.

De la révocation des Testamens , et de leur
caducité.

ARTICLE CCCXXIV.

Les testamens ne pourront être révo-
qués, en tout ou en partie, que par un
testament postérieur, ou par un acte devant
notaires , portant déclaration du changement de volonté.

On parle ici de la manière dont un testament parfait peut être révoqué. La règle la plus générale autrefois était qu'un testament fait dans les formes ne
pouvait être révoqué que par un autre testament parfait, qui contînt une institution nouvelle. Il était permis
de modifier ou de changer, par des codicilles, les legs
qu'un testament contenait; mais l'institution en pays
de droit écrit, ne pouvait être changée que par un
testament nouveau.

Dans ces pays encore, deux testamens ne pouvaient aller ensemble ; il fallait que l'un détruisît nécessairement l'autre.

Il n'en était pas de même en pays coutumier, où l'on avait moins des testamens que des codicilles ; on n'y faisait pas des héritiers, mais seulement des légataires : deux testamens, quand ils ne se contredisaient pas, pouvaient exister ensemble. C'est la maxime qu'on a adoptée, comme nous le verrons tout à l'heure.

En attendant, remarquons qu'on pose ici en principe, qu'un testament ne peut être révoqué que par un testament postérieur, ou un acte pardevant notaire, portant déclaration du changement de volonté.

ARTICLE CCCXXV.

Les testamens postérieurs qui ne révoqueront pas d'une manière expresse les précédens, n'annulleront, dans ceux-ci, que celles des dispositions y contenues qui se trouveront incompatibles avec les nouvelles, ou qui seront contraires.

Quand le testament postérieur ne portera pas d'une manière positive que l'intention du testateur est de révoquer celui qu'il a fait précédemment, il n'y a d'annullé dans ce dernier, que celles de ses dispositions qui se trouveront incompatibles avec les nouvelles ou qui y seront contraires.

Ainsi deux, et même plusieurs testamens peuvent exister concurremment, comme nous l'avons remarqué par l'article précédent ; toutes les dispositions qu'ils contiennent, et qui ne se contrarient pas, doivent être exécutées ; on en faisait de même autrefois en pays de droit écrit, quand il existait plusieurs codicilles.

Ainsi, on peut annuller l'institution d'héritier, contenue dans un premier testament, et laisser subsister les legs, ou annuller les legs, et maintenir l'institution ; s'il n'y a pas d'héritier ou de légataire universel, ce sont les héritiers de droit qui recueillent la succession, à la charge d'acquitter les legs particuliers.

ARTICLE CCCXXVI.

La révocation faite dans un testament postérieur aura tout son effet, quoique ce nouvel acte reste sans exécution par l'incapacité de l'héritier institué ou du légataire, ou par leur refus de recueillir.

Lorsqu'une fois un premier testament a été révoqué par un postérieur, le premier ne reprend pas sa force, quand même l'autre resterait sans exécution, ou par l'incapacité de l'héritier institué, ou par son refus d'accepter. Il suffit que le testateur ait déclaré que son intention était d'annuller son premier testament ; n'importe ensuite que le second ait ou non son exécution.

ARTICLE CCCXXVII.

Toute aliénation, celle même par vente avec faculté de rachat ou par échange, que fera le testateur de tout ou de partie de la chose léguée, emportera la révocation du legs pour tout ce qui a été aliéné, encore que l'aliénation postérieure soit nulle, et que l'objet soit rentré dans la main du testateur.

Dans l'ancienne jurisprudence, un legs était censé révoqué toutes les fois que le testateur avait fait quelque chose, qui annonçait ensuite un changement de volonté; s'il avait détruit la chose léguée; s'il lui avait donné une forme nouvelle, qui en eût changé la substance, enfin, s'il l'avait aliénée. Dans ce dernier cas, on distinguait, si l'aliénation avait été nécessaire, par exemple, pour subvenir à ses besoins, ou si elle avait été volontaire; la révocation n'avait lieu que dans ce dernier cas.

Il n'était pas toujours facile de s'assurer des motifs de l'aliénation; et c'est pour prévenir toute difficulté à cet égard, que le présent article décide que le legs sera toujours censé révoqué, quels que puissent avoir été les motifs de l'aliénation.

On la regarde comme un indice assuré du changement de volonté, de manière que quand elle serait nulle, ou que la chose aliénée viendrait à rentrer dans les mains du testateur, le legs n'en serait pas moins anéanti.

ARTICLE CCCXXVIII.

Toute disposition testamentaire sera caduque, si celui en faveur de qui elle est faite n'a pas survécu au testateur.

Cet article est la conséquence du CXLVI[e] ci-dessus, portant que pour être capable de recevoir par testament, il faut être au moins conçu à l'époque du décès du testateur, c'est-à-dire, qu'il faut exister à cette époque. Ainsi, qu'on soit décédé, ou qu'on ne soit pas

même conçu, on n'est pas compté au nombre des vivans, on ne peut donc être ni héritier, ni légataire.

ARTICLE CCCXXIX.

Toute disposition testamentaire faite sous
une condition dépendant d'un événement
incertain, et telle que, dans l'intention du
testateur, cette disposition ne doive être
exécutée, qu'autant que l'événement arrivera ou n'arrivera pas, sera caduque, si
l'héritier institué, ou le légataire décède
avant l'accomplissement de la condition.

Lorsque l'institution, ou le legs, est conditionnel,
il ne peut avoir d'effet jusqu'à l'événement de la condition; tout est en suspens jusqu'alors. L'héritier ou le légataire n'ont aucun droit, ou à la succession, ou au
legs, et s'ils viennent à décéder avant l'accomplissement
de la condition, ils ne peuvent transmettre à leurs
héritiers des droits qui ne leur étaient pas encore acquis.

ARTICLE CCCXXX.

La condition qui, dans l'intention du
testateur ne fait que suspendre l'exécution
de la disposition, n'empêchera pas l'héritier institué, ou le légataire, d'avoir un
droit acquis et transmissible à ses héritiers.

Lorsque la condition n'est que suspensive, c'est-à-
dire, que le droit de l'héritier, ou du légataire est acquis, mais que l'exercice n'en est suspendu, ou différé

que pendant un temps limité, alors il est transmissible à ses héritiers.

ARTICLE CCCXXXI.

Le legs sera caduc si la chose léguée a totalement péri pendant la vie du testateur.

Il en sera de même si elle a péri depuis sa mort, sans le fait et la faute de l'héritier, quoique celui-ci ait été mis en retard de la délivrer, lorsqu'elle eût également dû périr entre les mains du légataire.

Nous avons vu plus haut que le legs devenait nul, lorsque le testateur avait manifesté l'intention de le révoquer en aliénant la chose léguée. Ici on décide que le legs devient caduc, si la chose léguée a péri avant la mort du testateur, ou même après son décès, avant qu'elle fût délivrée au légataire.

L'héritier n'en est pas responsable dans ce dernier cas, lorsqu'il n'y a pas eu de sa faute, et quand même il aurait été mis en demeure pour la délivrer ; mais il faudrait alors que la cause qui a fait périr la chose eût opéré, quand même elle aurait été entre les mains du légataire.

ARTICLE CCCXXXII.

La disposition testamentaire sera caduque, lorsque l'héritier institué ou le légataire la répudiera, ou se trouvera incapable de la recueillir.

Cet article n'a pas besoin d'explication, il est bien évident qu'un legs universel ou particulier n'aura point d'effet, si celui à qui on le fait est incapable de le recueillir ou ne le veut accepter.

L'incapacité ou le refus d'accepter rend la disposition comme n'ayant jamais existé.

Article CCCXXXIII.

Il y aura lieu à accroissement au profit des légataires, dans le cas où le legs sera fait à plusieurs conjointement.

Le legs sera réputé fait conjointement, lorsqu'il le sera par une seule et même disposition, et que le testateur n'aura pas assigné la part de chacun des colégataires dans la chose léguée.

Il est question ici du droit d'accroissement qui a lieu en matière de legs, quand le testateur a joint ensemble plusieurs légataires. Il est beaucoup parlé de cela dans les livres du droit romain aux Institutes, et au digeste, *titul. de legat.*

Quand le testateur a légué une chose à plusieurs par une seule et même disposition, sans assigner la portion de chacun des colégataires, le legs est censé fait conjointement, et à défaut d'un des légataires, ou sur son refus d'accepter, sa portion accroît aux autres.

Article CCCXXXIV.

Il sera encore réputé fait conjointement, quand une chose qui n'est pas susceptible d'être divisée sans détérioration, aura été donnée par le même acte à plusieurs personnes, même séparément.

Quand une chose, qui n'est pas susceptible d'être divisée sans détérioration, a été donnée par le même legs à plusieurs personnes, même séparément, le legs est censé encore fait conjointement, et l'accroissement a aussi lieu entre les légataires.

Mais si la chose était susceptible de parties, et qu'elle eût été léguée par une disposition, ou un acte séparé, alors le droit d'accroissement n'a pas lieu. En cas de refus ou d'incapacité du légataire, sa portion reste à l'héritier, et ne passe pas aux colégataires.

ARTICLE CCCXXXV.

Les mêmes causes qui, suivant l'article CCXLIV et les deux premières dispositions de l'article CCXLV du présent titre, autoriseront la demande en révocation de la donation entre-vifs, seront admises pour la demande en révocation des dispositions testamentaires.

La première partie de cet article renvoie à l'article CCXLIV ci-dessus, qui dit que la donation est révocable pour cause d'inexécution des conditions; d'où il suit que si l'héritier ou le légataire manquent d'accomplir les conditions qui leur sont imposées, ils peuvent être privés des libéralités qui leur ont été faites; mais, dans ce cas, il faut qu'ils aient été préalablement mis en demeure d'exécuter.

La seconde partie prononce encore la révocation des dons faits par des actes de dernière volonté, si le légataire a attenté à la vie du testateur; s'il s'est rendu coupable envers lui de sévices, délits ou injures graves, comme cela a lieu pour les donations entre-vifs.

14

La loi du 29 germinal, art. XVII, prononçait déjà l'indignité pour le premier cas, celui des attentats à la vie du bienfaiteur; ce qui comprend encore les délits dont il est parlé dans la seconde partie de l'art. CCXLV.

Quant aux sévices ou injures graves, cela doit s'interpréter par l'article XVII dont nous parlons, où il est question d'une accusation capitale, jugée calomnieuse, portée contre le défunt, de son vivant. Les motifs de la loi du 29 germinal disent qu'on n'a pas voulu porter plus loin les causes d'indignité : si on donnait plus d'extension à l'art. CCXLV de celle du 13 floréal, il y aurait contradiction entre elles.

ARTICLE CCCXXXVI.

Si cette demande est fondée sur une injure grave faite à la mémoire du testateur, elle doit être intentée dans l'année, à compter du jour du délit.

Quelque raisonnable que paraisse l'interprétation que nous avons donnée de l'article précédent, elle semble démentie par celui-ci, où il est question d'une injure grave faite à la mémoire du défunt; c'est donc autre chose qu'une accusation capitale, mais calomnieuse, intentée contre lui; on n'accuse personne après sa mort.

Quoi qu'il en soit, il faut que l'action en révocation soit intentée dans l'année, à compter du jour du délit; mais l'époque d'une injure, qui est par elle-même un mot très-vague, ne peut être facilement déterminée. Est-ce une injure verbale, ou bien écrite ? etc.

CHAPITRE V.

Des Dispositions permises en faveur des petits Enfans du Donateur ou Testateur, ou des Enfans de ses Frères et Sœurs.

ARTICLE CCCXXXVII.

Les biens dont les pères et mères ont la faculté de disposer pourront être par eux donnés, en tout ou en partie, à un ou plusieurs de leurs enfans, par actes entre-vifs ou testamentaires, avec la charge de rendre ces biens aux enfans nés et à naître, au premier degré seulement, desdits donataires.

Nous avons déjà parlé des dispositions que ce chapitre contient, dans nos observations préliminaires. Nous avons fait remarquer que, quoique les dispositions dont il y est question ne portent pas le nom de fidéicommis ni de substitution, et que, suivant les motifs, on n'ait pas même voulu le leur donner ; cependant elles y ressemblent beaucoup : les règles en sont, à peu de choses près, les mêmes.

Dans les motifs de la loi, on expose fort longuement ceux qui ont donné lieu d'établir ces dispositions. On n'a plus voulu de l'exhérédation du droit romain ; elle s'étendait la plupart du temps aux enfans de l'exhérédé : on ne veut pas punir l'innocent pour le coupable. Il avait d'abord été proposé de réduire à l'usufruit de sa portion héréditaire, celui qu'on aurait jugé avoir mérité ce châtiment, et d'en réserver la propriété pour ses enfans. Cette disposition, qu'on appelle *officieuse* dans le projet du Code Civil, n'a point été aussi adoptée. On s'est borné à permettre au père de ne laisser à ses enfans que l'usufruit de sa portion disponible, et de les obliger d'en conserver la propriété à leurs propres enfans. Mais cela ne remplace ni l'exhérédation, ni la disposition officieuse; bien loin que ce soit une peine pour les enfans qui ont démérité, c'est, en quelque sorte, une faveur, puisque ces enfans auront la jouissance de la portion disponible, que le père avait le pouvoir de transporter même à des étrangers.

Quoi qu'il en soit, il est permis aux pères et mères de donner leur portion disponible, en tout ou en partie, à un ou plusieurs de leurs enfans, par actes entre-vifs ou testamentaires, avec la charge de rendre ces mêmes biens aux enfans nés et à naître, au premier degré seulement des donataires.

Les substitutions fidéicommissaires n'étaient autre chose qu'une disposition par laquelle un donateur ou un testateur, après avoir institué un héritier, ou donné quelque chose à un légataire, le chargeait de rendre la succession ou legs, à une autre personne.

La différence la plus remarquable qu'il y ait entre les substitutions anciennes et les nouvelles, c'est qu'en certains pays, les premières pouvaient s'étendre à l'infini; qu'en France elles étaient réduites à trois degrés; tandis que l'autre est bornée à un seul degré; de manière qu'une fois que celui à qui on doit rendre a recueilli, il ne peut plus être tenu de rendre à personne.

La disposition dont il est ici question, doit être faite

dans la forme des donations ou des testamens. Celui qui aura d'abord donné ses biens sans la charge de restitution, pourra l'imposer par une nouvelle libéralité, comme nous le verrons plus bas.

ARTICLE CCCXXXVIII.

Sera valable, en cas de mort sans enfans, la disposition que le défunt aura faite par acte entre-vifs ou testamentaire, au profit d'un ou plusieurs de ses frères ou sœurs, de tout ou partie des biens qui ne sont point réservés par la loi dans sa succession, avec la charge de rendre ces biens aux enfans nés et à naître, au premier degré seulement, desdits frères ou sœurs donataires.

La même faculté qui est donnée dans l'article précédent aux pères et mères, est accordée dans celui-ci aux oncles, aux tantes, en faveur des enfans à naître de leurs frères ou sœurs donataires ; mais, dans ce cas, la substitution peut être de tous les biens du testateur ou du donateur, puisqu'elle ne leur est permise qu'à défaut d'enfans ; de manière que s'ils n'avaient pas des ascendans, ils pourraient disposer de cette manière de la totalité de leur fortune.

ARTICLE CCCXXXIX.

Les dispositions permises par les deux articles précédens ne seront valables qu'autant que la charge de restitution sera au profit de tous les enfans nés et à naître du grevé , sans exception ni préférence d'âge ou de sexe.

C'est encore ici une différence qu'on établit entre cette nouvelle manière de disposer , et les anciennes substitutions qui avaient presque toujours des objets de préférence , et qui étaient principalement établies en faveur des mâles, et même des aînés.

Mais aujourd'hui, lorsque la charge de rendre est imposée, ce doit être en faveur de toute la postérité de l'enfant ainsi grevé, sans aucune préférence , à raison de l'âge et du sexe, et non seulement au profit des enfans nés lors de la disposition, mais encore de tous ceux à naître.

ARTICLE CCCXL.

Si , dans les cas ci-dessus , le grevé de restitution au profit de ses enfans, meurt laissant des enfans au premier degré, et des descendans d'un enfant prédécédé , ces derniers recueilleront, par représentation, la portion de l'enfant prédécédé.

Dans la distribution que l'on fait des biens laissés à charge de rendre , la représentation a lieu. Ainsi, si le grevé venait à mourir laissant des enfans au premier degré, et des descendans d'un enfant prédécédé, ceux-ci viendront en représentation de leur père et mère. Cette représentation a lieu, comme dans les succesions directes , à quelque degré que ces descendans se trouvent , sauf le partage entre eux de la portion qui leur serait obvenue.

ARTICLE CCCXLI.

Si l'enfant, le frère ou la sœur auxquels des biens auraient été donnés par acte entre-vifs, sans charge de restitution, acceptent une nouvelle libéralité faite par acte entre-vifs ou testamentaire, sous la condition que les biens précédemment donnés demeureront grevés de cette charge, il ne leur est plus permis de diviser les deux dispositions faites à leur profit, et de renoncer à la seconde pour s'en tenir à la première, quand même ils offriraient de rendre les biens compris dans la seconde disposition.

C'était la règle ancienne; quand quelqu'un avait fait une donation à un autre, il ne pouvait plus, par un acte postérieur, charger de substitution les biens qu'il avait donnés, à moins qu'il n'y ajoutât une nouvelle libéralité. L'acceptation que le donataire en faisait, l'obligeait de rendre même les biens qu'il avait d'abord reçus librement.

Aujourd'hui, il n'est plus permis, une fois l'acceptation faite, de diviser les deux dispositions, de renoncer à la seconde, et de s'en tenir à la première, pour recouvrer le droit d'en disposer librement.

ARTICLE CCCXLII.

Les droits des appelés seront ouverts à l'époque où, par quelque cause que ce soit, la jouissance de l'enfant du frère ou de la sœur grevés de restitution, cessera : l'abandon anticipé de la jouissance au profit des appelés ne pourra préjudicier aux créanciers du grevé, antérieurs à l'abandon.

L'ouverture des droits des appelés, aura lieu à l'époque où, par quelque cause que ce soit, ou par mort naturelle, ou civile, ou par la renonciation du grevé, sa jouissance cessera.

Dans le cas de l'absence, le substituée doit être envoyé en possession. Le grevé peut anticiper la restitution qu'il est obligé de faire ; s'il n'a la jouissance que pour un temps, il peut devancer l'époque où il doit rendre ; si ce n'est qu'à sa mort, il a la liberté de rendre dès son vivant ; mais cette restitution anticipée ne peut jamais nuire aux créanciers du grevé, ni à ceux qui auraient acquis de lui des biens grevés de restitution ; quoique cette aliénation soit nulle, les acquéreurs ne pourront être évincés qu'après que le temps où la restitution doit se faire sera arrivé : ce sont les dispositions de l'ordonnance de 1747 concernant les substitutions, art. XLII, XLIII, que la loi a conservées.

Article CCCXLIII.

Les femmes des grevés ne pourront avoir, sur les biens à rendre, de recours subsidiaires, en cas d'insuffisance des biens libres, que pour le capital des deniers dotaux, et dans le cas seulement où le testateur l'aurait expressément ordonné.

C'était une des questions les plus difficiles de l'ancienne jurisprudence, que de savoir quel était le recours que la femme qui ne trouvait pas des biens libres dans la succession de son mari, était autorisée à exercer sur les biens substitués. La jurisprudence variait extrêmement là-dessus; l'ordonnance des substitutions l'avait fixée dans les pays où elle était reçue. Aujourd'hui, la femme ne peut avoir de recours sur les biens à rendre, que pour le capital des deniers dotaux, et dans le cas seulement où le testateur l'aurait expressément ordonné.

Cette restriction, au capital des biens dotaux, semble surabondante, du moment qu'on exige une disposition expresse du testateur; car il pourrait bien la donner aussi, non seulement pour le capital des deniers dotaux, mais encore pour les intérêts, et même pour les libéralités, qui auraient été faites à la femme. Une pareille disposition n'aurait rien d'illicite. La loi ne le défend pas; on ne peut du moins conjecturer qu'indirectement cette défense, d'après cet article; les motifs semblent la supposer.

ARTICLE CCCXLIV.

Celui qui fera les dispositions autorisées par les articles précédens pourra, par le même acte, ou par un acte postérieur, en forme authentique, nommer un tuteur chargé de l'exécution de ces dispositions; ce tuteur ne pourra être dispensé que pour une des causes exprimées à la VIe section du chap. II du titre *de la Minorité et des Tutelles*.

C'est ici une institution toute nouvelle. Quelque nombreuses et quelque étendues que fussent les substitutions dans l'ancienne jurisprudence, on n'avait pas imaginé de les mettre en tutelle ; on laissait à chacun le soin de veiller à ses intérêts, et tant pis pour ceux qui n'y apportaient pas la vigilance nécessaire.

On craint que l'exécution des actes qui obligent le père de rendre à ses enfans une partie des biens qu'il a reçus ne soit troublée ; on veut prévenir les différens qui peuvent s'élever entre ces enfans à ce sujet ; mais l'intervention d'un tiers sera-t-elle bien efficace pour cela ? Trouvera-t-on toujours quelqu'un d'assez officieux, d'assez ami de l'intérêt d'autrui, pour donner son temps et pour se porter dans une pareille affaire avec ce zèle et cette attention, qu'il ne mettra pas la plupart du temps dans ses propres affaires ? Cette idée honore l'intention du législateur, mais elle n'est pas conforme à la nature de l'espèce humaine. Combien il est rare de trouver un bon tuteur pour des orphelins, qui inspirent d'eux-mêmes tant d'intérêts ! Sera-t-on plus heureux pour des biens à rendre ? N'était-ce pas assez pour les citoyens que la charge des tutelles ordinaires, sans en créer encore de nouvelles ?

Le donateur ou le testateur pourra créer ce tuteur par l'acte entre-vifs ou de dernière volonté, qui contiendra ses dispositions, ou par un acte authentique postérieur. Le tuteur nommé ne pourra s'exempter de la charge qui lui sera confiée, que pour une des causes pour lesquelles on peut s'exempter des autres tutelles.

Observons encore que le droit romain avait consacré le mot de tuteur, pour désigner celui à qui le soin de la personne d'un pupille était spécialement confié. On appelait curateur celui qui était chargé uniquement du soin des biens.

ARTICLE CCCXLV.

A défaut de ce tuteur, il en sera nommé un à la diligence du grevé, ou de son tuteur s'il est mineur, dans le délai d'un mois, à compter du jour du décès du donateur ou testateur, ou du jour que, depuis cette mort, l'acte contenant la disposition aura été connu.

On voit ici que la loi prend toutes les précautions pour que les biens à rendre ne manquent pas de tuteurs. Si le donateur ou le testateur n'en a point nommé, le grevé est obligé de requérir cette nomination. Dans le mois du jour du décès du donateur ou du testateur, ou du jour où la disposition lui aura été connue, depuis ce décès.

Il semble que cette précaution aurait dû être bornée au cas où les appelés sont mineurs; car, s'ils sont majeurs, ils peuvent bien veiller eux-mêmes à la conservation de leurs droits.

ARTICLE CCCXLVI.

Le grevé qui n'aura pas satisfait à l'article précédent sera déchu du bénéfice de la disposition ; et, dans ce cas, le droit pourra être déclaré ouvert au profit des appelés, à la diligence, soit des appelés s'ils sont majeurs, soit de leur tuteur ou curateur s'ils sont mineurs ou interdits, soit de tout parent des appelés majeurs, mineurs ou interdits, ou même d'office, à la diligence du commissaire du Gouvernement près le tribunal de première instance du lieu où la succession est ouverte.

Si le grevé manque de provoquer cette nomination, il sera déchu du bénéfice de la disposition ; et, dans ce cas, le droit pourra être déclaré ouvert en faveur des appelés, soit à leur requête, soit même à celle du ministère public. On voit encore ici un effet du système de faire intervenir le ministère public dans des causes de pur intérêt privé.

Les expressions de l'article semblent indiquer, par le mot *pourra*, que la substitution ne sera pas ouverte de droit, qu'il faudra un jugement pour déclarer le grevé déchu, et qu'en attendant il pourra se mettre à couvert des suites de cette action, en remplissant même après le délai la formalité qu'il avait d'abord négligée.

ARTICLE CCCXLVII.

Après le décès de celui qui aura disposé à la charge de restitution, il sera procédé, dans les formes ordinaires, à l'inventaire de tous les biens et effets qui composeront sa succession, excepté néanmoins le cas où il ne s'agirait que d'un legs particulier: cet inventaire contiendra la prisée à juste prix des meubles et effets mobiliers.

Le grevé est tenu de faire un inventaire de tous les biens compris dans la disposition. Cet inventaire doit contenir la prisée à juste prix des meubles et effets mobiliers.

S'il ne s'agissait que d'un legs d'une chose particulière, l'inventaire serait inutile.

ARTICLE CCCXLVIII.

Il sera fait à la requête du grevé de restitution, et dans le délai fixé au titre des
Successions, en présence du tuteur nommé
pour l'exécution : les frais seront pris sur
les biens compris dans la disposition.

L'inventaire doit être fait à la requête du grevé de
restitution, et en présence du tuteur. Il aurait été bien
plus juste d'y faire assister celui à qui les biens doivent
être rendus, s'il est majeur et maître de ses biens. Il
a sans doute le droit d'y paraître, et même de le demander, quoique la loi n'en dise rien. Il serait autrement fort extraordinaire qu'on fît les affaires d'un autre
sans qu'il pût y intervenir.

ARTICLE CCCXLIX.

Si l'inventaire n'a pas été fait à la requête du grevé, dans le délai ci-dessus,
il y sera procédé dans le mois suivant, à
la diligence du tuteur nommé pour l'exécution, en présence du grevé ou de son
tuteur.

C'est toujours le tuteur et le grevé qui agissent, sans
le concours de celui qui est le plus intéressé à ce que
les choses se fassent en règle.

ARTICLE CCCL.

S'il n'a point été satisfait aux deux articles précédens, il sera procédé au même inventaire, à la diligence des personnes désignées en l'article CCCXLVI, en y appelant le grevé ou son tuteur, et le tuteur nommé pour l'exécution.

Ce n'est qu'au cas où l'inventaire n'aurait point été fait dans les deux mois, que les appelés ou leurs tuteurs, ou le ministère public, peuvent le requérir.

ARTICLE CCCLI.

Le grevé de restitution sera tenu de faire procéder à la vente, par affiches et enchères, de tous les meubles et effets compris dans la disposition , à l'exception néanmoins de ceux dont il est mention dans les deux articles suivans.

ARTICLE CCCLII.

Les meubles meublans, et autres choses mobilières, qui auraient été compris dans la disposition, à la condition expresse de les conserver en nature, seront rendus dans l'état où ils se trouveront lors de la restitution.

ARTICLE CCCLIII.

Les bestiaux et ustensiles servant à faire

valoir les terres seront censés compris dans les donations entre-vifs ou testamentaires desdites terres ; et le grevé sera seulement tenu de les faire priser et estimer, pour en rendre une égale valeur lors de la restitution.

ARTICLE CCCLIV.

Il sera fait par le grevé, dans le délai de six mois, à compter du jour de la clôture de l'inventaire, un emploi des deniers comptans, de ceux provenant du prix des meubles et effets qui auront été vendus, et de ce qui aura été reçu des effets actifs.

Ce délai pourra être prolongé, s'il y a lieu.

ARTICLE CCCLV.

Le grevé sera pareillement tenu de faire emploi des deniers provenant des effets actifs qui seront recouvrés, et des remboursemens de rentes, et ce dans trois mois au plus tard après qu'il aura reçu ces deniers.

ARTICLE CCCLVI.

Cet emploi sera fait conformément à ce qui aura été ordonné par l'auteur de la disposition, s'il a désigné la nature des effets dans lesquels l'emploi doit être fait ; sinon il ne pourra l'être qu'en immeubles, ou avec privilége sur des immeubles.

ARTICLE CCCLVII.

L'emploi ordonné par les articles précédens sera fait en présence et à la diligence
du tuteur nommé pour l'exécution.

Il n'y a pas d'observations à faire sur tous ces articles, sinon que c'est toujours le tiers qui doit agir,
et non les principaux intéressés.

ARTICLE CCCLVIII.

Les dispositions par actes entre-vifs ou
testamentaires, à charge de restitution,
seront, à la diligence, soit du grevé, soit
du tuteur nommé pour l'exécution, rendues
publiques ; savoir, quant aux immeubles:
par la transcription des actes sur les registres au bureau des hypothèques du lieu
de la situation ; et, quant aux sommes
colloquées avec privilége sur des immeubles, par l'inscription sur les biens affectés
au privilége.

Quand les biens d'une famille sont substitués en
totalité ou en partie, si la substitution demeurait ca-
chée, tous ceux qui contracteraient avec celui qui est
chargé de rendre, pourraient être trompés. C'est pour
cela que l'ordonnance de Moulins, art. LVII, voulait
que les substitutions, pour être valables, fussent pu-
bliées en jugement, audience tenant, et enregistrées au
greffe du tribunal, dans l'arrondissement duquel les

biens étaient situés. Ordonnance de 1747, titre 2, art. XVIII.

L'établissement du régime hypothécaire a rendu cette formalité inutile, comme celle de l'insinuation des donations; on a substitué à l'une et à l'autre, la transcription sur les registres du bureau des hypothèques, qui en remplit entièrement l'objet.

S'il s'agit d'un simple droit avec privilége sur des immeubles, il suffit de prendre une inscription pour leur sûreté sur les biens affectés au privilége.

ARTICLE CCCLIX.

Le défaut de transcription de l'acte, contenant la disposition, pourra être opposé par les créanciers et tiers acquéreurs, même aux mineurs ou interdits; sauf le recours contre le grevé et contre le tuteur à l'exécution, et sans que les mineurs ou interdits, puissent être restitués contre ce défaut de transcription, quand même le grevé et les tuteurs se trouveraient insolvables.

Toutes ces règles sont tirées de l'ancienne jurisprudence. Personne n'est relevé du défaut de transcription d'une disposition à charge de rendre, comme on ne l'est point du défaut de transcription d'une donation. Il y a, dans les deux cas, recours contre ceux qui étaient chargés, par la loi, de remplir cette formalité.

ARTICLE CCCLX.

Le défaut de transcription ne pourra être suppléé ni regardé comme couvert par la

15

connaissance que les créanciers ou les tiers acquéreurs pourraient avoir eue de la disposition par d'autres voies que celle de la transcription.

C'était encore une maxime de l'ancienne jurisprudence. Rien ne peut suppléer une formalité essentielle prescrite par la loi.

ARTICLE CCCLXI.

Les donataires, les légataires, ni même les héritiers légitimes de celui qui aura fait la disposition, ni pareillement leurs donataires, légataires ou héritiers, ne pourront, en aucun cas, opposer aux appelés le défaut de transcription ou inscription.

Il en est encore ici du défaut de transcription d'une disposition à charge de rendre, comme de celui de la transcription d'une donation : il ne peut être allégué par les personnes qui étaient chargées de faire remplir cette formalité, et qui pouvaient avoir intérêt à ce qu'elle ne le fût pas. D'ailleurs, ce moyen n'a été imaginé qu'en faveur des tiers acquéreurs ou créanciers, pour qu'ils ne pussent être trompés dans les contrats qu'ils feraient avec le grevé ; mais non pour celui-ci ou ses légataires et héritiers. Ceux-ci ne tiennent ce qu'ils ont reçu qu'à titre gratuit, ils n'ont donc pas de prétexte légitime pour alléguer le défaut de transcription ou d'inscription.

ARTICLE CCCLXII.

Le tuteur nommé pour l'exécution sera personnellement responsable, s'il ne s'est pas, en tout point, conformé aux règles ci-dessus établies pour constater les biens, pour la vente du mobilier, pour l'emploi des deniers, pour la transcription et l'inscription, et en général s'il n'a pas fait toutes les diligences nécessaires pour que la charge de restitution soit bien et fidellement acquittée.

Ce tuteur est plus rigoureusement traité que les tuteurs ordinaires, qui, ne pouvant presque rien faire sans l'autorisation des conseils de famille, sont par là à l'abri de toute responsabilité. Celle qu'on impose aux tuteurs des biens à rendre est immense. Il est douteux qu'on trouve des gens qui veuillent s'y exposer ; il est vrai qu'on les y oblige.

ARTICLE CCCLXIII.

Si le grevé est mineur, il ne pourra, dans le cas même de l'insolvabilité de son tuteur, être restitué contre l'inexécution des règles qui lui sont prescrites par les articles du présent chapitre.

Le sens de cet article n'est pas d'abord facile à saisir. Le tort le plus évident que peut éprouver le grevé mineur par la négligence de son tuteur à exécuter les règles prescrites dans ce chapitre, c'est d'être déchu, en conformité de l'article CCCXLVI, du bénéfice de la disposition. Une de ces règles porte la déchéance, faute d'avoir fait nommer un tuteur aux biens à rendre ; mais, en pareil cas, le tribunal, au lieu d'ordonner la déchéance, enjoindrait au tuteur de faire faire cette nomination, ou le ministère public pourrait la provoquer d'office.

Le défaut d'inventaire, d'emploi des fonds, des remboursemens ou du produit des ventes du mobilier, pourrait encore exposer le grevé ou ses héritiers à des recherches de la part des appelés ; mais son tuteur, devant toujours agir pour cela sous l'autorisation du conseil de famille, est rarement dans le cas d'être responsable.

Il y a une infinité de règles dans l'ancienne jurisprudence concernant l'administration du grevé, sur les retenues à faire sur les biens à vendre, sur la transmission des droits les concernant, et plusieurs autres dont la loi ne parle pas.

D'ailleurs, ici les appelés sont presque toujours les héritiers du grevé ; et si celui-ci avait dégradé les biens à rendre, ou les avait même aliénés, on ne pourrait rechercher les tiers acquéreurs qu'en répudiant la succession.

CHAPITRE VI.

Des Partages faits par Père, Mère ou autres Ascendans, entre leurs Descendans.

ARTICLE CCCLXIV.

Les père et mère, et autres ascendans, pourront faire, entre leurs enfans et descendans, la distribution et le partage de leurs biens.

Nous avons déjà remarqué souvent que la faculté de tester n'avait pas autrefois la même latitude dans les

diverses provinces de France ; très-étendue dans celles
régies par le droit romain, elle était très-resserrée et
quelquefois nulle dans celles qui suivaient la loi coutumière.

Car il y avait des coutumes qui non seulement ne
permettaient pas d'instituer des étrangers pour héritiers, mais encore qui prohibaient toute disposition en
faveur de qui que ce fût, et qui établissaient entre les
héritiers du sang une parfaite égalité.

C'est dans ces coutumes qu'avaient pris naissance les
actes de partage, dont il est parlé dans ce chapitre.
Quoique les pères ou les mères ne pussent avantager
aucun de leurs enfans au préjudice de l'autre, cependant
la loi leur laissait le droit de distribuer leurs biens entre
eux par un acte entre-vifs ou de dernière volonté. Quand
ce partage était fait d'une manière égale et équitable, il
prévenait les contestations qui pouvaient s'élever entre
les enfans pour le partage de la succession, et il leur
évitait les frais qu'un partage, judiciaire sur-tout, entraîne
inévitablement.

Ces partages n'étaient point connus dans les pays de
droit écrit, et même dans les pays coutumiers où les
pères et mères pouvaient disposer d'une partie de leurs
biens. Ils y auraient même été inutiles ; puisque les pères
et mères, pouvant disposer à leur gré d'une partie considérable de leurs biens, avaient les moyens d'en faire
entre leurs enfans la distribution qu'ils jugeaient la plus
équitable.

Cependant les testamens *inter liberos*, en pays de
droit écrit, étaient considérés comme des actes de partage, et leur étaient du moins assimilés.

Dans les coutumes où les partages avaient été admis,
on exigeait, pour leur validité, qu'on y suivît les formes d'une donation entre-vifs ou d'un acte de dernière

volonté. Quelques-unes même les soumettaient à des formalités plus sévères. La coutume de Bretagne, entre autres, ne les autorisait qu'entre les nobles, et elle voulait que les pères, en les faisant, eussent été assistés de quatre parens de l'enfant, deux du côté paternel et deux du côté maternel.

L'ordonnance 1735, qui ne toucha point aux lois qui réglaient la faculté de tester, maintint, article XVII, les actes de partage entre enfans et descendans, dans les pays où ils étaient en usage.

La loi du 13 floréal les a étendus dans toute la France.

ARTICLE CCCLXV.

Ces partages pourront être faits par actes entre-vifs et testamentaires, avec les mêmes formalités, conditions et règles prescrites pour les donations entre-vifs et testamens.

Les partages faits par actes entre-vifs ne pourront avoir pour objet que les biens présens.

Les partages devant être faits dans les formes prescrites pour les donations ou pour les testamens, ils s'assimilent nécessairement à l'un ou l'autre de ces deux actes; de sorte qu'on pourrait en conclure qu'ils ne font plus qu'une superfétation dans la législation, puisqu'il faut toujours qu'ils soient ou donation ou testament.

Cependant ils auront toujours l'avantage, en plusieurs cas, de prévenir les contestations que pourrait exciter entre les enfans le partage de la succession de leurs ascendans.

On doit remarquer ici que, quand le partage est fait entre-vifs, il ne peut, comme la donation, que comprendre les biens présens.

Il en serait autrement, s'il était fait dans une donation de biens présens et à venir en contrat de mariage. Il vaudrait même alors pour les biens à venir.

Cette dernière règle s'applique aux partages faits par testament, qui comprennent nécessairement tous les biens existans à l'époque de l'ouverture de la succession.

ARTICLE CCCLXVI.

Si tous les biens que l'ascendant laissera au jour de son décès n'ont pas été compris dans le partage, ceux de ces biens qui n'y auront pas été compris seront partagés conformément à la loi.

On fait alors un supplément de partage pour les biens omis par l'ascendant, ou pour ceux qu'il a acquis postérieurement au partage.

ARTICLE CCCLXVII.

Si le partage n'est pas fait entre tous les enfans qui existeront à l'époque du décès, et les descendans de ceux prédécédés, le partage sera nul pour le tout. Il en pourra être provoqué un nouveau dans la forme légale, soit par les enfans ou descendans qui n'y auront reçu aucune part, soit même par ceux entre qui le partage aurait été fait.

Une des règles fondamentales de ces partages, c'est qu'ils soient faits entre tous ceux qui ont droit à la succession. Si l'un d'eux avait été omis, le partage serait nul, non seulement à son égard, mais encore à l'égard de ceux entre qui le partage aurait été fait : tous pourraient en demander un nouveau.

Si un des enfans entre qui le partage aurait été fait venait à prédécéder sans enfans, le partage ne serait pas annullé par là ; sa portion accroîtrait à ses frères ou sœurs. S'ils laissaient des enfans, le partage serait encore valable ; ils prendraient la portion de leur père ou mère, par l'effet de la représentation.

ARTICLE CCCLXVIII.

Le partage fait par l'ascendant pourra être attaqué pour cause de lésion de plus du quart ; il pourra l'être aussi dans le cas où il résulterait du partage et des dispositions faites par préciput, que l'un des copartagés aurait un avantage plus grand que la loi ne le permet.

Les deux dispositions de cet article paraissent contradictoires. La première ne permet d'attaquer le partage qu'autant qu'il y aurait pour le plaignant une lésion de plus d'un quart. L'autre, au contraire, admet la rescision du partage toutes les fois que l'un des copartageans aurait un avantage plus grand que la loi ne le permet.

Or la loi exigeant l'égalité des partages, ses dispositions sont violées toutes les fois que la portion d'un des copartageans vaut mieux que celle de l'autre.

Mais nous avons déjà vu, en parlant des partages

ordinaires, qu'il est presque impossible de les faire parfaitement égaux, et que, quand toutes les formes y ont été observées, la loi n'admet la demande en rescision que lorsqu'il y a eu une lésion du tiers au quart.

Il a donc fallu laisser dans les partages faits par les ascendans, comme dans les autres, une certaine latitude pour la lésion. La loi l'a fixée au quart.

La seconde disposition de cet article ne peut donc la concerner. Elle n'entend parler que du cas où l'ascendant, en faisant son partage, aurait disposé de la quotité que la loi lui laisse, et aurait fait, en faveur d'un des copartageans, un avantage excédant les limites que la loi a mises à cette quotité.

ARTICLE CCCLXIX.

L'enfant qui, pour une des causes exprimées en l'article précédent, attaquera le partage fait par l'ascendant, devra faire l'avance des frais de l'estimation ; et il les supportera en définitif, ainsi que les dépens de la contestation, si la réclamation n'est pas fondée.

La présomption est toujours en faveur de l'équité du partage. Celui qui l'attaque est obligé d'avancer les frais de l'estimation qu'on est obligé de faire, pour savoir s'il y a ou non lésion dans le partage. Les frais restent à la charge du réclamant, si la demande est mal fondée ; ils sont, au contraire, à la charge de la succession, si ses plaintes sont justes.

Cette demande en rescision du partage ressemble beaucoup à celle en supplément de légitime, si connue autrefois, sur-tout dans les pays de droit écrit, et dont il est parlé dans l'ordonnance de 1735. Elle doit se régler à peu près par les mêmes maximes.

CHAPITRE VII.

Des Donations faites par Contrat de Mariage aux Epoux, et aux Enfans à naître du mariage.

ARTICLE CCCLXX.

Toute donation entre-vifs de biens présens, quoique faite par contrat de mariage aux époux, ou à l'un d'eux, sera soumise aux règles générales prescrites pour les donations faites à ce titre.

Elle ne pourra avoir lieu au profit des enfans à naître, si ce n'est dans les cas énoncés au chapitre V ci-dessus.

Le législateur revient ici à la matière des donations, qu'il avait interrompue pour s'occuper des actes de dernière volonté. Le fond de tout ce chapitre est tiré des articles XVII et XVIII de l'ordonnance de 1731, relative aux donations, qui n'avait elle-même qu'érigé en lois des maximes adoptées par les plus habiles juris-consultes français.

Cet article dit d'abord, que les donations entre-vifs de biens présens, quoique faites par contrat de mariage aux époux ou à l'un d'eux, sont soumises aux mêmes formalités que les donations ordinaires, et dont nous avons parlé plus haut. Ainsi il semble, d'après cela, qu'il faut qu'elles soient faites par acte public, qu'elles soient acceptées par les donataires, qu'elles soient transcrites au bureau des hypothèques, etc.

On ne peut donc plus les faire par des actes sous seing privé, comme cela se pratiquait autrefois en plusieurs lieux.

L'ordonnance de 1731 dispensait de la formalité de l'acceptation, et même de l'insinuation, les donations faites par des ascendans en contrat de mariage.

Ces donations ne peuvent avoir lieu au profit des enfans à naître, que dans les cas et les formes établies ci-dessus par l'art. CCCXXXVII et suiv.

Ainsi les donations de biens présens, faites en contrat de mariage, n'auraient donc, quant à la forme extérieure, pas plus de priviléges que celles faites hors du mariage.

L'article CCCLXXVI ci - après dit cependant que les donations faites en faveur du mariage ne seront pas soumises à la formalité de l'acceptation ; l'obligation de la transcription subsiste toujours.

ARTICLE CCCLXXI.

Les pères et mères, les autres ascendans, les parens collatéraux des époux, et même les étrangers, pourront, par contrat de mariage, donner tout ou partie des biens qu'ils laisseront au jour de leur décès, tant au profit desdits époux, qu'au profit des enfans à naître de leur mariage, dans le cas où le donateur survivrait à l'époux donataire.

Pareille donation, quoique faite au profit seulement des époux ou de l'un d'eux, sera toujours, dans ledit cas de survie du donateur, présumée faite au profit des enfans et descendans à naître du mariage.

C'est ici où l'on commence à parler des exceptions que la faveur du mariage a fait apporter à quelques-unes des règles auxquelles les donations sont assujetties, et dont nous avons parlé plus haut. Telles sont celles qu'une donation ne peut comprendre que les biens présens, c'est-à-dire, appartenant au donateur à l'époque de la donation ; que le donataire ne peut être soumis à payer des dettes d'une valeur supérieure à celles qui existent à l'époque de la donation ; que le donateur ne peut soumettre sa libéralité à des conditions potestatives, qui lui laisseraient la faculté de la révoquer. Tout cela souffre des exceptions en faveur du mariage. Il fut toujours dans l'esprit de la jurisprudence française de favoriser les mariages ; et c'est pour cela qu'elle s'est relâchée à leur égard, dans tous les temps, de la rigueur des règles établies pour les contrats ordinaires.

On permet d'abord ici aux ascendans, collatéraux, et même aux étrangers, de donner en contrat de mariage, aux époux ou à l'un d'eux, tout ou partie des biens qu'ils laisseront au jour de leur décès. Ces donations pourront être également faites au profit des enfans à naître du mariage qui en sera l'objet, dans le cas où le donateur survivrait à l'époux donataire.

Lors même qu'elles seront faites au profit seulement des époux ou de l'un d'eux, elles seront toujours, dans le cas de survie du donateur, présumées faites au profit des enfans et descendans à naître du mariage.

C'était l'ancienne maxime : pour que le droit de

retour pût avoir lieu en faveur du donateur, il fallait qu'il eût survécu non seulement au donataire, mais encore à toute sa postérité. Le donataire est toujours le le maître des biens ; les enfans, quoiqu'en empêchant le retour, n'y ont un droit assuré qu'autant que la disposition est faite conformément aux règles du chapitre V. *Voyez* la fin de l'article précédent, avec lequel celui-ci serait en contradiction, si on l'entendait autrement.

Il n'y a que les donations faites dans le contrat de mariage même qui jouissent des faveurs dont on vient de parler. Il n'en serait pas de même de celles faites hors du contrat, quoiqu'en considération du mariage. Ces maximes, nées en pays coutumier, avaient passé en pays de droit écrit. *Henrys, tom. 1, liv. V, quest.* 59.

La donation dont il est question ici est la même chose que l'institution contractuelle, si usitée autrefois en pays coutumier et même en pays de droit écrit, et par laquelle on instituait une personne héritière de tous ou d'une partie des biens qu'on laissait à son décès. Cette institution était irrévocable comme la donation : elle devait être insinuée, quand elle était faite par des collatéraux et des étrangers. L'instituant ne pouvait plus aliéner ses biens que jusqu'à concurrence d'une somme modique. On la confondait la plupart du temps avec la donation des biens présens et à venir, dont il n'aurait pas fallu peut-être la distinguer ici.

La seule différence que les jurisconsultes trouvaient entre l'institué contractuellement et le donataire des biens présens et à venir, c'est que le premier était un héritier proprement dit, qui devait acquitter toutes les charges de la succession, quand il l'avait acceptée purement et simplement ; tandis que l'autre jouissait du privilége accordé aux donataires, de ne pouvoir être tenu au-delà de la valeur de ce qu'il avait reçu.

Cette différence était sujette à contestation : il n'y en a donc pas de réelle entre les donations dont il est parlé dans cet article et les deux suivans, et les donations des biens présens et à venir, dont il sera question dans l'article CCCLXXIII.

Ici, seulement l'institué ou le donataire doit prendre les biens tels qu'ils se trouvent à l'époque de la mort du donateur, sans pouvoir s'en tenir, comme dans le cas ci-après, aux biens existans à l'époque de la donation, en acquittant les charges aussi existantes à cette époque.

Mais, si le donataire contractuel acceptait imprudemment la succession qui lui est dévolue, sans s'appercevoir que les dettes en absorbent le revenu, il jouirait alors du privilége du donataire, qui ne peut être tenu de payer au-delà de la valeur de ce qu'il a reçu, et sans même avoir recours au bénéfice d'inventaire.

ARTICLE CCCLXXII.

La donation, dans la forme portée au précédent article, sera irrévocable, en ce sens seulement que le donateur ne pourra plus disposer, à titre gratuit, des objets compris dans la donation, si ce n'est pour sommes modiques, à titre de récompense ou autrement.

C'était là les effets qu'avait autrefois l'institution contractuelle; elle était irrévocable en ce sens, que le donateur ne pouvait plus disposer, à titre gratuit, des objets compris dans l'institution. On lui laissoit seu-

lement le pouvoir de disposer, à titre de récompense
ou autrement, d'une somme modique, relativement à
la valeur de la succession : le donateur conserve ce
droit. On n'a pas voulu le priver de la douce faculté
de reconnaître les services qu'il aurait pu recevoir
postérieurement à la donation ou institution.

ARTICLE CCCLXXIII.

La donation par contrat de mariage
pourra être faite cumulativement des biens
présens et à venir, en tout ou en partie ;
à la charge qu'il sera annexé à l'acte un
état de dettes et charges du donateur, existantes au jour de la donation : auquel cas
il sera libre au donataire, lors du décès du
donateur, de s'en tenir aux biens présens,
en renonçant au surplus des biens du donateur.

Il est question ici de la donation des biens présens
et à venir, qui est aujourd'hui à peu près la même chose
que celle dont il est parlé dans les trois articles précédens. La donation des biens présens, déclarée nulle
en toute autre circonstance, est permise en contrat de
mariage ; mais la loi exige qu'on y annexe un état estimatif des dettes et charges du donateur existantes à
l'époque de la donation.

Au moyen de cette précaution, le donataire a la liberté, lors du décès du donateur, de s'en tenir aux
biens présens, en acquittant les dettes existantes à
l'époque de la donation, et en renonçant au surplus
des biens du donateur. On obvie par là à l'abus du droit
qu'aurait le donateur de contracter, postérieurement à

la donation, des dettes capables d'absorber la totalité de ses biens. On sauve au moins les biens présens, à la charge d'acquitter les dettes existantes à l'époque où ils ont été donnés.

Il y a cependant une difficulté qui n'a pas même été résolue dans l'ancienne jurisprudence. Si, dans l'état annexé à la donation, on avait, par oubli ou autrement, omis d'insérer une dette résultante d'une obligation sous seing privé, le donataire n'en serait-il pas tenu? La négligence ou la mauvaise foi du donateur pourrait-elle nuire au créancier ? Mais, d'un autre côté, n'ouvrirait-on pas la porte à l'abus qu'on a voulu prévenir ? Le donateur n'aurait-il pas le moyen d'augmenter ses dettes à volonté par des antidates ?

La précaution d'annexer l'état des dettes aux donations des biens présens et à venir ne doit-elle pas avoir lieu également dans les institutions dont il est parlé dans l'article CCCLXXI? Ces actes étant exactement les mêmes, ne doivent-ils pas être soumis aux mêmes règles? ou bien doit-on conclure de là que les institués par les actes dont il est parlé dans l'article CCCLXXI doivent suivre les règles des successions testamentaires, où l'héritier doit prendre ou laisser la succession en l'état où elle se trouve ? On ne peut pas en douter d'après ce que nous avons dit précédemment ; et cela résulte encore d'une manière évidente des dispositions de l'article suivant.

A R T I C L E **CCCLXXIV.**

Si l'état dont est mention au précédent article n'a point été annexé à l'acte contenant donation des biens présens et à venir, le donataire sera obligé d'accepter ou de répudier cette donation pour le tout. En cas d'acceptation, il ne pourra réclamer que les biens qui se trouveront existans au jour du décès du donateur, et il sera soumis au paiement de toutes les dettes et charges de la succession.

Lorsqu'on a négligé d'annexer à la donation des biens présens et à venir l'état des dettes mentionnées dans l'article précédent, cette donation se résout alors en simple institution contractuelle. Le donataire n'a plus le droit de demander la division des biens. Il faut qu'il accepte ou qu'il répudie. S'il prend le premier parti, il est soumis au paiement de toutes les dettes et charges de la succession ; ce qui doit s'entendre en tant qu'elles n'excéderaient pas la valeur des biens reçus, comme nous l'avons déjà observé.

ARTICLE CCCLXXV.

La donation par contrat de mariage en faveur des époux et des enfans à naître de leur mariage pourra encore être faite, à condition de payer indistinctement toutes les dettes et charges de la succession du donateur, ou sous d'autres conditions dont l'exécution dépendrait de sa volonté, par quelque personne que la donation soit faite : le donataire sera tenu d'accomplir ces conditions, s'il n'aime mieux renoncer à la donation ; et en cas que le donateur, par contrat de mariage, se soit réservé la liberté de disposer d'un effet compris dans la donation de ses biens présens, ou d'une somme fixe à prendre sur ces mêmes biens, l'effet ou la somme, s'il meurt sans en avoir disposé, seront censés compris dans la donation, et appartiendront au donataire ou à ses héritiers.

Toutes les clauses mentionnées dans cet article, qui sont prohibées dans les donations ordinaires, sont permises dans celles en faveur du mariage. Avant l'ordonnance de 1731, dont ceci est tiré, on doutait si un donataire pouvait renoncer à une donation qui lui devenait onéreuse, parce qu'une donation étant un acte synallagmatique, c'est-à-dire, obligatoire de part et d'autre, il paraissait illicite que le donataire pût se dégager ainsi, à son gré, des obligations qu'il avait contractées. Mais, outre que l'ordonnance avait décidé la difficulté, elle ne peut se rencontrer dans les donations des biens présens et à venir, qui tiennent plus des actes de dernière volonté que des actes entre-vifs.

ARTICLE CCCLXXVI.

Les donations faites par contrat de mariage ne pourront être attaquées, ni déclarées nulles, sous prétexte de défaut d'acceptation.

L'ordonnance de 1731 avait accordé ce privilége aux donations en faveur du mariage. Cette disposition s'applique spécialement à celles mentionnées en l'article CCCLXX ; car les autres sont, comme nous avons dit, plutôt des actes de dernière volonté que des actes entre-vifs. L'acceptation ne peut donc y être nécessaire.

ARTICLE CCCLXXVII.

Toute donation faite en faveur du mariage sera caduque, si le mariage ne s'ensuit pas.

La cause cessant, l'effet doit cesser aussi.

ARTICLE CCCLXXVIII.

Les donations faites à l'un des époux, dans les termes des articles CCCLXXI, CCCLXXIII et CCCLXXV ci-dessus, deviendront caduques, si le donateur survit à l'époux donataire et à sa postérité.

Le droit de retour, ou plutôt la caducité de la donation est établie ici en faveur du donateur, en cas qu'il survive non seulement au donataire, mais à toute sa postérité, comme nous l'avons déjà dit sur l'article CCCLXXI. Cela ne concerne pas les donations des biens présens dont il est parlé dans l'article CCCLXX. Le droit de retour n'y aurait lieu que par une stipulation expresse, suivant l'article CCXLI ci-dessus.

Le donateur pourrait également, par une stipulation particulière, s'assurer ce retour dans les autres donations, en cas du prédécès du donataire seul.

On a cru que ce serait un grand moyen d'encourager les donations par contrat de mariage que d'établir ce droit de retour en faveur du donateur.

Il faut se rappeler encore que les donations en contrat de mariage ne sont pas révocables pour cause d'ingratitude, article CCXLIX ci-dessus; ce qui décide qu'elles pourraient l'être pour les autres causes, dont il est parlé dans les art. CCXLIII et suiv., et dans les art. CCL et suiv.

ARTICLE CCCLXXIX.

Toutes donations faites aux époux par leur contrat de mariage seront, lors de l'ouverture de la succession du donateur, réductibles à la portion dont la loi lui permettait de disposer.

Les donations faites en contrat de mariage ne peuvent cependant excéder la quotité disponible fixée par la loi. On n'a pas cru devoir étendre jusque là la faveur du mariage. C'aurait été d'autant plus mal à propos, que n'y ayant aujourd'hui de réserve qu'en ligne directe, les donations, dans le cas du présent article, ne peuvent être faites que par des personnes ayant des descendans ou des ascendans, à qui ils doivent laisser une partie de leurs biens.

CHAPITRE VIII.

Des Dispositions entre Epoux, soit par Contrat de Mariage, soit pendant le Mariage.

ARTICLE CCCLXXX.

Les époux pourront, par contrat de mariage, se faire réciproquement, ou l'un des deux à l'autre, telle donation qu'ils jugeront à propos, sous les modifications ci-après exprimées.

Nos ancêtres avaient d'autres principes que les nôtres sur les conventions matrimoniales : ils tenaient qu'il ne

pouvait y avoir de mariage sans dot ; mais cette dot
était bien différente de la nôtre, qui est apportée par
la femme ; au lieu que c'était le mari qui la dotoit.
Capitul. Carol. Magn. lib. 7, *capit.* 79. Cet usage
remonte encore bien plus haut que Charlemagne. Il en
est fait mention dans Tacite *de morib. german.*

La dot que le mari donnait à la femme prit le nom
de douaire ; et ce douaire se maintint encore lors même
que la coutume s'introduisit de faire apporter une dot
par la femme à son mari. Le douaire de la femme était
fixé par la plupart des coutumes ; dans d'autres, il
n'avait lieu qu'autant qu'il avait été stipulé par le contrat de mariage. (Coutum. de Paris, art. CCXLVII.)
C'était un usage bien juste et bien moral. Le douaire
était inaliénable ; de la femme il passait aux enfans,
et il était, pour l'une comme pour les autres, une ressource au milieu des accidens qui pouvaient ruiner ou
anéantir la fortune du mari.

Il n'y avait pas de douaire en pays de droit écrit,
mais un augment qui en était à peu près l'équivalent.
Il était quelquefois réglé par la loi ; le plus souvent il
n'avait lieu que quand il était stipulé. Comme le douaire,
il passait aux enfans, après la mort de la mère.

La loi du 17 nivose rejeta cette prévoyance de
nos anciennes lois. Elle permit bien les avantages entre
époux, mais seulement autant qu'ils seraient volon-
taires, et l'effet d'une stipulation expresse, ou bien
d'une disposition de dernière volonté.

Elle ne donna plus aucune garantie contre les pré-
ventions injustes d'un époux envers l'autre, ou contre
les accidens qui les empêcheraient de réaliser leurs
bonnes intentions réciproques. Elle priva une veuve ou
ses enfans de la ressource qu'ils pouvaient trouver dans
le douaire ou l'augment, que la loi mettait aupara-

vant à l'abri des revers auxquels le mari était exposé.

La loi du 13 floréal a suivi en cela l'exemple de celle du 17 nivose : elle n'admet d'autres avantages entre époux que ceux qu'ils pourront stipuler par contrat de mariage, ou se faire par acte de dernière volonté.

Au reste, la loi distingue les donations ou les libéralités faites dans le contrat de mariage même de celles faites pendant le mariage, ou par acte de dernière volonté. Elle s'occupe d'abord des premières.

ARTICLE CCCLXXXI.

Toute donation entre-vifs de biens présens, faite entre époux par contrat de mariage, ne sera point censée faite sous la condition de survie du donataire, si cette condition n'est formellement exprimée ; et elle sera soumise à toutes les règles et formes ci-dessus prescrites pour ces sortes de donations.

Les donations entre-vifs des biens présens, faites entre époux par contrat de mariage, sont soumises aux mêmes formalités que les autres donations de ce genre. Elles doivent être faites par acte public, transcrites, etc. ; elles sont néanmoins exemptes de la formalité de l'acceptation, comme il est porté dans l'article CCCLXXVI ci-dessus. Elles ne sont point censées faites sous la condition de survie du donataire, si cette condition n'y est formellement exprimée ; de manière qu'elle ne peut être révoquée par le donateur, et qu'elle passe aux enfans ou aux autres héritiers du donataire, en cas de prédécès de celui-ci. Voyez *Lacombe, vol. Donation, sect. 4, distinct. 1, n° 15, 16, et distinct. 2, n° 6.*

ARTICLE CCCLXXXII.

La donation de biens à venir, ou de biens présens et à venir, faite entre époux par contrat de mariage, soit simple, soit réciproque, sera soumise aux règles établies par le chapitre précédent, à l'égard des donations pareilles qui leur seront faites par un tiers ; sauf qu'elle ne sera point transmissible aux enfans issus du mariage, en cas de décès de l'époux donataire avant l'époux donateur.

Si, au lieu de faire une donation de biens présens, les époux faisaient une donation de biens présens et à venir, cette disposition serait sujette aux mêmes règles que si elle était faite par les pères et mères, ou par un étranger, et dont nous avons parlé sur l'article CCCLXXIII ci-dessus. Il n'y aura entre elles que cette différence, que les donations faites entre époux ne seront point transmissibles, comme les autres, aux enfans issus du mariage, en cas de décès de l'époux donataire avant l'époux donateur.

ARTICLE CCCLXXXIII.

L'époux pourra, soit par contrat de mariage, soit pendant le mariage, pour le cas où il ne laisserait point d'enfans ni de descendans , disposer en faveur de l'autre époux, en propriété , de tout ce dont il pourrait disposer en faveur d'un étranger, et, en outre, de l'usufruit de la totalité de la portion dont la loi prohibe la disposition au préjudice des héritiers.

Et pour le cas où l'époux donateur laisserait des enfans ou descendans, il pourra donner à l'autre époux, ou un quart en propriété, et un autre quart en usufruit, ou la moitié de tous ses biens en usufruit, seulement.

La loi distingue ici le cas où les époux ne laisseraient ni enfans, ni descendans, et celui où ils en laisseraient.

Dans le premier, ils peuvent se donner, soit par contrat de mariage ou pendant le mariage, tout ce qu'ils pourraient donner à un étranger, et en outre l'usufruit de la totalité de la portion dont la loi défend de disposer au préjudice des héritiers directs.

Cette disposition de la loi n'est ni humaine, ni équitable, car elle s'applique à la portion que la loi réserve en faveur des pères et mères de l'époux prédécédé. En lui permettant de donner même l'usufruit de cette portion à son conjoint, c'est priver presque toujours les ascendans de la jouissance de la réserve faite en leur faveur, puisque l'époux survivant étant naturellement plus jeune qu'eux, ils n'ont pas d'espoir de voir cesser l'usufruit qui lui a été donné.

Si au contraire il y a des enfans, les donations entre époux ne pourront comprendre que le quart des biens en propriété, et l'autre quart en usufruit, ou la moitié de tous les biens en usufruit seulement.

Là loi, en permettant aux époux de se faire des avantages, a entendu sans doute y comprendre la quotité disponible, dont il est question dans l'art. CCIII ci-dessus, de manière que les époux s'étant avantagés de la manière établie dans le présent article, leur droit est consommé, et ils ne peuvent faire une nouvelle disposition de la quotité fixée dans l'article CCIII, et quand ils ont disposé de cette quotité, ils ne peuvent y ajouter que le surplus dont les avantages mentionnés dans cet article peuvent excéder.

S'il en était autrement, un enfant unique pourrait être privé pendant la vie de son père ou de sa mère, même de toute jouissance dans la succession de l'un ou de l'autre. En effet, celui qui ne laisse qu'un enfant légitime a le droit de disposer de la moitié de ses biens; si, outre cela, il avait la faculté de disposer encore, en faveur de son conjoint, d'un quart en propriété, et d'un autre quart en usufruit, ou de l'usufruit de la moitié restante, il s'ensuivrait que l'enfant serait privé d'un quart en propriété de la portion que la loi lui adjuge, et de toute jouissance pendant la vie du conjoint survivant.

ARTICLE CCCLXXXIV.

Le mineur ne pourra, par contrat de mariage, donner à l'autre époux, soit par donation simple, soit par donation réciproque, qu'avec le consentement et l'assistance de ceux dont le consentement est requis pour la validité de son mariage; et, avec ce consentement, il pourra donner tout ce que la loi permet à l'époux majeur de donner à l'autre conjoint.

Le mineur qui se mariait était autrefois censé majeur, d'après l'opinion d'un grand nombre de jurisconsultes, pour toutes les obligations qu'il contractait à raison de son mariage ; étant capable du contrat principal il devait l'être du contrat accessoire. Aujourd'hui il ne peut plus faire aucun avantage à son conjoint, soit par donation simple, soit par donation réciproque, qu'avec l'approbation et l'assistance de ceux, dont le consentement est requis pour la validité de son mariage.

Il y a une question à faire à ce sujet. Le mineur n'est censé majeur, relativement au mariage, qu'à vingt-cinq ans ; jusqu'alors il a besoin du consentement de ses pères et mères pour pouvoir se marier. Son incapacité pour donner s'étend-elle aussi jusqu'à cette majorité prolongée ? On ne le pense pas. La loi ne l'a pas dit, et l'on ne doit pas donner à ses dispositions une extension qu'elle n'avoue pas.

Le présent article parle de l'époux mineur ; et le mot mineur, dans le langage ordinaire, ne signifie que celui qui n'a pas encore vingt-un ans accomplis.

.ARTICLE CCCLXXXV.

Toutes donations faites entre époux, pendant le mariage, quoique qualifiées entre-vifs, seront toujours révocables.

La révocation pourra être faite par la femme, sans y être autorisée par le mari ni par justice.

Ces donations ne seront point révoquées par la survenance d'enfans.

Les lois romaines prohibèrent long-temps les donations entre époux pendant la durée du mariage. On craignait, disait-on, qu'ils ne se dépouillassent mutuellement par une tendresse ou une générosité inconsidérées. On ne voulait point encore que leur concorde fût vénale, et que le plus vertueux fût exposé à être la dupe du plus hypocrite. *Leg.* 1, 2, 3. *ff. de donat. inter. vir. et uxor.*

Il y a apparence que le vrai motif de cette prohibition se tirait de ce que la femme étant en la puissance de son mari, il ne pouvait y avoir d'obligation entre eux.

Cette défense fut modifiée sous les empereurs. On permit les donations entre époux, sous la condition qu'elles seraient toujours révocables pendant leur vie, et ne pourraient être confirmées que par la mort du donateur. *Leg.* 9, 10, 11. *ff. de donat. int. vir. et uxor.* Elles étaient ainsi assimilées aux actes de dernière volonté.

Cette règle fut adoptée dans les pays de droit écrit, et même dans les pays coutumiers, où on l'observait encore avec plus de sévérité.

L'article que nous examinons la consacre de nouveau.

La femme, pour révoquer sa donation, n'a pas besoin de l'autorisation de son mari ; comme cette autorisation n'est pas requise pour faire un testament, (art. CCXX de la loi du 26 ventose, relative au mariage.)

La survenance d'enfans ne révoque point ces donations ; elle les réduit seulement à la portion, dont la loi permet de disposer entre époux. (Art. CCCLXXXIII.)

ARTICLE CCCLXXXVI.

Les époux ne pourront, pendant le mariage, se faire, ni par acte entre-vifs, ni par testament, aucune donation mutuelle et réciproque, par un seul et même acte.

On défend ici les donations mutuelles par un même acte; comme on a prohibé ci-dessus, les testamens faits de la même manière. Voyez ce que nous avons dit, art. CCLVIII.

La parité est d'autant plus exacte, que les donations entre époux, faites durant le mariage, ne sont que des actes de dernière volonté.

ARTICLE CCCLXXXVII.

L'homme ou la femme qui, ayant des enfans d'un autre lit, contractera un second ou subséquent mariage, ne pourra donner à son nouvel époux qu'une part d'enfant légitime le moins prenant, et sans que, dans aucun cas, ces donations puissent excéder le quart des biens.

Les Romains avaient une grande prévention contre les secondes noces : elles étaient presque au rang des unions prohibées. Pendant long-temps, néanmoins on n'avait pas prononcé des peines contre les époux, qui, étant devenus libres, contractaient des engagemens nouveaux. Ces peines furent d'abord établies contre les femmes. Théodose le Grand obligea celles qui se remariaient, ayant des enfans d'un premier lit, de leur réserver tout ce qu'elles auraient acquis de la libéralité de celui qui en était le père, *Leg. 3. cod. de se-cund. nupt.*

Une autre loi soumit les hommes qui se remariaient à la même règle. *Leg. 5, ibid.*

Les empereurs, Léon et Anthémius, défendirent aux hommes comme aux femmes, qui passaient à de nouveaux nœuds, de donner plus à leur seconde femme, ou à leur second mari, qu'au moins prenant de leurs enfans. *Leg. 6, cod. de secund. nupt.*

Ces lois étaient exactement observées dans les pays régis par le droit romain. Elles furent inconnues en pays coutumier, jusqu'à l'édit de 1560, appelé des secondes noces, qui fut l'ouvrage du chancelier de Lhôpital, et dans lequel on copia les lois de Léon et d'Anthémius. Cet édit, qui fut reçu avec un applaudissement général, ne s'appliquait qu'aux femmes; le parlement, en l'enregistrant, l'étendit aux hommes. *Thuan. histor. lib. 26.*

Les réformateurs de la coutume de Paris y insérèrent les dispositions de l'édit des secondes noces, article CCLXIX. Il fut scrupuleusement observé jusqu'à la révolution; il a été plutôt oublié que révoqué. Le présent article en rappelle seulement la première partie, qui défend à l'époux qui se remarie de donner à son conjoint une portion excédant celle de l'enfant moins prenant du premier lit.

On dit, dans les motifs, qu'on n'a pas cru devoir porter les précautions plus loin.

Entend-on par là que la partie de l'édit qui obligeait les époux qui se remariaient de réserver aux enfans d'un premier mariage, les libéralités qu'ils en avaient eues, soit abrogée? C'était pourtant celle que, suivant l'historien de Thou, la moralité de nos ancêtres avait le plus applaudie. *Voyez* encore le Préambule de l'Edit de 1560.

ARTICLE CCCLXXXVIII.

Les époux ne pourront se donner indirectement au-delà de ce qui leur est permis par les dispositions ci-dessus.

Toute donation, ou déguisée, ou faite à personnes interposées, sera nulle.

Non seulement on défend de violer la loi par des dispositions directement contraires à ce qu'elle contient; mais encore de l'éluder, en faisant des libéralités déguisées, ou à des personnes interposées.

ARTICLE CCCLXXXIX.

Seront réputées faites à personnes interposées, les donations de l'un des époux aux enfans, ou à l'un des enfans de l'autre époux issus d'un autre mariage, et celles faites par le donateur aux parens dont l'autre époux sera héritier présomptif au jour de la donation, encore que ce dernier n'ait point survécu à son parent donataire.

La loi désigne ici ce qu'elle entend par personnes interposées : elle ajoute que pour opérer la nullité en ce cas, il n'est pas nécessaire que l'époux, à qui elle présume que la donation est faite en la personne d'un de ses parens, lui ait survécu. Quoique le prédécès de cet époux semble faire évanouir le soupçon, ou du moins, l'effet de la fraude, les héritiers du donateur sont toujours en droit de réclamer la chose donnée.

Il est également parlé des personnes interposées dans l'article CCI ci-dessus; nous renvoyons à ce que nous y avons dit à ce sujet.

EXPOSÉ DES MOTIFS DE LA LOI

Du 13 floréal an 11,

SUR LES DONATIONS ENTRE-VIFS ET LES TESTAMENS,

Formant le titre II du livre III du Code Civil;

Présenté dans la Séance du Corps Législatif, du 2 floréal an 11, par le Conseiller-d'Etat Bigot-Préameneu.

Citoyens Législateurs,

Le titre du Code Civil qui a pour objet les donations entre-vifs et les testamens, rappelle tout ce qui peut intéresser l'homme le plus vivement, tout ce qui peut captiver ses affections. Vous allez prononcer sur son droit de propriété, sur les bornes de son indépendance dans l'exercice de ce droit ; vous allez poser la principale base de l'autorité des pères et mères sur leurs enfans, et fixer les rapports de fortune qui doivent unir entr'eux tous les autres parens ; vous allez régler quelle est, dans les actes de bienfaisance et dans les témoignages d'amitié et de reconnaissance, la liberté compatible avec les devoirs de famille.

Il est difficile de convaincre celui qui est habitué à se regarder comme maître absolu de sa fortune, qu'il n'est pas dépouillé d'une partie de son droit de propriété lorsqu'on veut l'assujettir à des règles, soit sur la quantité des biens dont il entend disposer, soit sur les personnes qui sont l'objet de son affection, soit sur les formes avec lesquelles il manifeste sa volonté.

Ce sentiment d'indépendance dans l'exercice du droit de propriété acquiert une nouvelle force à mesure que l'homme avance dans sa carrière.

Lorsque la nature et la loi l'ont établi le chef et le magistrat de sa famille, il ne peut exercer ses droits et ses

devoirs, s'il n'a pas les moyens de récompenser les uns,
de punir les autres, d'encourager ceux qui se portent au
bien, de donner des consolations à ceux qui éprouvent les
disgraces de la nature ou les revers de la fortune : ces moyens
sont principalement dans le meilleur emploi de son patrimoine, et dans la distribution que sa justice et sa sagesse
lui indiquent.

Celui qui a perdu les auteurs de ses jours, et qui n'a pas
le bonheur d'être père, croit encore avoir droit à une plus
grande indépendance dans ses dispositions : il n'a de penchant à suivre que celui de ses affections ou de la reconnaissance. Si ses parens ont rompu ou n'ont point entretenu
les liens qui les ont unis, il ne croit avoir à remplir envers
eux aucun devoir.

C'est sur-tout lorsque l'homme voit approcher le terme
de sa vie, qu'il s'occupe le plus du sort de ceux qui doivent
après sa mort le représenter. C'est alors qu'il prévoit
l'époque où il ne pourra plus, en tenant une balance juste,
rendre heureux tous les membres de sa famille, et où les
bons parens envers lesquels il avait réellement des devoirs
à remplir, ne se distingueront plus de ceux qui n'aspiraient
qu'à la possession de ses biens.

C'est dans le temps où la parque fatale commence à être
menaçante, que l'homme cherche sa consolation, et le moyen
de se résigner avec moins de peine à la mort, en faisant à
son gré la disposition de sa fortune.

Quelques jurisconsultes opposent à ces idées d'indépendance dans l'exercice du droit de propriété, que celui qui
dispose pour le temps où il n'existera plus n'exerce point
un droit naturel ; qu'il n'y a de propriété que dans la
possession qui finit avec la vie; que la transmission des biens
après la mort du possesseur appartient à la loi civile, dont
l'objet est de prévenir le désordre auquel la société serait
exposée, si ses biens étaient alors la proie du premier occupant, ou s'il fallait les partager entre tous les membres de la
société comme une chose devenue commune à tous.

Ces jurisconsultes prétendent que l'ordre primitif et fondamental de la transmission des biens après la mort est
celui des successions *ab intestat*, et que si l'homme a quelque pouvoir de disposer pour le temps où il n'existera plus,
c'est un bienfait de la loi ; c'est une portion de son pouvoir qu'elle lui cède, en posant les bornes qu'il ne peut
excéder, et les formes auxquelles il est assujetti; que la

transmission successive des propriétés n'aurait pu être aban-
donnée à la volonté de l'homme, volonté qui n'eût pas
toujours été manifestée, qui souvent est le jouet des passions, qui trop variable n'eût point suffi pour établir l'ordre
général que le maintien de la société exige, et que la loi
seule peut calculer sur des règles équitables et fixes.

Ce système est combattu par d'autres publicistes, qui le
regardent comme pouvant ébranler les fondemens de l'ordre
social, en altérant les principes sur le droit de propriété.
Ils pensent que ce droit consiste essentiellement dans l'u-
sage que chacun peut faire de ce qui lui appartient ; que
si sa disposition ne doit avoir lieu qu'après sa mort, elle
n'en est pas moins faite pendant sa vie, et qu'en lui con-
testant la liberté de disposer, c'est réduire sa propriété à
un simple usufruit.

Au milieu de ces discussions, il est un guide que l'on peut
suivre avec sûreté ; c'est la voix que la nature a fait entendre à tous les peuples, et qui a dicté presque toutes les
législations.

Les liens du sang, qui unissent et qui constituent les familles, sont formés par les sentimens d'affection que la
nature a mis dans le cœur des parens les uns pour les
autres. L'énergie de ces sentimens augmente en raison de
la proximité de parenté, et elle est portée au plus haut degré
entre les pères et mères et leurs enfans.

Il n'est aucun législateur sage qui n'ait considéré ces différens degrés d'affection comme lui présentant le meilleur ordre
pour la transmission des biens.

Ainsi la loi civile, pour être parfaite à cet égard, n'a
rien à créer, et les législateurs ne s'en sont écartés que
quand ils ont sacrifié à l'intérêt de leur puissance le plus
grand avantage et la meilleure organisation des familles.

Lorsque la loi ne doit suivre que les mouvemens même
de la nature, lorsque, pour la transmission des biens,
c'est le cœur de chaque membre de la famille qu'elle doit
consulter, on pourrait regarder comme indifférent que la
transmission des biens se fît par la volonté de l'homme, ou
que ce fût par l'autorité de la loi.

Il est cependant, en partant de ces premières idées, un
avantage certain à laisser agir jusqu'à un certain degré la
volonté de l'homme.

La loi ne saurait avoir pour objet que l'ordre général des
familles. Ses regards ne peuvent se fixer sur chacune d'elles,

ni pénétrer dans son intérieur pour calculer les ressources, la conduite, les besoins de chacun de ses membres, et pour régler ce qui conviendrait le mieux à sa prospérité.

Ce sont des moyens de conservation que le père de famille peut seul avoir. Sa volonté sera donc mieux adaptée aux besoins et aux avantages particuliers de sa famille.

L'avantage que la loi peut retirer en laissant agir la volonté de l'homme, est trop précieux pour qu'elle le néglige, et dès-lors elle n'a plus à prévoir que les inconvéniens qui pourraient résulter de ce qu'on aurait entièrement livré le sort des familles à cette volonté.

Elle peut n'avoir pas été manifestée, soit par négligence, soit par l'incertitude du dernier moment ; elle peut aussi être dégradée par des passions injustes : mais soit que le chef de famille n'ait pas rempli sa mission, soit qu'il ait violé les devoirs et les sentimens naturels, la loi ne devra se mettre à sa place que pour réparer ses omissions ou ses torts.

Si la volonté n'a pas été manifestée, la loi n'a point à établir une règle nouvelle : elle se conforme, dans l'ordre des successions, à ce que font les parens lorsqu'ils suivent les degrés naturels de leur affection. Si ce n'est pas la volonté déclarée de celui qui est mort, c'est sa volonté présumée qui exerce son empire.

Lorsqu'elle est démentie par la raison, lorsqu'au lieu de l'exercice du plus beau droit de la nature, c'est un outrage qui lui est fait ; lorsqu'au lieu du sentiment qui porte à conserver, c'est un sentiment de destruction et de désorganisation qui a dicté cette volonté, la loi ne fait encore que la dégager des passions nuisibles, pour lui conserver ce qu'elle a de raisonnable. Elle n'anéantit point les libéralités excessives ; elle ne fait que les réduire. La volonté reste entière dans tout ce qu'elle a de compatible avec l'ordre public.

Ainsi les propriétaires les plus jaloux de leur indépendance n'ont rien à regretter : ils ne peuvent la regarder comme altérée par la loi civile, soit que cette loi supplée à leur volonté non manifestée, en établissant l'ordre des successions, soit que par des règles sur les donations et les testamens, elle contienne cette volonté dans des bornes raisonnables.

Que la faculté de disposer de ses biens soit un bienfait de la loi, ou que ce soit l'exercice du droit de propriété, rien n'est plus indifférent, pourvu que la loi ne soit pas contraire aux principes qui viennent d'être exposés: S'il en était autrement, si le législateur, dirigé par des vues politiques, avait rejeté le plan tracé par la nature pour la transmission des biens ; si la faculté de disposer était resserrée dans des limites trop étroites, il serait dérisoire de soutenir que cette faculté, ainsi réduite, fût encore un bienfait, et que sous l'empire d'une pareille loi il y eût un libre exercice du droit de propriété.

Mais heureusement le système dans lequel la faculté de disposer a toute l'étendue que comportent les sentimens et les devoirs de famille, est celui qui s'adapte le mieux à toutes les formes de gouvernemens, à moins qu'ils ne soient absolument despotiques.

En effet, lorsque les familles auront un intérêt politique à ce que la distribution des biens reçoive des modifications, d'une part cet intérêt entrera dans les calculs du père de famille, et de l'autre son ambition ou sa vanité seront contenues par les devoirs que la loi ne lui permettra pas de transgresser. La loi qui donnerait à l'ambition la facilité de sacrifier ces devoirs, serait destructive des familles, et sous aucun rapport elle ne pourrait être bonne.

Il faut encore observer que la loi civile, qui s'écarte le moins de la loi naturelle, par cela même qu'elle est susceptible de se plier aux différentes formes de gouvernemens, est aussi celle qui peut le mieux fixer le droit de propriété, et le préserver d'être ébranlé par les révolutions.

Lorsque la faculté de disposer, renfermée dans de justes bornes, présente de si grands avantages, il n'est point surprenant qu'elle se trouve consacrée dans presque toutes les législations.

Les plus anciens monumens de l'histoire fournissent les preuves de l'usage des testamens, sans que l'on puisse y découvrir l'époque où cet usage a commencé.

Il eut lieu chez les Egyptiens.

On le retrouve dans les villes de Lacédémone, d'Athènes, et dans toutes les contrées de la Grèce.

Lorsqu'environ trois cents ans après la fondation de Rome, ses députés revinrent d'Athènes avec le recueil de lois qu'ils adoptèrent, celle qui concerne les testamens est exprimée en ces termes : *Paterfamilias, uti legassit super familiâ, pecuniâque suâ ità jus esto.*

Ainsi les Romains, pénétrés alors plus que jamais du

sentiment de la liberté publique, ne lui trouvèrent pas de fondement plus solide, qu'en donnant au père de famille une autorité absolue. Ils craignirent sans-doute que la loi ne s'égarât plutôt que l'affection des pères, et cette grande mesure fut une des bases de leur gouvernement.

Les testamens étaient connus dans les Gaules avant que le droit romain y fût introduit. Marculfe, dans son Recueil de formules, nous a conservé celles qu'on employait pour transmettre ainsi ses biens.

La faculté de disposer, soit par donation, soit par testament, fait partie de la législation de tous les peuples de l'Europe.

Chez les uns, et c'est, comme on l'a déjà observé, le plus grand nombre, les législateurs ont pris pour base de tout leur système la présomption des différens degrés d'affection des parens entr'eux, et leur confiance dans cette affection les a déterminés à laisser aux parens eux-mêmes toute la liberté qui est compatible avec les devoirs que la nature ne permet pas de transgresser.

D'autres législateurs ont aussi établi l'ordre de succéder sur les présomptions d'affection, suivant les degrés de parenté ; mais, par une sorte de contradiction, n'ayant aucune confiance dans les parens, ils ont mis des bornes étroites à la faculté de disposer envers leurs parens. Cette volonté a même été, dans quelques pays, entièrement enchaînée.

D'autres enfin se sont écartés de ces principes ; ils ont cru qu'ils pouvaient mettre au nombre des ressorts de leur autorité le mode de transmission et de répartition des biens. Ils ne se sont pas bornés à donner une impulsion à la volonté de l'homme ; ils l'ont rendue presque nulle, en ne lui confiant qu'une petite partie de biens.

On n'a point hésité, dans la loi qui vous est proposée, à donner la préférence au système fondé sur les degrés d'affection entre parens, et sur la confiance à laquelle cette affection leur donne droit.

Après avoir posé ce principe fondamental sur la transmission des biens, il a fallu en déduire les conséquences.

Déjà celles qui sont relatives aux biens des personnes qui meurent sans en avoir disposé, vous ont été présentées dans le titre *des successions*.

Il reste à régler ce qui concerne les donations entre-vifs et les testamens.

Il faut d'abord établir les principes généraux : fixer ensuite la quotité des biens dont on pourra disposer , et enfin prescrire des formes suffisantes pour constater la volonté de celui qui dispose, et pour en assurer l'exécution. Tel est le plan général et simple de cette importante loi.

Parmi les règles communes à tous les genres de dispositions, et que l'on a placées en tête de la loi, la plus importante est celle qui confirme l'abolition des substitutions fidéicommissaires.

Cette manière de disposer, dont on trouve les premières traces dans la législation romaine, n'entra point dans son système primitif de transmission des biens. Le père de famille put, avec une entière indépendance, distribuer sa fortune entre ceux qui existaient pour la recueillir. Ils n'eurent point l'autorité de créer à leur gré un ordre de successions, et d'enlever ainsi la prérogative de ceux qui dans chaque génération devaient aussi être investis de la même magistrature.

L'esprit de fraude introduisit les substitutions : l'ambition se saisit de ce moyen et l'a perpétué.

On avait réussi à éluder la loi pour avantager les personnes incapables de recevoir ; on essaya le même moyen pour opérer une transmission successive au profit même de ceux qui ne seraient point sous le coup des lois exclusives.

Ce ne fut que sous Auguste, dans le huitième siècle depuis la fondation de Rome, que les fidéicommis au profit des personnes capables furent autorisés par les lois.

En France on comptait dix coutumes qui formaient environ le cinquième de son territoire, où la liberté de substituer avait été défendue ou au moins resserrée dans des bornes très-étroites.

Dans le reste de la France les substitutions furent d'abord admises d'une manière aussi indéfinie que chez les Romains, qui n'avaient point mis de bornes à leur durée.

Il était impossible de concilier avec l'intérêt général de la société cette faculté d'établir un ordre de succession perpétuel et particulier à chaque famille, et même un ordre particulier à chaque propriété qui était l'objet des substitutions. L'ordonnance d'Orléans de 1560 régla que celles qui seraient faites à l'avenir ne pourraient excéder deux degrés ; mais ce remède n'a point fait cesser les maux qu'entraîne cette manière de disposer.

L'expérience a prouvé que , dans les familles opulentes,

cette institution n'ayant pour but que d'enrichir l'un de ses membres en dépouillant les autres, était un germe toujours renaissant de discorde et de procès. Les parens nombreux qui étaient sacrifiés et que le besoin pressait, n'avaient de ressource que dans les contestations qu'ils élevaient, soit sur l'interprétation de la volonté, soit sur la composition du patrimoine, soit sur la part qu'ils pouvaient distraire des biens substitués, soit enfin sur l'omission ou l'irrégularité des formes exigées.

Chaque grevé de substitution n'étant qu'un simple usufruitier, avait un intérêt contraire à celui de toute amélioration ; ses efforts tendaient à multiplier et à anticiper les produits qu'il pourrait retirer des biens substitués, au préjudice de ceux qui seraient appelés après lui, et qui chercheraient à leur tour une indemnité dans de nouvelles dégradations.

Une très-grande masse de propriétés se trouvait perpétuellement hors du commerce ; les lois qui avaient borné les substitutions à deux degrés n'avaient point paré à cet inconvénient ; celui qui, aux dépens de sa famille entière, avait joui de toutes les prérogatives attachées à un nom distingué et à un grand parimoine, ne manquait pas de renouveler la même disposition, et si, par le droit, chacune d'elles était limitée à un certain temps, elles devenaient par le fait de leur renouvellement des substitutions perpétuelles.

Ceux qui déjà étaient chargés des dépouilles de leurs familles avaient la mauvaise foi d'abuser des substitutions pour dépouiller aussi leurs créanciers ; une grande dépense faisait présumer de grandes richesses ; le créancier qui n'était pas à portée de vérifier les titres de propriété de son débiteur, ou qui négligeait de faire cette perquisition, était victime de sa confiance, et dans les familles auxquelles les substitutions conservaient les plus grandes masses de fortune, chaque génération était le plus souvent marquée par une honteuse faillite.

Les substitutions ne conservaient des biens dans une famille qu'en sacrifiant tous ses membres pour réserver à un seul l'éclat de la fortune ; une pareille répartition ne pouvait être établie qu'en étouffant tous les sentimens de cette affection qui est la première base d'une juste transmission des biens entre les parens ; il ne saurait y avoir un plus grand vice dans l'organisation d'une famille, que celui de tenir dans le néant tous ses membres pour donner à un seul une grande existence ; de réduire ceux que la nature a faits égaux à implorer les secours et la bienfaisance du possesseur d'un patrimoine qui devrait être commun ; et rarement l'opulence, sur-tout lorsque son origine n'est pas pure, inspire des sentimens de bienfaisance et d'équité.

Enfin, si les substitutions peuvent être mises au nombre des institutions politiques, on y supplée d'une manière suffisante et propre à prévenir les abus, en donnant pour disposer toute la liberté compatible avec les devoirs de famille.

Ce sont tous ces motifs qui ont déterminé à confirmer l'abolition des substitutions, déjà prononcée par la loi d'octobre 1792.

Les règles sur la capacité de donner ou de recevoir par donations entre-vifs ou par testament, font la matière du premier chapitre.

Il résulte des principes déjà exposés sur le droit de propriété, que toute personne peut donner ou recevoir de l'une et de l'autre manière, à moins que la loi ne l'en déclare incapable.

La volonté de celui qui dispose doit être certaine.

Cette volonté ne peut même pas exister, s'il n'est pas sain d'esprit.

Il a suffi d'énoncer ainsi ce principe général, afin de laisser aux juges la plus grande liberté dans son application.

Celui qui dispose de sa fortune doit aussi être parvenu à l'âge où il peut avoir la réflexion et les connaissances propres à le diriger.

La loi ne peut, à cet égard, être établie que sur des présomptions.

Il fallait choisir entre celle qui résulte de l'émancipation et celle que l'on peut induire d'un nombre fixe d'années.

Plusieurs motifs s'opposaient à ce qu'on prît pour règle l'émancipation.

Les père et mère peuvent émanciper leur enfant lorsqu'il a quinze ans révolus. On leur a donné ce droit en comptant que leur affection continuerait à guider l'enfant qui n'aurait pas encore, dans un âge aussi tendre, les connaissances suffisantes pour diriger sa conduite ; c'est aussi par ce motif que le mineur qui a perdu ses père et mère, ne peut être émancipé avant dix-huit ans.

Cependant la faculté de disposer doit être exercée par

un acte de volonté propre et indépendante des père et
mère ou des tuteurs. La volonté ne pouvait pas être présumée raisonnable à l'égard de certains mineurs à quinze
ans, à l'égard des autres à dix-huit seulement.

Cette volonté n'eût pas été indépendante, si les mineurs
n'avaient pu l'exercer que dans le cas où ils auraient été
émancipés, soit par leurs pères ou mères, soit à la demande de leurs parens. La crainte que le mineur ne fît
des dispositions contraires à leurs intérêts eût pu quelquefois être un obstacle à l'émancipation.

D'ailleurs, dans l'état actuel de la civilisation, un mineur a reçu avant l'âge de seize ans une instruction suffisante pour être attaché à ses devoirs envers ses parens. La
volonté du mineur parvenu à la seizième année peut avoir
acquis une maturité suffisante pour qu'il soit à cet égard
le maître, non de la totalité de sa fortune, mais seulement de la moitié des biens dont la loi permet au majeur
de disposer.

Cependant on a fait une distinction juste entre les donations entre-vifs et celles par testament. La présomption
que la disposition faite par le mineur pour le temps où il
n'existerait plus serait raisonnable, ne pouvait s'appliquer
aux donations entre-vifs, par lesquelles le mineur se dé-
pouillerait irrévocablement de sa propriété. Cela serait contraire au principe suivant lequel il ne peut faire, même à
titre onéreux, l'aliénation de la moindre partie de ses
biens. Dans les donations entre-vifs, la loi présume que
le mineur serait la victime de ses passions. Dans les dispositions testamentaires, l'approche ou la perspective de
la mort ne lui permettra plus de s'occuper que des devoirs
de famille ou de reconnaissance.

Il ne suffit pas que la volonté soit certaine, il faut encore qu'elle n'ait pas été contrainte ou extorquée par l'empire qu'aurait eu sur l'esprit du donateur celui au profit
duquel est la disposition.

Cet empire est tel de la part d'un tuteur sur son mineur, et
les abus seraient à cet égard si multipliés, qu'il a été nécessaire
d'interdire au mineur émancipé la faculté de disposer, même
par testament, au profit de son tuteur.

On n'a pas voulu que les tuteurs pussent concevoir l'es-
pérance qu'au moyen des dispositions qu'ils obtiendraient
de leurs mineurs parvenus à la majorité, ils pourraient se
dispenser du compte définitif de tutelle. Tous les droits de

la minorité continuent même au profit du majeur contre celui qui a été son tuteur, jusqu'à ce que les comptes soient rendus et apurés ; et l'expérience a prouvé qu'il était nécessaire d'interdire au mineur devenu majeur la faculté de renoncer à ce compte. Cette règle serait facilement éludée, si les donations entre-vifs ou testamentaires acquittaient le tuteur et rendaient ses comptes inutiles.

On a seulement excepté les pères et mères, ou autres ascendans ; et quoiqu'ils soient tuteurs, la piété filiale doit se présumer plutôt que la violence ou l'autorité.

La loi regarde encore comme ayant trop d'empire sur l'esprit de celui qui dispose et qui est atteint de la maladie dont il meurt, les médecins, les chirurgiens, les officiers de santé ou les pharmaciens qui le traitent. On n'a point cependant voulu que ce malade fût privé de la satisfaction de leur donner quelques témoignages de reconnaissance, eu égard à sa fortune et aux services qui lui auraient été rendus.

Il eût aussi été injuste d'interdire les dispositions, celles même qui seraient universelles, faites dans ce cas par un malade au profit de ceux qui le traiteraient et qui seraient ses parens. S'il y avait des héritiers en ligne directe, du nombre desquels ils ne seraient pas, la présomption, qui est la cause de leur incapacité, reprendrait toute sa force.

Ce serait en vain que la loi aurait, par ces motifs, déclaré les personnes qui viennent d'être désignées, incapables de recevoir, si on pouvait déguiser la donation entre-vifs sous le titre de contrat onéreux, ou si on pouvait disposer sous le nom de personnes interposées.

C'est à la prudence des juges, lorsque le voile qui cache la fraude est soulevé, à ne se déterminer que sur des preuves, ou au moins sur des présomptions assez fortes pour que les actes dont la fraude s'est enveloppée ne méritent plus aucune confiance. Si c'est un acte déguisé sous un titre onéreux, il doit être annullé lorsqu'il est prouvé que celui qui l'a passé n'a pas voulu faire un contrat onéreux qui lui était permis, mais que son intention a été d'éluder la loi, en disposant au profit d'une personne incapable.

On a désigné les personnes que les juges pourront toujours regarder comme interposées : ce sont les père et mère, les descendans, et l'époux de la personne incapable.

La loi garde le silence sur le défaut de liberté qui peut résulter de la suggestion et de la captation, et sur le vice d'une volonté déterminée par la colère ou par la haine. Ceux qui ont entrepris de faire annuller des dispositions par de semblables motifs n'ont presque jamais réussi à trouver des preuves suffisantes pour faire rejeter des titres positifs ; et peut-être vaudrait-il mieux, pour l'intérêt général, que cette source de procès ruineux et scandaleux fût tarie, en déclarant que ces causes de nullité ne seraient pas admises ; mais alors la fraude et les passions auraient cru avoir dans la loi même un titre d'impunité. Les circonstances peuvent être telles, que la volonté de celui qui a disposé n'ait pas été libre, ou qu'il ait été entièrement dominé par une passion injuste. C'est la sagesse des tribunaux qui pourra seule apprécier ces faits, et tenir la balance entre la foi due aux actes et l'intérêt des familles. Ils empêcheront qu'elles ne soient dépouillées par les gens avides qui subjugent les mourans, ou par l'effet d'une haine que la raison et la nature condamnent.

On ne met pas au nombre des incapables de recevoir, les hospices, les pauvres d'une commune et les établissemens d'utilité publique. Il est, au contraire, à desirer que l'esprit de bienfaisance qui caractérise les Français, répare les pertes que ces établissemens ont faites pendant la révolution ; mais il faut que le Gouvernement les autorise. Ces dispositions sont sujettes à des règles dont il doit maintenir l'exécution. Il doit connaitre la nature et la quantité des biens qu'il met ainsi hors du commerce, il doit même empêcher qu'il n'y ait dans ces dispositions un excès condamnable.

Une dernière règle à rappeler sur la capacité de disposer, est celle qui établit la réciprocité entre les Français et les étrangers. On ne pourra disposer au profit d'un étranger que dans le cas où un étranger pourrait disposer au profit d'un Français.

Après avoir établi ces principes préliminaires sur les caractères d'une volonté certaine et raisonnable, sans laquelle on est incapable de disposer, la loi pose les règles qui sont le principal objet de ce titre du Code ; règles qui doivent avoir une si grande influence sur les mœurs de la nation et sur le bonheur des familles. Elle fixe quelle sera la portion de biens disponible.

Il est sans doute à présumer que chacun, en suivant son affection, ferait de sa fortune la répartition la plus convenable au bonheur de sa famille et aux droits naturels de ses héritiers les plus proches, et que cette affection serait encore moins sujette à s'égarer dans le cœur de celui qui laisserait une postérité.

Mais lors même que la loi a cette confiance, elle doit prévoir qu'il est des abus inséparables de la faiblesse et des passions humaines, et qu'il est des devoirs dont elle ne peut, en aucun cas, autoriser la violation.

Les pères et mères qui ont donné l'existence naturelle ne doivent point avoir la liberté de faire arbitrairement perdre, sous un rapport aussi essentiel, l'existence civile; et, s'ils doivent rester libres dans l'exercice de leur droit de propriété, ils doivent aussi remplir les devoirs que la paternité leur a imposés envers leurs enfans et envers la société.

C'est pour faire connaître aux pères de famille les bornes au-delà desquelles ils seraient présumés abuser de leur droit de propriété en manquant à leurs devoirs de pères et de citoyens que, dans tous les temps et chez presque tous les peuples policés, la loi a réservé aux enfans, sous le titre de légitime, une certaine quotité des biens de leurs ascendans.

Chez les Romains, le droit du Digeste et du Code avait réduit au quart des biens la légitime des enfans.

Elle fut augmentée par la 18ᵉ novelle qui la fixa au tiers, s'il y avait quatre enfans ou moins; et à la moitié, s'ils étaient cinq ou plus.

On distinguait en France les pays de droit écrit et ceux de coutumes.

Dans presque tous les pays de droit écrit, la légitime en ligne directe et descendante était la même que celle établie par la novelle.

Les coutumes étaient à cet égard distinguées en plusieurs classes.

Les unes adoptaient ou modifiaient les règles du droit écrit;

D'autres, et de ce nombre était la coutume de Paris, établissaient spécialement une légitime.

Quant aux coutumes où elle n'était pas fixée, l'usage ou la jurisprudence y avaient admis les règles du droit romain ou celles de la coutume de Paris, à l'exception de quelques modifications que l'on trouve dans un petit nombre de ces coutumes.

Celle de Paris a fixé la légitime à la moitié de la part que chaque enfant aurait eue de la succession de ses père et mère et des autres ascendans, s'ils n'avaient fait aucune disposition entre-vifs ou testamentaire.

Pendant la révolution, la loi du 17 nivose an 2 (art. 16) avait limité au dixième du bien la faculté de disposer, si on avait des héritiers en ligne directe.

La loi du 4 germinal an 8 a rendu aux pères et mères une partie de leur ancienne liberté ; elle a permis les libéralités, qui n'excéderaient pas le quart des biens, s'ils laissaient moins de quatre enfans ; le cinquième s'ils en laissaient quatre ; le sixième, s'ils étaient au nombre de cinq, et ainsi de suite.

En faisant le projet de loi qui vous est présenté, on avait à examiner les avantages et les inconvéniens de chacune de ces règles, afin de reconnaître celle qui serait fondée sur la combinaison la plus juste du droit de disposer et des devoirs de la paternité.

A Rome, il entrait dans le systême du gouvernement d'un peuple guerrier que les chefs de famille eussent une autorité absolue, sans craindre que la nature en fût outragée. Lorsque sa civilisation se perfectionna, et que l'on voulut modifier des mœurs antiques, il aurait été impossible de les régler comme si c'eût été une institution nouvelle. Non seulement chaque père entendait jouir sans restriction de son droit de propriété, mais encore il avait été constitué le législateur de sa famille. Mettre des bornes au droit de disposer, c'était dégrader cette magistrature suprême. Aussi pendant plus de douze siècles, la légitime des enfans, quel que fût leur nombre, ne fut-elle pas portée au-delà du quart des biens. Ce ne fut qu'au déclin de ce grand empire que les enfans obtinrent à ce titre le tiers des biens, s'ils étaient au nombre de quatre ou au-dessus, ce qui était le cas le plus ordinaire, et la moitié s'ils étaient en plus grand nombre.

Cette division avait l'inconvénient de donner des résultats incohérens.

S'il y avait quatre enfans, la légitime était d'un douzième pour chacun, tandis que s'il y en avait cinq, chaque part légitimaire était du dixiéme. Ainsi la part qui doit être plus grande quand il y a moins d'enfans, se trouvait plus petite. Ce renversement de l'ordre naturel n'était justifié par aucun motif.

La coutume de Paris a mis une balance égale entre

le droit de propriété et les devoirs de famille. Les auteurs de cette loi ont pensé que les droits et les devoirs des pères et mères sont également sacrés, qu'ils sont également fondamentaux de l'ordre social, qu'ils forment entr'eux un équilibre parfait, et que si l'un ne doit pas l'emporter sur l'autre, le cours des libéralités doit s'arrêter quand la moitié des biens est absorbée.

Le systéme de la loi parisienne est d'une exécution simple. On y trouve toujours une proportion juste dans le le traitement des enfans, eu égard à leur nombre et à leur droit héréditaire.

Mais elle peut souvent donner des résultats contraires à ceux que l'on se propose.

On veut que chaque enfant ait une quotité de biens suffisante pour qu'il ne perde pas l'état dans lequel l'ont placé les auteurs de ses jours. On ne doit donc pas laisser la liberté de disposer d'une moitié dans le cas où les enfans se trouveraient par leur nombre à être réduits à une trop petite portion.

Le meilleur systême est celui dans lequel on a égard au nombre des enfans, en même temps qu'on laisse aux pères et mères toute la liberté compatible avec la nécessité d'assurer le sort des enfans.

La législation romaine a eu égard à leur nombre, mais elle est susceptible de rectification dans les proportions qu'elle établit.

Ainsi lorsqu'elle donne au père le droit de disposer des deux tiers, si ses enfans ne sont pas au-dessus du nombre de quatre, elle n'a point fait entrer en considération que la liberté de celui qui n'est obligé de pourvoir qu'un seul enfant, ne doit pas être autant limité que lorsqu'il en a plusieurs.

La liberté de disposer des deux tiers des biens, lors même que les enfans étaient au nombre de quatre, était trop considérable, comme celle qui est donnée par la loi du 4 germinal an 8, et qui ne comprend que le quart s'il y a moins de quatre enfans, et une portion virile seulement, s'il y en a un plus grand nombre, est trop bornée.

La coutume de Paris était fondée sur un principe plus juste, lorsque, balançant le droit de la propriété et les devoirs de la paternité, elle avait établi que dans aucun cas il ne serait permis au père de disposer de plus de la moitié de ses biens.

C'était une raison décisive pour partir de ce point, en restreignant ensuite cette liberté dans la proportion qu'exigerait le nombre des enfans.

On n'a pas cru devoir admettre la graduation qui se trouve dans la loi du 4 germinal an 8, et suivant laquelle la faculté donnée au père, et réduite à une portion virile, devient presque nulle lorsqu'il a un grand nombre d'enfans.

Il faut, en effet, considérer que l'ordre conforme à la nature est celui dans lequel les père et mère ne voudront disposer de leur propriété qu'au profit de leurs enfans, et pour réparer les inégalités naturelles ou accidentelles.

Lorsque le nombre des enfans est considérable, la loi doit réserver à chacun d'eux une quotité suffisante, sans trop diminuer dans la main du père les moyens de fournir à des besoins particuliers qui sont alors plus multipliés.

Ce sont toutes ces considérations qui ont déterminé à adopter la proportion dans laquelle les libéralités, soit par acte entre-vifs, soit par testament, ne pourront excéder la moitié des biens, s'il n'y a qu'un enfant légitime; le tiers, s'il en laisse deux; et le quart, s'il en laisse trois ou un plus grand nombre.

La loi devait-elle faire une réserve au profit des ascendans?

Les Romains reconnaissaient que si les pères doivent une légitime à leurs enfans, c'est un devoir dont les enfans sont également tenus envers leurs pères.

Quemadmodum à patribus liberis, ita à liberis patribus deberi legitimam.

En France, d'après le système de la division des biens en propres et acquêts, le sort des ascendans n'était pas le même dans les pays de coutume et dans ceux de droit écrit.

Un très-petit nombre de coutumes leur donnait une légitime : dans d'autres, elle leur avait été accordée par une jurisprudence à laquelle avait succédé celle qui la refusait d'une manière absolue.

Les enfans étaient obligés de conserver à leurs collatéraux presque tous les biens propres dont ces ascendans étaient exclus.

Si on n'avait pas laissé à ces enfans la disposition des meubles et des acquêts à la succession desquels les ascendans étaient appelés par la loi, ils eussent été presqu'entièrement privés de la liberté de disposer.

Dans les pays de droit écrit, et dans quelques coutumes qui s'y conformaient, les ascendans avaient une légitime. Elle consistait dans le tiers des biens. Le partage de ce tiers se faisait également entr'eux. Il n'y avait point de légitime pour les aïeuls, quand les père et mère ou l'un d'eux survivaient, parce qu'en ligne ascendante il n'y a point de représentation.

La comparaison du droit écrit avec celui des coutumes, respectivement aux ascendans, ne pouvait laisser aucun doute sur la préférence due au droit écrit.

Le droit coutumier en donnant les propres aux collatéraux, et en laissant aux enfans la libre disposition des meubles et acquêts, ne prenait point assez en considération les devoirs et les droits qui résultent des rapports intimes entre les père et mère et leurs enfans.

Les devoirs des enfans ne sont pas, sous le rapport de l'ordre social, aussi étendus que ceux des pères et mères, parce que le sort des ascendans est plus indépendant de la portion des biens qui leur est assurée dans la fortune de leurs descendans, que l'état des enfans ne dépend de la part qu'ils obtiennent dans les biens de leurs pères et mères.

La réserve ne sera, par ce motif, que de moitié des biens au profit des ascendans, et sans égard à leur nombre, lorsqu'il y en aura dans chacune des lignes paternelle ou maternelle.

S'il n'y a d'ascendant que dans l'une des lignes, cette réserve ne sera que du quart.

Déjà on a établi dans le titre des successions une règle que l'on doit regarder comme une des bases principales de tout le système de la transmission des biens par mort.

C'est leur division égale entre les deux lignes paternelle et maternelle, lorsque celui qui meurt ne laisse ni postérité, ni frères ni sœurs. Cette division remplira sans inconvénient le vœu généralement exprimé pour la conservation des biens dans les familles.

Le sort des ascendans n'était point assez dépendant d'une réserve légale, pour qu'on pût, en l'établissant, s'écarter d'une règle aussi essentielle; et, puisque, suivant cette règle, les biens affectés à la ligne dans laquelle l'ascendant ne se trouve pas, lui sont absolument étrangers, la réserve ne peut pas porter sur la portion à laquelle il ne pourrait avoir aucun droit par succession.

Devait-on limiter la faculté de disposer en collatérale,

ou ne fallait-il pas au moins établir une réserve en faveur des frères et des sœurs?

Toutes les voix se sont réunies pour que les collatéraux en général ne fussent point un obstacle à l'entière liberté de disposer.

Il en avait toujours été ainsi dans les pays de droit écrit.

Dans ceux des coutumes, les biens étaient distingués en propres et acquêts, et la majeure partie des propres était réservée aux collatéraux, sans que l'on pût en disposer gratuitement.

Ce systéme de la distinction des biens en propres et acquêts avait principalement pour objet de consérver les mêmes biens dans chaque famille.

On voulait maintenir et multiplier les rapports propres à entretenir même entre les parens d'un degré éloigné, les sentimens de bienveillance et cette responsabilité morale qui suppléent si efficacement à la surveillance des lois. Resserrer et multiplier les liens des familles, tel fut, et tel sera toujours le ressort le plus utile dans toutes les formes de gouvernement, et la plus sûre garantie du bonheur public. Les auteurs du régime des propres et des réserves pensaient que la transmission des mêmes biens d'un parent à l'autre était un moyen de resserrer leurs liens, et que les degrés par lesquels on tenait à un auteur commun semblaient se rapprocher lorsque les parens se rapprochaient réellement pour partager les biens que ses travaux avaient le plus souvent mis dans la famille, et qui en perpétuaient la prospérité.

La conservation des mêmes biens dans les familles sous le nom de propres a pu s'établir et avoir de bons effets dans le temps où les ventes des immeubles étaient très-rares, et où l'industrie n'avait aucun ressort.

Mais depuis que la rapidité du mouvement commercial s'est appliquée aux biens immobiliers comme à tous les autres; depuis que les propriétaires, habitués à dénaturer leurs biens, ont pu facilement secouer le joug d'une loi qui les privait de la faculté de disposer des propres, il a été aussi facile que fréquent de s'y soustraire. Elle est devenue impuissante pour atteindre à son but, et lorsqu'elle eût dû être le lien des familles, elle les troublait par des procès sans nombre.

Déjà la loi des propres avait été abolie pendant la révolution ; on ne devait plus songer à la rétablir. C'est ainsi que certaines lois dépendent des mœurs et des usages existans au temps où elles s'établissent, et ne sont que transitoires.

C'est encore ainsi qu'il est facile d'expliquer pourquoi tout le régime des propres et acquêts, et de perpétuité des mêmes biens dans les familles, était inconnu aux Romains, et à ceux qui ont conservé leur législation.

L'ordre public et l'intérêt des familles s'accordent pour que chacun soit maintenu dans le droit de propriété dont résulte la liberté de disposer, à moins qu'il n'y ait des considérations assez puissantes et assez positives pour exiger à cet égard un sacrifice.

C'est ce sentiment d'une pleine liberté qui fait prendre à l'industrie tout son essor et braver tous les périls. Celui-là croit ne travailler que pour soi et ne voit point de terme à ses jouissances, quand il est assuré que les produits de son travail ne seront transmis qu'à ceux qu'il déclarera être les objets de son affection : l'intérêt général des familles dans un siècle où l'industrie met en mouvement le plus grand nombre des hommes est bien différent de l'intérêt de ces familles casanières, au milieu desquelles les coutumes se formèrent il y a plusieurs siècles : il est évident que ce qui maintenant leur importe le plus est que les moyens de prospérité s'y multiplient ; et lorsque dans le cours naturel des affections les parens les plus proches seront préférés , ils entendraient mal leurs intérêts s'ils les regardaient comme étant lésés par cette liberté dont ils doivent profiter.

Mais d'ailleurs , quel moyen pourrait-on trouver de s'opposer à cet exercice du droit de propriété ? il n'est en ce genre aucune prohibition qui ne soit susceptible d'être éludée.

Lorsqu'il s'agit d'un droit aussi précieux , et qui est exercé depuis tant de siècles par la plus grande partie de la nation , la loi qui l'abolirait serait au nombre de celles qui ne pourraient long-temps résister à l'opinion publique. Nul ne se ferait le moindre scrupule de la violer ; l'esprit de mensonge et de fraude dans les actes se propagerait , le règne de la loi cesserait, et la corruption continuerait ses progrès.

On respectera la réserve faite au profit des ascendans et des descendans, parce qu'elle a pour base , non seulement les sentimens présumés , mais encore des devoirs si sacrés,

que ce serait une sorte de délit de les enfreindre ; ni ces
sentimens, ni ces devoirs, ne peuvent être les mêmes pour les
collatéraux ; il n'y a vis-à-vis d'eux que les devoirs qui sont
à la fois ceux du sang et de l'amitié.

La loi de réserve pour les collatéraux n'aurait pour objet
que les parens qui se seraient exposés à l'oubli ou à l'ani-
madversion, et par cela même ils ne sont pas favorables.

Enfin, les habitans des pays de droit écrit opposent
aux usages introduits dans les pays de coutumes pendant
quelques siècles, une expérience qui remonte à l'antiquité
la plus reculée.

Ils citent l'exemple toujours mémorable de ce peuple
qui, de tous ceux de la terre, est celui qui a le plus étu-
dié et perfectionné la législation civile. Jamais il ne fut
question d'y établir une légitime en collatérale.

Enfin, ils donnent pour modèle cette harmonie qui,
dans les pays de droit écrit, rend les familles si respec-
tables : là, bien plus fréquemment que dans les pays de
coutume, se présente le tableau de ces races patriarcales,
dans lesquelles ceux à qui la providence a donné la fortune n'en jouissent que pour le bonheur de tous ceux qui
se rendent dignes par leurs sentimens d'être admis dans
le sein de la famille.

C'est dans la maison de ce bienfaiteur que le parent
infortuné trouve des consolations et des secours, que l'autre
y reçoit des encouragemens, que l'on y économise des dots
pour les filles. Quelle énorme différence entre les avantages que les parens peuvent ainsi, pendant la vie du
bienfaiteur, retirer de ses libéralités entièrement indépen-
dantes de la loi, et le produit d'une modique réserve, dont
ils seraient même encore le plus souvent frustrés !

On ne peut espérer, sur-tout en collatérale, de créer
ou de conserver cet esprit de famille qui tend à en soutenir tous les membres, à n'en former qu'un corps, à en
rapprocher les degrés, qu'en provoquant la bienfaisance des
parens entre eux pendant qu'ils vivent. Le seul moyen de
la provoquer est de lui laisser son indépendance : il est
dans le cœur humain, que le sentiment de bienfaisance
s'amortisse aussitôt qu'il s'y joint la moindre idée de contrainte ; cette idée ne s'accorde plus avec cette noblesse,
avec cette délicatesse, et cette pureté de sentimens qui
animaient l'homme bienfaisant ; il cesse de l'être, parce

qu'il ne croit plus pouvoir l'être; il n'a plus rien à donner à ceux qui ont le droit d'exiger.

Puisque la France est assez heureuse pour avoir conservé dans une grande partie de son territoire cet esprit de famille nécessaire à la prospérité commune, gardons-nous de rejeter un aussi grand moyen de régénération des mœurs! c'est un feu sacré qu'il faut entretenir où il existe, qu'il faut allumer dans les autres pays qui ont un aussi grand besoin de son influence, et qu'il peut seul vivifier.

Cependant ne devait-on point faire une exception en faveur des frères et sœurs de celui qui meurt ne laissant ni ascendans, ni postérité?

Ne doit-on pas distinguer dans la famille ceux qui la constituent le plus intimement, ceux qui sont présumés avoir vécu sous le même toit, avoir été soumis à l'autorité du même père de famille, tenir de lui un patrimoine qu'il était dans son cœur de voir réparti entre eux, et que le plus souvent ils doivent à ses économies et à ses travaux?

Quel serait le frère qui pourrait regarder comme un sacrifice à sa liberté la réserve d'une quotité modique, telle que serait un quart de ses biens à ses frères et sœurs, en quelque nombre qu'ils fussent?

Peut-il y avoir quelque avantage à lui attribuer le droit de transmettre tout son patrimoine à une famille étrangère en nuisant à la sienne propre, autant qu'il est en son pouvoir, ou de préférer l'un de ses frères ou sœurs à tous les autres? ce serait une cause éternelle de discorde entre celui qui aurait la préférence, et ceux qui se regarderaient comme déshérités.

Si on est forcé de convenir que le législateur doit employer tous ses efforts pour resserrer les liens de famille, doit-il laisser la liberté à ceux que la nature avait autant rapprochés, de les rompre entièrement?

Dans plusieurs autres parties du Code Civil, les frères et sœurs sont, à cause des rapports intimes qui les unissent, mis dans une classe à part. Dans l'ordre des successions, on les fait concourir avec les ascendans. Les frères et sœurs auront, pour assurer à leurs neveux et nièces, la portion de biens dont ils peuvent disposer, le même droit que les père et mère à l'égard de leurs petits-enfans.

Enfin, il sera contraire aux usages reçus dans une grande

partie de la France depuis plusieurs siècles qu'aucune quotité du patrimoine ne soit assurée même aux frères et sœurs.

Quelque puissans que paraissent ces motifs pour établir une réserve au profit des frères et sœurs, des considérations plus fortes s'y opposent et ont dû prévaloir.

Le guide le plus sûr des Législateurs est l'expérience ; l'on n'a jamais admis ni à Rome, ni en France, dans les pays de droit écrit, de légitime en faveur des frères : le frère ne pouvait se plaindre de la disposition dans laquelle il avait été oublié, que dans un seul cas, celui où une personne mal famée, *turpis persona*, avait été instituée héritière. La réclamation que le frère pouvait alors faire d'une portion des biens n'était, sous le nom de légitime, qu'une vengeance due à la famille qui avait éprouvé du testateur une aussi grande injure.

Cependant le tableau de l'amitié fraternelle n'a jamais été plus touchant que dans les pays où la liberté de disposer est entière.

Si, comme on l'a prouvé, celui qui ne doit éprouver aucune contrainte dans ses dipositions de dernière volonté, est beaucoup plus porté aux actes de bienfaisance pendant sa vie, c'est sur-tout entre frères que cette assistance mutuelle est vraisemblable, et qu'elle peut influer sur leur prospérité.

Plus la réserve que l'on croirait pouvoir faire au profit des frères et sœurs serait modique, et moins elle pourrait être d'une utilité réelle ; moins on doit la préférer aux grands avantages que l'on peut se promettre d'une pleine liberté de disposer.

Si l'on imposait en collatérale des devoirs rigoureux de famille, ce devrait aussi être au profit des neveux dont les père et mère sont décédés. Ce sont ces neveux qui ont le plus besoin d'appui : c'est à leur égard que les oncles tiennent lieu d'ascendans ; c'est aux soins et à l'autorité des oncles qu'est entièrement confié le sort de cette partie de la famille.

On ne pourrait donc pas se borner au seul degré de frères et de sœurs, si on voulait, en collatérale, établir une réserve légale ; et cependant ceux même qui ont été d'avis de cette réserve n'ont pas pensé qu'on pût l'étendre au-delà de ce degré, sans porter injustement atteinte au droit de propriété.

Il est sans doute dans le cours de la nature que les

frères et sœurs soient unis par les liens intimes qu'ont formés une éducation et une naissance commune : mais l'ordre
social , qui exige une réserve en ligne directe, n'est point
également intéressé à ce qu'il y en ait au profit des frères et
sœurs.

Le père a contracté , non seulement envers ses enfans,
mais encore envers la société , l'obligation de leur conserver des moyens d'existence proportionnés à sa fortune ;
ce devoir se trouve rempli à l'égard des frères et sœurs ,
puisque chacun a sa portion des biens des père et mère
communs.

Les enfans qui n'ont point de postérité ont, envers ceux
qui leur ont donné le jour , des devoirs à remplir, qui ne
sauraient être exigés par des frères ou sœurs, les uns envers
les autres.

C'est après avoir long-temps balancé tous ces motifs
pour et contre la réserve légale au profit des frères et sœurs,
qu'il a été décidé de n'en établir qu'en ligne directe, et que
toutes les fois que celui qui meurt ne laissera ni ascendans
ni descendans, les libéralités par actes entre-vifs pourront
épuiser la totalité des biens.

Après avoir ainsi déterminé la quotité disponible , il fallait régler un point sur lequel il y a eu jusqu'ici diversité
de législation : il fallait décider si la quotité disponible
pourrait être donnée en tout ou en partie, soit par actes
entre-vifs, soit par testament, aux enfans ou autres héritiers de celui qui a disposé , sans que le donataire venant
à sa succession fût obligé au rapport.

Chez les Romains et dans les pays de droit écrit, il
n'y a jamais eu de variation à cet égard ; toujours on a eu
le droit de choisir entre les héritiers ceux que l'on voulait avantager, soit par l'institution d'héritier, soit autrement.

Les coutumes étaient sur cette matière très-différentes
les unes des autres.

Les unes permettaient à un des enfans d'être en même
temps donataire légataire et héritier, et n'assuraient aux
autres que leur légitime.

D'autres distinguaient la ligne directe d'avec la collatérale , et la qualité de donataire entre-vifs d'avec celle de
légataire. Dans ces dernières coutumes, du nombre desquelles se trouve celle de Paris , la même personne ne pouvait être ni donataire, ni légataire , ni héritière en ligne

directe : elle pouvait en collatérale être donataire et héritière, mais non légataire et héritière.

Dans d'autres on ne pouvait être donataire et héritier, soit en
ligne directe, soit en ligne collatérale.

D'autres portaient la défense absolue d'avantager l'héritier
présomptif, et ordonnaient le rapport, tant en directe que
collatérale, même en renonçant.

Il n'y avait de système complet d'égalité entre les héritiers, que celui des coutumes qui les obligeaient au rapport
des donations, lors même qu'ils renonçaient à la succession,
et qui ne permettaient en leur faveur aucun legs.

Dans l'opinion exclusive de la faculté de faire des dispositions au profit des héritiers, on les regarde comme
ayant un droit égal, et la loi se met entièrement à la
place de la personne qui meurt, non pour contrarier sa
volonté présumée, mais pour la remplir de la manière la
plus juste.

Cependant, quoique l'intention parût être de suivre la
marche de la nature, combien ne s'en écartait-on pas?

Comment la nature aurait-elle donné des droits égaux à
ceux qu'elle traite si diversement? Où sont les familles dont
tous les membres ont eu une part égale à la force physique, à l'intelligence, aux talens, dont aucun n'a, malgré la meilleure conduite, éprouvé des revers, dont aucun
n'a été exposé à des infirmités ou à d'autres malheurs de
tous genres?

Ce tableau de l'humanité, quelque affligeant qu'il soit,
est malheureusement celui qui se réalise le plus souvent ; il
faut l'avoir perdu de vue quand on calcule froidement et
arithmétiquement une division égale entre tous ceux qui
ont des besoins si différens.

Leur droit naturel est d'obtenir de celui à qui la providence a confié les biens une part proportionnée aux besoins, et qui établisse entre eux, autant qu'il est possible,
la balance du bonheur. C'est en s'occupant sans cesse de
maintenir cette balance, que le chef de famille se livre
aux sentimens les plus équitables d'une affection égale envers tous ses héritiers. Mais s'il lui est défendu par la loi
de venir au secours de l'un, s'il ne peut encourager l'autre,
s'il a les mains liées pour soulager les maux dont il est
témoin, et pour faire cesser des inégalités affligeantes entre
ceux qu'il voudrait rendre également heureux, c'est alors
qu'il sent tout le poids de ses chaines, c'est alors qu'il

maudit l'erreur de la loi, qui s'est mise à sa place pour ne remplir aucun de ses devoirs, et qui, se trompant sur le vœu de la nature, n'a établi ses présomptions que sur une égalité chimérique : c'est alors qu'il est affligé de sa nullité dans sa propre famille, où le sort de chacun a été réglé d'avance par l'interdiction prononcée contre lui, où il est dépouillé du principal moyen de faire respecter une autorité dont le seul but est de rétablir ou de maintenir l'ordre, où il n'a ni la puissance de faire le bien, ni celle de prévenir le mal.

Peut-on mettre en comparaison tous ces inconvéniens avec celui qui paraît avoir fait le plus d'impression sur l'esprit des personnes qui voudraient interdire le droit de disposer au profit des héritiers présomptifs ? Ils craignent la vanité des chefs de famille, qui, favorisés de la fortune, voudraient la transmettre à celui qu'ils choisiraient pour les représenter avec distinction en sacrifiant les autres.

On n'a pas songé que le nombre des riches est infiniment petit, si on le compare à la masse presque générale de ceux qui, vivant avec des facultés très-bonnes, sont le plus exposés à toutes les inégalités et à tous les besoins.

On a perdu de vue le père de famille, qui, sous un humble toit, n'a pour patrimoine qu'un sol à peine suffisant pour la nourriture et l'éducation de sa famille. Déjà courbé sous le poids des années, il ne pourrait suffire à un travail devenu trop pénible, s'il n'employait les bras du plus âgé de ses enfans aussitôt qu'ils ont quelque force. Cet enfant laborieux commence dès-lors à être l'appui de sa famille. C'est à la sueur de son front que ses frères devront les premiers secours avec lesquels ils apprendront des professions industrielles, et que ses sœurs devront les petits capitaux, fruit de l'économie, et qui leur auront procuré des établissemens utiles.

Croira-t-on que ce serait la vanité qui détermine ce père de famille à donner quelque récompense à celui de ses enfans qui s'est sacrifié pour le bonheur de tous, et à conserver dans ses mains, autant que la loi le lui permet, un héritage sur lequel une nouvelle famille ne pourrait s'élever et prospérer, s'il était divisé en trop petites portions?

L'intention de ceux qui ont interdit les dispositions au profit des héritiers est sans doute estimable, mais il est impossible de méconnaître leur erreur.

Déjà même la loi du 4 germinal an 8 autorisa les libéralités au profit des enfans ou autres successibles du disposant , sans qu'elles soient sujettes à rapport, pourvu qu'elles n'excèdent pas les bornes prescrites.

Cette règle a été maintenue.

Pour bien connaître la quotité disponible, et celle qui est réservée aux enfans ou aux ascendans , il était nécessaire, d'une part , de désigner les biens auxquels s'applique la faculté de disposer, et , de l'autre, de régler le mode de réduction qui doit avoir lieu, si les dispositions excèdent la quotité fixée.

La faculté de disposer ne se calcule pas seulement sur les biens qui restent dans la succession après les dettes payées, il faut ajouter à ces biens ceux que la personne décédée a donnés entre-vifs. On n'aurait pas mis de bornes fixes aux libéralités de disposer, si on n'avait pas eu égard à toute espèce de dispositions.

Il est sans doute du plus grand intérêt pour la société que les propriétés ne restent pas incertaines. C'est de leur stabilité que dépendent et la bonne culture et toutes ses améliorations.

Mais déjà il a été prouvé que la transmission d'une partie des biens aux héritiers en ligne directe, est une des bases de l'ordre social. Les pères et mères et les enfans ont entr'eux des devoirs qui doivent être remplis de préférence à de simples libéralités ; l'accomplissement de ces devoirs est la condition tacite sous laquelle ces libéralités ont pu être faites ou acceptées; et dans le cas même où les donations n'auraient pas, lorsqu'elles ont été faites , excédé la quotité disponible, les donataires ne seraient point par ce motif préférables à des héritiers directs, s'il s'agit pour les premiers d'un pur bénéfice , et pour les autres d'un patrimoine nécessaire. La diminution survenue dans la fortune du donateur ne saurait même être présumée l'effet de sa malveillance envers le donateur.

Ce sont ces motifs qui ont fait regarder comme indispensable de faire comprendre dans la masse des biens sur lesquels se calcule la quotité réservée par la loi, ceux qui auraient été donnés entre-vifs.

On doit même y comprendre les biens dont la propriété aurait été transmise aux enfans dans le cas du divorce ; il ne peut jamais en résulter pour eux un avantage tel que les autres enfans soient privés de la réserve légale.

Il ne doit être fait aucune déduction à raison du droit des

enfans naturels ; ce droit n'est point acquis avant la mort, et c'est, sous le titre de créance, une participation à la succession.

Les biens sur lesquels les enfans ou les ascendans doivent prendre la portion que la loi leur réserve étant ainsi déterminés, on avait à régler comment ces héritiers exerceront cette reprise lorsque les biens, libres de dettes et déduction faite des dons et des legs, ne suffiront pas pour remplir la quotité réservée.

Il est évident que ce retour sur les legs ou donations n'est admissible que de la part de ceux au profit desquels la loi restreint la faculté de disposer proportionnellement au droit qu'ils auraient dans la succession.

Si maintenant on examine quelles sont, dans le cas d'insuffisance des biens libres de la succession, les dispositions qui doivent être en premier lieu annullées ou réduites pour que la quotité réservée soit remplie, il ne peut y avoir de doute sur ce que la réduction ou l'annullation doit d'abord porter sur les legs.

Les biens légués font partie de la succession ; les héritiers au profit desquels est la réserve sont saisis par la loi dès l'instant où cette succession est ouverte. Les legs ne doivent être payés qu'après l'acquit des dettes et des charges ; la quotité réservée par la loi est au nombre de ces charges.

Chaque légataire ayant un même droit aux biens qui lui sont légués, l'équité veut que cette sorte de contribution soit faite entr'eux au marc le franc.

Si néanmoins le testateur avait déclaré qu'il entendait que certains legs fussent acquittés de préférence aux autres, les légataires ainsi préférés auraient un droit de plus que les autres, et la volonté du testateur ne serait pas exécutée, si les autres legs n'étaient pas entièrement épuisés pour remplir la réserve légale, avant qu'on pût réduire ou annuller les legs préférés. On exige seulement, pour prévenir toute contestation sur cette volonté du testateur, qu'elle soit déclarée en termes exprès.

Il restait à prévoir le cas où tous les biens de la succession, libres de dettes, et tous les biens légués, auraient été épuisés, sans que la réserve légale fût encore remplie.

Les donations entre-vifs doivent-elles alors, comme les legs, être réduites au marc le franc ?

On peut dire que, pour fixer la quotité réservée, on fait entrer dans le calcul des biens qui y sont sujets la valeur de tous ceux qui ont été donnés, sans égard aux diverses époques des donations, parce que chacune d'elles et toutes ensemble ont contribué à épuiser le patrimoine.

Mais il est plus conforme aux principes que les donations soient réduites, en commençant par la plus récente, et en remontant successivement aux plus anciennes.

En effet, on n'a pas, dans les premières donations, excédé la mesure prescrite, si les biens donnés postérieurement suffisent pour remplir la réserve légale. Si la réduction portait sur toutes les donations, le donateur aurait un moyen de révoquer en tout, ou par de nouvelles donations, celles qu'il aurait d'abord faites.

D'ailleurs, lorsqu'il s'agit d'attaquer des propriétés qui remontent à des temps plus ou moins éloignés, l'ordre public est intéressé à ce que la plus ancienne propriété soit maintenue de préférence. C'est le fondement de cette maxime : *Qui prior est tempore potior est jure.*

Ces principes, déjà consacrés par l'ordonnance de 1731 (art. XXXIV), ont été maintenus.

On a aussi conservé cette autre disposition de la même loi, suivant laquelle, lorsque la donation entre-vifs réductible a été faite à l'un des héritiers ayant une réserve légale, il peut retenir sur les biens donnés la valeur de la portion qui lui appartiendrait comme héritier dans les biens non disponibles, s'ils sont de la même nature. Dans ce cas, il était possible de maintenir ainsi la propriété de l'héritier donataire, sans causer de préjudice à ses cohéritiers.

La règle suivant laquelle la réduction doit se faire des donations les plus récentes, serait illusoire, si le donataire évincé pouvait se regarder comme subrogé contre le donataire antérieur dans les droits de celui qui l'a évincé.

D'ailleurs la réduction est un privilége personnel, et dès-lors elle ne peut être l'objet d'une subrogation, soit tacite, soit même conventionnelle.

Quant aux créanciers de celui dont la succession s'ouvre, ils n'ont de droit que sur les biens qu'ils y trouvent ; ces biens doivent toujours, et nonobstant toute réserve légale, être épuisés pour le paiement : mais ils ne peuvent avoir aucune prétention à des biens dont leur débiteur n'était plus propriétaire. Si les titres de leurs créances sont antérieurs à la donation, ils ont pu conserver leurs droits en remplissant les formalités prescrites.

Si ces titres sont postérieurs, les biens qui dès-lors étaient

par la donation hors des mains de leur débiteur, n'ont jamais
pu être leur gage.

Il paraît contraire aux principes de morale que l'on puisse
recueillir, même à titre de réserve, des biens provenant
d'une personne dont toutes les dettes ne sont pas acquittées,
et la conséquence semble être que si le créancier ne peut
pas, à cause du droit de propriété du donataire, avoir action
contre lui, au moins doit-il exercer ses droits contre l'héritier sur les biens recouvrés par l'effet de la réduction.

Si on s'attachait à l'idée que celui qui a le droit de réduction ne doit pas avoir de recours contre les donataires,
à moins que les biens dont ceux-ci auraient été évincés ne
deviennent le gage des créanciers du défunt, il vaudrait
autant donner à ces créanciers, contre les donataires, une
action directe, que de l'accorder aux héritiers pour que les
créanciers en profitent; ou plutôt alors, comme il ne s'a-
girait réellement que de l'intérêt et des créanciers, on ne
devrait pas faire intervenir les héritiers pour dépouiller
les donataires au profit des créanciers. Ceux-ci d'ailleurs
pourraient-ils espérer que les héritiers se porteraient à
exercer un pareil recours ? Leur délicatesse ne serait-elle
pas autant engagée à ne pas détruire le droit de propriété des
donataires, qu'à payer les créanciers ? Et si les héririers
manquaient de délicatesse, ne leur serait-il pas facile de
traiter à l'insu des créanciers avec des donataires qui ne chercheraient qu'à se maintenir dans leur propriété ?

L'action de l'héritier contre le donataire, et les biens donnés qui sont l'objet de ce recours, sont également étrangers à
la succession. Le titre auquel l'héritier exerce ce recours
remonte au temps même de la donation. Elle est présumée n'avoir été faite que sous la condition de ce retour à l'héritier, dans le cas où la réserve ne serait pas remplie.

C'est en conséquence de cette condition primitive de retour que l'héritier reprend les biens sans charge de dettes
ou hypothèques créées par le donataire. C'est par le même
motif que l'action en réduction ou revendication peut être
exercée par l'héritier contre les tiers détenteurs des immeubles faisant partie de la donation et aliénés par le donataire, de la même manière et dans le même ordre que contre
le donataire lui-même.

Il faut donc considérer l'héritier qui évince un donataire
entre-vifs, comme s'il eût recueilli les biens au temps même
de la donation.

S'il fallait admettre d'une manière absolue qu'un héritier ne peut recueillir, à titre gratuit, des biens de celui qui a des créanciers, sans en faire l'emploi au paiement des dettes, il faudrait dire que toutes donations entre-vifs sont susceptibles d'être révoquées par des dettes que le donateur aurait depuis contractées. C'est ce qui n'a été admis dans aucune législation. Il est sans doute à regretter que des idées morales se trouvent ici en opposition avec des principes qu'il serait bien plus dangereux de violer; ce sont ceux sur le droit de propriété, non seulement de l'enfant ou de l'ascendant, mais encore des autres intéressés. En voulant perfectionner la morale sous un rapport, on ferait naître la corruption sous plusieurs autres.

Après avoir ainsi réglé les qualités requises pour donner et recevoir, après avoir fixé la quotité disponible, et avoir indiqué le mode à suivre pour les réductions, la loi s'occupe plus particulièrement d'abord des donations entre-vifs, et ensuite des testamens. Elle prescrit les formes de chacun de ces actes; elle établit les principes sur leur nature et sur leurs effets.

C'est ici que tous les regards se fixent sur ces lois célèbres qui contribueront à rendre immortelle la mémoire du chancelier d'Aguesseau. Les ordonnances sur les donations et sur les testamens ont été, comme le nouveau Code, le fruit de longues méditations. Elles n'ont égalemet été adoptées qu'après avoir consulté le vœu de la nation par le seul moyen qui fut alors possible, celui de prendre l'avis des magistrats et des jurisconsultes. Les rédacteurs du Code ont eu recours aux dispositions de ces lois avec le respect qu'inspirent leur profonde sagesse et le succès dont elles ont été couronnées.

Dans les donations entre-vifs, on distingue les formalités à observer dans les actes qui les contiennent, et celles que l'on peut nommer extérieures.

Les formalités à observer dans ces actes ont un double objet, celui de les constater, et celui d'en fixer la nature.

On n'admet comme légalement constatés les actes portant donations entre-vifs, que quand ils sont passés devant notaires, dans la forme ordinaire des contrats.

La minute doit rester entre les mains du notaire : elle ne doit être délivrée ni au donateur, ni au donataire. La donation entre-vifs est un acte par lequel celui qui l'accepte s'engage à en remplir les conditions. Il ne doit être au pouvoir ni de l'une ni de l'autre des parties de l'anéantir, en supprimant l'acte qui en contient la preuve.

C'est encore parce que toute donation entre-vifs est considérée comme un engagement réciproque, qu'il est indispensable que les deux parties y interviennent, celle qui donne, et celle qui accepte. Cela est conforme au droit romain, qui ne regardait point comme encore existante une libéralité, lorsque celui pour qui elle était destinée l'ignorait ou n'y avait pas consenti.

L'acceptation étant une condition essentielle de toute donation, on a dû exiger qu'elle fût en termes exprès. Il en résultera, sans qu'il ait été besoin d'en faire une disposition, que les juges ne pourront avoir aucun égard aux circonstances dont on prétendrait induire une acceptation tacite et sans qu'on puisse la présumer, lors même que le donataire aurait été présent à l'acte de donation et qu'il l'aurait signé, ou quand il serait entré en possession des choses données.

Il était seulement une facilité qui n'avait rien de contraire à ces principes, et qu'on ne pouvait refuser sans mettre le plus souvent un obstacle insurmontable à la faculté de disposer. C'est sur-tout au milieu des mouvemens du commerce et lorsque les voyages sont devenus si communs, que les parens les plus proches et les amis les plus intimes sont exposés à vivre dans un grand éloignement.

On a voulu prévenir cet inconvénient, en permettant l'acceptation par un acte postérieur ou par une personne fondée de la procuration du donataire, en regardant cette procuration comme suffisante, soit qu'elle porte le pouvoir d'accepter la donation faite, soit qu'elle contienne un pouvoir général d'accepter les donations qui auraient été ou qui pourraient être faites.

De longues controverses avaient eu lieu entre les auteurs, sur le point de savoir si le donateur doit avoir la liberté de révoquer la donation qui n'est point encore acceptée.

Les uns soutenaient que si on ne fixe point au donataire un délai dans lequel il ne soit plus admis à l'acceptation, le donateur ne peut point lui ôter cette faculté en revenant contre son propre fait.

Les autres pensaient que jusqu'à l'acceptation l'acte est imparfait et ne saurait lier le donateur.

Cette dernière opinion est la plus juste ; elle avait été confirmée par l'ordonnance de 1731 ; et elle est maintenue.

Quoiqu'une donation soit toujours, indépendamment des conditions qui peuvent y être mises, regardée comme un avantage au profit du donataire, il suffit cependant que ce soit de la part de ce dernier un engagement, pour que la capacité de contracter, ou les formalités qui y suppléent, soient exigées.

Si le donataire est majeur, l'acceptation doit être faite par lui, ou en son nom par la personne fondée de sa procuration.

S'il est mineur non émancipé, ou s'il est interdit, elle sera faite par son tuteur, conformément à ce qui est prescrit au titre de la minorité.

Si le mineur est émancipé, son curateur l'assistera.

On a même voulu éviter que, pour des actes toujours présumés avantageux, les mineurs fussent victimes des intérêts personnels ou de la négligence de ceux que la loi charge d'accepter. Les liens du sang et de l'affection ont été considérés comme étant à cet égard un mandat suffisant; et sans porter atteinte, soit à la puissance paternelle, soit à l'administration des tuteurs, tous les ascendans de l'un et de l'autre sexe, et à quelque degré qu'ils soient, auront le pouvoir d'accepter pour leurs descendans, même du vivant des père et mère, et quoiqu'ils ne soient ni tuteurs ni curateurs du mineur, sans qu'il soit besoin d'aucun avis de parens.

Les bonnes mœurs et l'autorité du mari ont toujours exigé que la femme mariée ne pût accepter une donation sans le consentement de son mari, ou, en cas de refus de son mari, sans autorisation de la justice. En imposant cette condition aux femmes mariées en général, on n'admet d'exception ni pour celles qui ne seraient point en communauté avec leurs maris, ni pour celles qui en seraient séparées par jugement.

Depuis que, par les heureux efforts de la bienfaisance et du génie, les sourds et muets ont été rendus à la société, ils sont devenus capables d'en remplir les devoirs et d'en exercer les droits. Le sourd et muet qui saura par l'écriture manifester sa volonté, pourra lui-même, ou par une personne ayant sa procuration, accepter une donation. S'il ne sait pas écrire, l'acceptation devra être faite en son nom par un curateur qui lui sera nommé pour remplir cette formalité.

Quant aux donations qui seront faites aux hospices

aux pauvres des communes, ou aux établissemens d'utilité publique, elles seront acceptées par leurs administrateurs, lorsque le Gouvernement, qui veille aux droits des familles comme à l'intérêt des pauvres, les y aura autorisés.

Après avoir ainsi prescrit les formalités de l'acte même de donation, la loi règle celles qui sont extérieures.

Plusieurs dispositions de l'ordonnance de 1731 sont relatives à la tradition de fait des biens donnés. Cette formalité avait été établie dans plusieurs coutumes, mais elle n'était point en usage dans les pays de droit écrit; elle n'ajoute rien ni à la certitude ni à l'irrévocabilité des donations entre-vifs. La règle du droit romain, qui regarde les donations comme de simples pactes, est préférable; elle écarte des difficultés nombreuses et sans objet. La donation duement acceptée sera parfaite par le seul consentement des parties, et la propriété des objets donnés sera tranférée au donataire, sans qu'il soit besoin d'autre tradition.

Une autre formalité extrinsèque avait été introduite par le droit romain; c'est celle connue sous le nom d'insinuation. On avait ainsi rendu publiques les donations pour éviter les fraudes, soit par la supposition de pareils actes, sur-tout entre les proches parens, soit par la facilité de tromper des créanciers qui ignoreraient ces aliénations.

En France, la formalité de l'insinuation a été admise et ordonnée par une longue suite de lois; elles n'ont point aplani toutes les difficultés que leur exécution a fait naître. L'ordonnance de 1731 avait levé plusieurs doutes sur l'application de la peine de nullité des donations pour lesquelles cette formalité n'avait pas été exécutée, sur la nécessité de la remplir dans les divers lieux du domicile et de la situation des biens, sur le mode d'insinuation, sur les délais prescrits et et sur les effets de l'inexécution dans ces délais. Des lois interprétatives de l'ordonnance de 1731 ont encore été nécessaires, et une simple formalité d'enregistrement était devenue la matière d'un recueil volumineux de lois compliquées.

Toute cette législation relative à la publicité des actes de donations entre-vifs est devenue inutile depuis que, par la loi qui s'exécute maintenant dans toute la France, non seulement ces actes, mais encore toutes les autres aliénations d'immeubles, doivent être rendus publics par la transcription sur des registres ouverts à quiconque veut les

cónsulter. L'objet de toutes les lois sur les insinuations sera
donc entièrement rempli, en ordonnant que, lorsqu'il y
aura donation de biens suseeptibles d'hypothèques, la transcription des actes contenant la donation devra être faite aux
bureaux des hypothèques dans l'arrondissement desquels
les biens seront situés.

Quant aux meubles qui seraient l'objet des donations,
ils ne sauraient être mis au nombre des gages que les créanciers puissent suivre; il n'est aucun des différens actes par
lesquels on peut aliéner des meubles, qui soit assujetti à de
semblables formalités.

L'insinuation se faisait, non seulement au lieu de la situation des biens, mais encore à celui du domicile : cette
dernière formalité n'ayant point été jugée nécessaire dans
le système général de la conservation des droits des créanciers, il n'y avait pas de motif particulier pour l'employer
dans le cas de la transmission des biens par donations entre-
vifs; on peut s'en reposer sur l'activité de ceux qui auront
intérêt de connaître le gage de leurs créances ou de leurs
droits. Quant aux héritiers, l'inventaire leur fera connaître,
par les titres de propriété, quels sont les biens; et, dans
l'état actuel des choses, il n'est aucun héritier qui, ayant le
moindre doute sur le bon état d'une succession, ne commence
par vérifier sur les registres du lieu de la situation des biens,
quelles sont les aliénations.

Les personnes qui sont chargées de faire faire la transcription, et qui par ce motif ne pourront opposer le défaut de cette formalité, sont les maris, lorsque les biens
auront été donnés à leurs femmes; les tuteurs ou curateurs,
quand les donations auront été faites à des mineurs ou à des
interdits; les administrateurs, quand elles auront été faites
à des établissemens publics.

Les femmes ont dû, pour la conservation de leurs
droits, être autorisées par la loi à faire procéder seules à la
formalité de l'inscription, quand elle n'aura pas été remplie
par les maris.

La question de savoir si les mineurs et ceux qui jouissent
du même privilége peuvent être restitués contre le défaut
d'insinuation des donations entre-vifs, n'était clairement dé-
cidée ni par le droit romain, ni par les anciennes ordonnances. Il y avait à cet égard une diversité de jurisprudence, et l'ordonnance de 1731, conformément à une déclaration du 19 janvier 1712, avait prononcé que la restitution

n'aurait pas lieu, lors même que les tuteurs ou autres administrateurs seraient insolvables.

Cette règle a été confirmée : elle est fondée sur le principe que si les mineurs ont des priviléges pour la conservation de leur patrimoine, et pour qu'ils ne soient pas
surpris par les embûches tendues à la fragilité de leur âge,
ils ne doivent pas être dispensés du droit commun, lorsqu'il
s'agit seulement de rendre, par des donations, leur condition
meilleure.

On a examiné la question de savoir si les donations entre-
vifs, qui n'auraient point été acceptées pendant la vie du donateur, et qu'il n'aurait pas révoquées, peuvent valoir comme
dispositions testamentaires.

On peut dire que la volonté de donner est consignée dans
l'acte de donation ; que si le donataire n'a été, par aucune
révocation, dépouillé du droit d'accepter, le donateur est mort
sans avoir varié dans son intention de lui faire une libéralité ;
que la volonté de l'homme qui se renferme dans les bornes
légales doit être respectée.

Mais cette opinion n'est pas admissible lorsque, pour les
testamens, la loi exige une plus grande solennité que pour
les donations entre-vifs. Le donateur, par acte entre-vifs,
ne peut dès-lors être présumé avoir entendu faire une disposition testamentaire, pour laquelle cet acte serait insuf-
fisant ; et, dans aucun cas, il ne doit lui être permis de se
dispenser ainsi de remplir les formalités prescrites pour les
testamens.

Il n'existe point de donation entre-vifs, à moins que le
donateur ne se dépouille actuellement et irrévocablement
de la chose donnée, en faveur du donataire qui l'accepte.
De là ces maximes, que *donner et retenir ne vaut*, et que
c'est *donner et retenir*, *quand le donateur s'est réservé la
puissance de disposer librement de la chose donnée.*

On en fait l'application, en décidant que la donation entre-
vifs ne peut comprendre que les biens présens du donateur.

On avait, dans l'ordonnance de 1731, déclaré nulle,
même pour les biens présens, la donation qui comprenait
les biens présens et à venir, parce qu'on regardait ses dispositions comme indivisibles, à moins que l'intention contraire
du donateur ne fût reconnue.

Il est plus naturel de présumer que le donateur de biens
présens et à venir n'a point eu intention de disposer d'une

manière indivisible; la donation ne sera nulle qu'à l'égard des biens à venir.

Les conséquences des maximes précédemment énoncées, sont encore que toute donation entre-vifs, faite sous des conditions dont l'exécution dépend de la seule volonté du donateur est nulle; qu'elle est également nulle, si elle a été faite sous la condition d'acquitter d'autres dettes ou charges que celles qui existaient à l'époque de la donation, ou qui étaient exprimées dans les actes; que si le donateur n'a pas usé de la faculté de disposer, qu'il s'était réservée à l'égard d'une partie des objets compris dans la donation, ces objets n'appartiendront point au donataire, et que toute donation d'effets mobiliers doit être rendue certaine par un état estimatif annexé à la minute de la donation.

La réserve d'usufruit et le retour au profit du donateur n'ont rien de contraire à ces principes.

Il n'y a d'exception à l'irrévocabilité que dans les cas où le donateur aurait manqué à des conditions formellement exprimées, ou que la loi présume avoir été dans l'intention du donateur.

La révocation pour cause d'inexécution des conditions exprimées est commune à toutes les conventions. Mais il est deux autres conditions que la loi a présumées; la première, que le donataire ne se rendrait pas coupable d'actes d'ingratitude, tels que si le donateur avait pu les prévoir, il n'eût point fait la donation; et la seconde, qu'il ne lui surviendrait point d'enfans.

On a déterminé les cas dans lesquels les donations pourront être révoquées pour cause d'ingratitude : ce sera lorsque le donataire aura attenté à la vie du donateur, lorsqu'il se sera rendu coupable envers lui de sévices, délits ou injures graves, lorsqu'il lui aura refusé des alimens.

Les donations en faveur de mariage sont exceptées, parce qu'elles ont aussi pour objet les enfans à naître, et qui ne doivent pas être victimes de l'ingratitude du donataire.

Quant à la révocation par survenance d'enfans, on la trouve établie dans le droit romain par une loi célèbre (*Si unquam cod. De Revoc. donat.*) Elle est fondée sur ce qu'il est à présumer que le donateur n'a point voulu préférer des étrangers à ses propres enfans.

En vain oppose-t-on à un motif aussi puissant, qu'il en résulte une grande incertitude dans les propriétés, que les enfans peuvent ne survenir qu'un grand nombre d'années après la donation, que celui qui donne est présumé avoir mesuré ses libéralités sur la possibilité où il était d'avoir des enfans, que des mariages ont pu être contractés en considération de ces libéralités.

Ces considérations ne sauraient l'emporter sur la loi naturelle, qui subordonne toutes les affections à celles qu'un père a pour ses enfans.

Il n'est point à présumer qu'il ait entendu, en donnant, violer des devoirs de tout temps contractés envers les ascendans qu'il pourrait avoir, et envers la société. Si une volonté pareille pouvait être présumée, l'ordre public s'opposerait à ce qu'elle fût accueillie. Ce sont des principes que le donataire ne saurait méconnaître. Il n'a donc pu recevoir que sous la condition de la préférence due aux enfans qui naîtraient.

La règle de la révocation des donations par survenance d'enfans a été maintenue telle que dans l'ordonnance de 1731 on la trouve expliquée et dégagée des difficultés qu'elle avait fait naître.

Les règles particulières aux donations entre-vifs sont suivies de celles qui concernent spécialement la forme et l'exécution des dispositions testamentaires.

L'institution d'héritier était dans les pays de droit écrit l'objet principal des testamens. Dans l'autre partie de la France, la loi seule faisait l'héritier, l'institution n'y était permise qu'en considération des mariages.

Plusieurs coutumes n'avaient même pas admis cette exception.

Elles avaient toutes réservé aux parens, les unes sous le titre de propres, et les autres sous ce titre et même sous celui d'acquêts ou de meubles, une partie des biens. Cet ordre n'était point en harmonie avec celui des affections naturelles. Il eût donc été inutile et même contraire au maintien de la loi d'admettre pour l'institution d'héritier la volonté de l'homme qui eût toujours cherché à faire prévaloir le vœu de la nature.

Ces différences entre les pays de droit écrit et ceux de coutume doivent disparaître lorsqu'une loi commune à toute la France donne, sans aucune distinction de biens, la même liberté de disposer. L'institution d'héritier y sera également permise.

Le plus grand défaut que la législation sur les testamens ait eu chez les Romains, et depuis en France, à été celui d'être trop compliquée. On a cherché les moyens de la simplifier.

On a donc commencé par écarter toute difficulté sur le titre donné à la disposition. Le testament vaudra sous quelque titre qu'il ait été fait, soit sous celui d'institution d'héritier, soit sous le titre de legs universel ou particulier, soit sous toute autre dénomination propre à manifester la volonté.

On a seulement maintenu et expliqué une règle établie par l'ordonnance de 1735 (art. 77). Un testament ne pourra être fait conjointement et dans le même acte par deux ou plusieurs personnes, soit au profit d'un tiers, soit à titre de donation réciproque et mutuelle. Il fallait éviter de faire renaître la diversité de jurisprudence qui avait eu lieu sur la question de savoir si, après le décès de l'un des testateurs, le testament pouvait être révoqué par le survivant. Permettre de le révoquer, c'est violer la foi de la réciprocité ; le déclarer irrévocable, c'est changer la nature du testament, qui, dans ce cas, n'est plus réellement un acte de dernière volonté. Il fallait interdire une forme incompatible, soit avec la bonne foi, soit avec la nature des testamens.

Au surplus, on a choisi dans le droit romain et dans les coutumes les formes d'actes qui ont à la fois paru les plus simples et les plus sûres.

Elles seront au nombre de trois ; le testament olographe, celui fait par acte public, et le testament mystique.

Ainsi les autres formes de testamens, et à plus forte raison les dispositions qui seraient faites verbalement, par signes ou par lettres missives, ne seront point admises.

Le testament olographe, ou sous signature privée, doit être écrit en entier, daté et signé de la main du testateur.

Cette forme de testament n'était admise dans les pays de droit écrit qu'en faveur des enfans. Au milieu de toutes les solennités dont les Romains environnaient leurs testamens, un écrit privé ne leur paraissait pas mériter assez de confiance ; et s'ils avaient, par respect pour la volonté des pères, soumis leurs descendans à l'exécuter lorsqu'elle serait ainsi manifestée, ils avaient même encore exigé la présence de deux témoins.

Devait-on rejeter entièrement les testamens olographes ? Cette forme est la plus commode, et l'expérience n'a point appris qu'il en ait résulté des abus qui puissent déterminer à la faire supprimer.

Il valait donc mieux rendre cette manière de disposer par testament, commune à toute la France.

On a seulement pris une précaution pour que l'état de ces actes soit constaté.

Tout testament olographe doit, avant qu'on l'exécute, être présenté au juge désigné, qui dressera un procès-verbal de l'état où il se trouvera, et en ordonnera le dépôt chez un notaire.

Quant aux testamens par actes publics, on a pris un terme moyen entre les solennités prescrites par le droit écrit et celles usitées dans les pays de coutumes.

Il suffisait dans ce pays qu'il y eût deux notaires, ou un notaire et deux témoins ; on avait même attribué dans plusieurs coutumes, ces fonctions à d'autres personnes publiques ou à des ministres du culte.

Dans les pays de droit écrit, les testamens nuncupatifs écrits devaient être faits en présence de sept témoins au moins y compris le notaire.

La liberté de disposer ayant été en général beaucoup augmentée dans les pays de coutumes, il était convenable d'ajouter aux précautions prises pour constater la volonté des testateurs ; mais, en exigeant un nombre de témoins plus considérable que celui qui est nécessaire pour atteindre à ce but, on eût assujetti ceux qui disposent à une grande gêne, et peut-être les eût-on exposés à se trouver souvent dans l'impossibilité de faire ainsi dresser leurs testamens.

Ces motifs ont déterminé à régler que le testament par acte public sera reçu par deux notaires en présence de deux témoins, ou par un notaire en présence de quatre témoins.

L'usage des testamens mystiques ou secrets était inconnu dans les pays de coutumes ; c'était une institution à propager en faveur de ceux qui ne savent pas écrire, ou qui, par des motifs souvent plausibles, ne veulent ni faire leur testament par écrit privé, ni confier le secret de leurs dispositions. Elle devenait encore plus nécessaire quand, pour les testamens par acte public, on exige dans tous les cas la présence de deux témoins, et qu'il doit même s'en trouver quatre, s'il n'y a qu'un notaire.

Mais, en admettant la forme des testamens mystiques, on

ne pouvait négliger aucune des formalités requises dans les pays de droit écrit.

On doit craindre dans ces actes les substitutions de personnes ou de pièces ; il faut que les formalité soient telles, que les manœuvres les plus subtiles de la cupidité soient déjouées, et c'est sur-tout le nombre des témoins qui peut garantir que tous ne sauraient entrer dans un complot criminel. On a donc cru devoir adopter les formalités des testamens mystiques ou secrets, telles qu'on les trouve énoncées dans l'ordonnance de 1735.

On a voulu rendre uniformes les formalités relatives à l'ouverture des testamens mystiques. Leur présentation au juge, leur ouverture, leur dépôt, seront faits de la même manière que pour les testamens olographes. On exige de plus que les notaires et les témoins par qui l'acte de suscription aura été signé, et qui se trouveront sur les lieux, soient présens ou appelés.

Telles seront en général les formalités des testamens. Mais il est possible que le service militaire, que des maladies contagieuses, ou des voyages maritimes, mettent les testateurs dans l'impossibilité d'exécuter à cet égard la loi ; cependant, c'est dans ces circonstances où la vie est souvent exposée, qu'il devient plus pressant et plus utile de manifester ses dernières volontés. La loi serait donc incomplète, si elle privait une partie nombreuse des citoyens, et ceux sur-tout qui ne sont loin de leurs foyers que pour le service de la patrie, d'un droit aussi naturel et aussi précieux que celui de disposer par testament.

Aussi, dans toutes les législations, a-t-on prescrit pour ces différens cas des formes particulières, qui donnent autant de sûreté que le permet la possibilité d'exécution ; celles qui déjà ont été établies par l'ordonnance de 1735, ont été maintenues avec quelques modifications qui n'exigent pas un examen particulier.

Après avoir prescrit les formalités des testamens, on avait à régler quels seraient leurs effets, et comment ils seraient exécutés.

Il n'y aura plus à cet égard aucune diversité.

L'héritier institué et le légataire universel auront les mêmes droits, et seront sujets aux mêmes charges.

Dans les coutumes où l'institution d'héritier était absolument défendue, ou n'était admise que dans les contrats de mariage, il n'y avait de titre d'héritier que dans la loi même, ce qu'on exprimait par ces mots : *le mort saisit le vif.* Les légataires universels étaient tenus , lors même qu'ils recueillaient tous les biens , d'en demander la délivrance.

Dans les pays de droit écrit , presque tous les héritiers avaient leur titre dans un testament ; ils étaient saisis de plein droit de la succession , lors même qu'il y avait des légitimaires.

On peut dire , pour le système du droit écrit , que l'institution d'héritier étant autorisée par la loi , celui qui est institué par un testament a son titre dans la loi même , comme celui qui est appelé directement par elle ; que dèslors qu'il existe un héritier par l'institution , il est sans objet , et même contradictoire , qu'il y ait un parent ayant cette qualité , sans aucun avantage à en tirer ; que le testament , revêtu des formes suffisantes est un titre qui ne doit pas moins que les autres avoir son exécution provisoire ; que la demande en délivrance et la main mise par le parent qui est dépouillé de la qualité d'héritier , ne peuvent qu'occasionner des frais et des contestations que l'on doit éviter.

Ceux qui prétendent que l'ancien usage des pays de coutumes est préférable , lors même que la faculté d'instituer les héritiers y est admise , regardent le principe suivant lequel le parent appelé par la loi à la succession doit toujours être réputé saisi à l'instant de la mort , comme la sauve-garde des familles. Le testament ne doit avoir d'effet qu'après la mort ; et , en le produisant , le titre du parent appelé par la loi est certain ; l'autre peut n'être pas valable , et il est au moins toujours susceptible d'examen. Le temps de produire un testament , pendant que se remplissent les premières formalités pour constater l'état d'une succession , n'est jamais assez long pour que la saisie du parent appelé par la loi puisse être préjudiciable à l'héritier institué.

Ni l'une ni l'autre de ces deux opinions n'a été entièrement adoptée : on a pris dans chacune d'elles ce qui a paru le plus propre à concilier les droits de ceux que la loi appelle à la succession , et de ceux qui doivent la recueillir par la volonté de l'homme.

Lorsqu'au décès du testateur il y aura des héritiers auxquels une quotité de biens sera réservée par la loi , ces héritiers seront saisis de plein droit , par sa mort , de toute

la succession ; et l'héritier institué ou le légataire universel sera tenu de leur demander la délivrance des biens compris dans le testament.

Lorsque l'héritier institué ou le légataire universel se trouve
ainsi en concurrence avec l'héritier de la loi, ce dernier
mérite la préférence. Il est difficile que, dans l'exécution,
cela puisse être autrement. Ne serait-il pas contre l'hon-
nêteté publique, contre l'humanité, contre l'intention présumée du testateur, que l'un de ses enfans, ou que l'un
des auteurs de sa vie, fût à l'instant de sa mort expulsé de
sa maison, sans qu'il eût même le droit de vérifier auparavant le titre de celui qui se présente ? Ce dernier aura
d'autant moins droit de se plaindre de cette saisie momentanée, qu'il recueillera les fruits à compter du jour du décès,
si la demande en délivrance a été formée dans l'année.

Si l'héritier institué ou le légataire universel ne se trouve
point en concurrence avec des héritiers ayant une quotité
de biens réservée par la loi, les autres parens ne pourront
empêcher que ce titre n'ait toute sa force et son exécution
provisoire, dès l'instant même de la mort du testateur.

Il suffit qu'ils soient mis à portée de vérifier l'acte qui
les dépouille.

Si cet acte a été fait devant notaires, c'est celui qui par
ses formes rend les surprises moins possibles, et il se trouve
d'avance dans un dépôt où les personnes intéressées peuvent
le vérifier.

S'il a été fait olographe ou dans la forme mystique, des
mesures ont été prises pour que les parens appelés par la
loi aient toute la facilité de les vérifier avant que l'héritier
institué ou le légataire universel puisse se mettre en possession.

Les testamens faits sous l'une et l'autre forme devront
être déposés chez un notaire commis par le juge ; on assu-
jettit l'héritier institué ou le légataire universel à obtenir
une ordonnance d'envoi en possession, et cette ordonnance ne sera délivrée que sur la production de l'acte du
dépôt.

Quant aux charges dont l'héritier institué et le légataire
universel sont tenus, les dettes sont d'abord prélevées,
et conséquemment, s'il est en concurrence avec un héritier auquel la loi réserve une quotité de biens, il y contri-
buera pour sa part et portion, et hypothécairement pour
le tout.

Il est une autre charge qui n'était pas toujours aussi onéreuse pour l'héritier institué que pour le légataire universel.

Dans les pays de droit-écrit, l'héritier institué était autorisé à retenir, sous le nom de *falcidie*, le quart de la
succession par retranchement sur les legs, s'ils excédaient la
valeur des trois quarts.

Les testamens avaient toujours été considérés chez les
Romains comme étant de droit politique plutôt que de
droit civil ; et la loi prenait toutes les mesures pour que
cet acte de magistrature suprême reçût son exécution. Elle
présumait toujours la volonté de ne pas mourir *ab intestat*.

Cependant, lorsque le testateur avait épuisé en legs la
valeur de sa succession, les héritiers n'avaient plus d'intérêt
d'accepter ; l'institution devenait caduque, et avec elle
tombait tout le testament.

On présuma que celui qui instituait un héritier, le préférait à de simples légataires, et l'héritier surchargé de
legs fut autorisé, par la loi qu'obtint le tribun Falcidius,
sous le règne d'Auguste, à retenir le quart des biens.

Cette mesure fut ensuite rendue commune à l'héritier
ab intestat, et à ceux même qui avaient une légitime. Ce
droit a été consacré par l'ordonnance de 1735.

Dans les pays de coutumes, il n'y avait point de pareille
retenue au profit des légataires universels, lors même que
les biens laissés par le testateur étaient tous de nature à
être compris dans les legs. La présomption légale dans ces
pays, était que les legs particuliers contenaient l'expression plus positive de la volonté du testateur, que le titre
de légataires universels ; ceux - ci étaient tenus d'acquitter
tous les legs.

Cette dernière législation a paru préférable ; les causes
qui ont fait introduire la quarte *falcidie* n'existent plus.
La loi, en déclarant que les legs particuliers seront tous
acquittés par les héritiers institués ou les légataires universels, ne laissera plus de doute sur l'intention qu'auront
eue les testateurs de donner la préférence aux legs particuliers : s'il arrive que les testateurs ignorent assez l'état
de leur fortune pour l'épuiser en legs particuliers, lors
même qu'ils institueraient un héritier ou qu'ils nommeraient
un légataire universel, la loi ne doit point être faite par des
cas aussi extraordinaires.

Il est une autre classe de legs connus sous le nom de
legs à titre universel, non qu'ils comprennent, comme

le legs dont on vient de parler, l'universalité des biens, mais seulement, soit une quote-part de ceux dont la loi permet de disposer, telle qu'une moitié, un tiers, ou tous les immeubles, ou tout le mobilier, ou une quotité des immeubles, ou une quotité du mobilier.

Ces légataires, comme eux à titre parciculier, sont tenus de demander la délivrance ; mais il fallait les distinguer, parce qu'il est juste que ceux qui recueillent ainsi à titre universel une quote-part des biens de la succession, soient assujettis à des charges qui ne sauraient être imposées sur les legs particuliers. Telle est la contribution aux dettes et charges de la succession, et l'acquit des legs particuliers par contribution, avec ceux qui recueillent, sous quelque titre que ce soit, l'universalité des biens.

Lorsqu'il y aura un légataire à titre universel d'une quotité quelconque de tous les biens, on devra mettre dans cette classe celui qui serait porté dans le même testament pour le surplus des biens, sous le titre de légataire universel.

Quant aux legs particuliers, on s'est conformé aux règles de droit commun, et on a cherché à prévenir les difficultés indiquées par l'expérience ; il suffit de lire ces dispositions pour en connaître les motifs.

Il en est ainsi, et de celles qui concernent les exécuteurs testamentaires, et de la révocation des testamens ou de leur caducité.

La loi établit des règles particulières à certaines dispositions entre-vifs ou de dernière volonté, qui exigent des mesures qui leur sont propres.

Telles sont les dipositions permises aux pères et mères et aux frères ou sœurs, dont la sollicitude, se prolongeant dans l'avenir, leur aurait fait craindre que des petits-enfans ou des neveux ne fussent exposés à l'infortune par l'inconduite ou par les revers de ceux qui leur ont donné le jour.

Dans la plupart des législations, et dans la nôtre jusqu'aux derniers temps, la puissance paternelle a eu dans l'exhérédation un des plus grands moyens de prévenir et de punir les fautes des enfans. Mais, en remettant cette arme terrible dans la main des pères et mères, on n'a songé qu'à venger leur autorité outragée, et on s'est écarté des principes sur la transmission des biens.

Un des motifs qui a fait supprimer le droit d'exhérédation, est que l'application de la peine à l'enfant coupable s'étendait à sa postérité innocente. Cependant cette postérité ne devait pas être moins chère au père équitable dans sa vengeance ; elle n'en était pas moins une partie essentielle de la famille, et devait y trouver la même faveur et les mêmes droits.

Or, il n'y avait qu'un petit nombre de cas dans lesquels les enfans de l'exhérédé fussent admis à la succession de celui qui avait prononcé la fatale condamnation.

Ainsi, sous le rapport de la transmission des biens dans la famille, l'exhérédation n'avait que des effets funestes : la postérité la plus nombreuse d'un seul coupable était enveloppée dans sa proscription ; et combien n'étaient-ils pas scandaleux dans les tribunaux, ces combats où, pour des intérêts pécuniaires, la mémoire du père était déchirée par ceux qui s'opposaient à l'exhérédation, et la conduite de l'enfant exhérédé présentée sous les traits que la cupidité cherchait encore à rendre plus odieux !

Cependant il fallait trouver un moyen de conserver à la puissance des pères et mères la force nécessaire, sans blesser la justice.

On avait d'abord cru que l'on pourrait atteindre à ce but, si on donnait aux pères et mères le droit de réduire l'enfant qui se rendrait coupable d'une dissipation notoire, au simple usufruit de sa portion héréditaire, ce qui eût assuré la propriété aux descendans nés et à naître de cet enfant.

On avait trouvé les traces de cette disposition officieuse dans les lois romaines ; mais, après un examen plus approfondi, on y a découvert la plupart des inconvéniens de l'exhérédation.

La plus grande puissance des pères et mères, c'est de la nature et non des lois qu'ils la tiendront. Les efforts des législateurs doivent tendre à seconder la nature et à maitenir le respect qu'elle a inspiré aux enfans : la loi qui donnerait au fils le droit d'attaquer la mémoire de son père, et de le présenter aux tribunaux comme coupable d'avoir violé ses devoirs par une proscription injuste et barbare, serait-elle même une sorte d'attentat à la puissance paternelle ; elle tendrait à la dégrader dans l'opinion des enfans. Le premier principe dans cette partie de la législation est d'éviter, autant qu'il est possible, de faire intervenir les tribunaux entre les pères et mères et leurs

enfans. Il est le plus souvent inutile et toujours dangereux de remettre entre les mains des pères et des mères
des armes que les enfans puissent combattre et rendre im-
puissantes.

C'eût été une erreur de croire que l'enfant, réduit à l'u-
sufruit de sa portion héréditaire, ne verrait lui-même que
l'avantage de sa postérité, et qu'il ne se plaindrait pas d'une
disposition qui lui laisserait la jouissance entière des revenus. Cette disposition officieuse pour les petits - enfans
eût été contre le père ainsi grevé une véritable interdiction qui eût pu avoir sur son sort, pendant le reste de sa
vie, une influence funeste. Comment celui qui aurait été
proclamé dissipateur par son père même, pourrait-il se présenter pour des emplois publics ? Comment obtiendrait-il
de la confiance dans tous les genres de professions ?

N'était - il pas trop rigoureux de rendre perpétuels les
effets d'une peine aussi grave, quand la cause pouvait n'être
que passagère.

Il a donc été facile de prévoir que tous les enfans,
ainsi condamnés par l'autorité des pères et mères, se pour-
voiraient devant les tribunaux : et avec quel avantage n'y
paraîtraient - ils pas ?

La dissipation se compose d'une suite de faits que la loi
ne peut pas déterminer : ce qui est dissipation dans une circonstance, ne l'est pas dans une autre. Le premier juge,
celui dont la voix serait si nécessaire à entendre pour connaître les motifs de sa décision, n'existerait plus.

Serait-il possible d'imaginer une scène plus contraire aux
bonnes mœurs, que celle d'un aïeul dont la mémoire serait déchirée par son fils réduit à l'usufruit, en même temps
que la conduite de ce fils serait dévoilée par ses propres
enfans ? Cette famille ne deviendrait-elle pas le scandale
et la honte de la société ? et à quelle époque pourrait-on
espérer que le respect des enfans pour les pères s'y rétabli-
rait ? Il aurait donc bien mal rempli ses vues, le père
de famille qui, en réduisant son fils à l'usufruit, n'aurait
eu qu'une intention bienfaisante envers ses petits-enfans ;
et, s'il eût prévu les conséquences funestes que sa disposition
pouvait avoir, n'eût-il pas dû s'en abstenir ?

La loi qui eût admis cette disposition eût encore été
vicieuse, en ce que la réduction à l'usufruit pouvait s'appliquer à la portion héréditaire en entier. C'était porter
atteinte au droit de légitime qui a été jusqu'ici regardé

comme ne pouvant pas être réduite par les pères et mères
eux-mêmes, si ce n'est dans le cas de l'exhérédation. Or,
la dissipation notoire n'a jamais été une cause d'exhérédation, mais seulement d'une interdiction susceptible d'être
levée quand sa cause n'existait plus.

Quoique la disposition officieuse, telle qu'on l'avait d'a-
bord conçue, fût exposée à des inconvéniens qui ont empêché de l'admettre, l'idée n'en était pas moins en elle-
même juste et utile. L'erreur n'eût pas été moins grande
si on ne l'eût pas conservée en la modifiant.

Il fallait éviter, d'une part, que la disposition ne fût
un germe de discorde et d'accusations respectives, et, de
l'autre, que la loi qui soustrait une certaine quotité de biens
aux volontés du père ne fût violée.

Ces conditions se trouvent remplies, en donnant aux
pères et mères la faculté d'assurer à leurs petits-enfans la
portion de biens dont la loi leur laisse la libre disposition. Ils pourront l'assurer, en la donnant à un ou à plusieurs de leurs enfans, et ceux - ci seront chargés de la
rendre à leurs enfans. Vous avez vu que la portion disponible
laissée au père, suffira pour atteindre au but proposé : elle
sera, eu égard à la fortune de chacun, assez considérable
pour qu'elle puisse préserver les petits-enfans de la misère à
laquelle l'inconduite ou les malheurs du père les expose-
raient.

L'aïeul ne peut pas espérer de la loi une faculté plus étendue que celle dont il a besoin, en n'écoutant que des sentimens
d'une affection pure envers sa postérité ; et, d'une autre part,
la quotité réservée aux enfans est de droit public ; sa volonté,
quoique raisonnable, ne peut y déroger.

Lorsque la charge de rendre les biens est imposée, ce
doit être en faveur de toute la postérité de l'enfant ainsi grevé,
sans aucune préférence à raison de l'âge ou du sexe, et non
seulement au profit des enfans nés lors de la disposition,
mais encore de tous ceux à naître.

Ce moyen est préférable à celui de la disposition officieuse ; la réserve légale reste intacte ; la volonté du père
ne s'applique qu'à des biens dont il est absolument le maître
de disposer ; elle ne peut être contestée ni compromise ; elle
ne porte plus les caractères d'une peine contre l'enfant grevé
de restitution ; elle pourra s'appliquer à l'enfant dissipateur
comme à celui qui déjà aura eu des revers de fortune, ou qui
par son état y serait exposé.

Il est possible que les pères et mères, qui sont seuls juges des motifs qui les portent à disposer ainsi d'une partie de leur fortune, avec la charge de la rendre, aient seulement la volonté de préférer à la fois l'enfant auquel ils donnent l'usufruit et sa postérité. Mais la loi les laisse maîtres de disposer au profit de celui de leurs enfans qu'il leur plaît, et on a beaucoup moins à craindre une préférence aveugle, lorsque les biens doivent passer de l'enfant grevé de restitution à tous les petits-enfans sans distinction, et au premier degré seulement.

C'est dans cet esprit de conservation de la famille que la loi proposée a étendu à celui qui meurt ne laissant que des frères ou sœurs, la faculté de les grever de restitution jusqu'à concurrence de la portion disponible au profit de tous les enfans de chacun des grevés.

On voit que la faculté accordée aux pères et mères de donner à un ou plusieurs de leurs enfans tout ou partie des biens disponibles, à la charge de les rendre aux petits-enfans, a si peu de rapports avec l'ancien régime des substitutions, qu'on ne lui en a même pas donné le nom.

C'est une substitution, en ce qu'il y a une transmission successive de l'enfant donataire aux petits-enfans.

Mais cela est contraire aux anciennes substitutions, en ce que l'objet de la faculté donnée aux pères et mères et aux frères n'est point de créer un ordre de succession, et d'intervertir les droits naturels de ceux que la loi eût appelés, mais plutôt de maintenir cet ordre et ces droits en faveur d'une génération qui en eût été privée.

Dans les anciennes substitutions, c'était une branche qui était préférée à l'autre : dans la disposition nouvelle, c'est une branche menacée et que l'on veut conserver.

En autorisant cette espèce de disposition officieuse, il a fallu établir les règles nécessaires pour son exécution.

On a d'abord déterminé la forme de ces actes. Elle sera la même que pour les donations entre-vifs ou les testamens.

Celui qui aura donné des biens sans charge de restitution, pourra l'imposer par une nouvelle libéralité.

Il ne pourra s'élever aucun doute sur l'ouverture des droits des appelés. Ils seront ouverts à l'époque où, par quelque cause que ce soit, la jouissance du grevé cessera ; cependant, s'il y avait un abandon en fraude des créanciers, il serait juste que leurs droits fussent conservés.

La faveur des mariages ne peut, dans ce cas, être un motif

pour que les femmes exercent de recours subsidiaires sur les biens ainsi donnés ; elles n'en auront que pour leurs deniers dotaux, et dans le cas seulement où cela aura été formellement exprimé dans la donation entre-vifs ou dans le testament.

La loi devait ensuite prévoir les difficultés qui pourraient s'élever sur l'exécution de ces actes. Il fallait éviter qu'à l'occasion d'une charge imposée à un père au profit de ses enfans, il pût s'élever entre eux des contestations. On reconnaîtra dans toutes les parties du Code Civil, qu'on a pris tous les moyens de prévenir ce malheur.

Si le père ne remplit pas les obligations qu'entraîne la charge de restitution, il faut qu'il y ait entre eux une personne dont la conduite, tracée par la loi, ne puisse provoquer le ressentiment du père contre les enfans.

Cette tierce personne sera un tuteur nommé pour faire exécuter, après la mort du donateur ou du testateur, sa volonté.

Il vaudrait mieux, pour assurer l'exécution, que ce tuteur fût nommé par celui même qui fait la disposition. Ce choix donnerait au tuteur ainsi nommé un titre de plus à la confiance et à la déférence de l'enfant grevé.

Si cette nomination n'a pas été faite, ou si le tuteur nommé est décédé, la loi prend toutes les précautions pour qu'il ne puisse jamais arriver qu'il n'y ait pas de tuteur chargé de l'exécution.

Le grevé sera tenu de provoquer cette nomination, sous peine d'être déchu du bénéfice de la disposition ; et, s'il y manque, il y sera suppléé, soit par les appelés, s'ils sont majeurs, soit par leurs tuteurs ou curateurs s'ils sont mineurs ou interdits, soit par tout parent des appelés majeurs, mineurs ou interdits, ou même d'office, à la diligence du commissaire du Gouvernement près le tribunal de première instance du lieu où la succession est ouverte.

Des règles sont ensuite établies pour constater les biens, pour la vente du mobilier, pour l'emploi des deniers, pour la transcription des actes contenant les dispositions, ou pour l'inscription sur les biens affectés au paiement des sommes colloquées avec privilége.

Il est encore un autre genre de dispositions qui doit avoir sur le sort des familles une grande influence : ce sont les partages faits par le père, la mère, ou les autres ascendans, entre leurs descendans ; c'est le dernier et l'un des

plus importans de la puissance et de l'affection des pères
et mères. Ils s'en rapporteront le plus souvent à cette sage
répartition que la loi elle-même a faite entre leurs enfans.
Mais il restera souvent; et sur-tout à ceux qui ont peu de fortune, comme à ceux qui ont des biens dont le partage ne
sera pas facile, ou sera susceptible d'inconvéniens, de grandes inquiétudes sur les dissentions qui peuvent s'élever entre
leurs enfans. Combien serait douloureuse pour un bon père,
l'idée que des travaux dont le produit devait rendre sa famille heureuse, seront l'occasion de haines et de discor-
des! A qui donc pourrait-on confier avec plus d'assu-
rance la répartition des biens entre les enfans, qu'à des
pères et mères qui, mieux que tous autres, en connaissent
la valeur, les avantages et les inconvéniens; à des pères
et mères, qui rempliront cette magistrature, non seulement avec l'impartialité de juges, mais encore avec ce soin,
cet intérêt, cette prévoyance que l'affection paternelle peut
seule inspirer?

Cette présomption, quelque forte qu'elle soit en faveur des
pères et mères, a cependant encore laissé des inquiétudes
sur l'abus que pourraient faire de ce pouvoir ceux qui, par
une préférence aveugle, par l'orgueil, ou par d'autres passions, voudraient réunir la majeure partie de leurs biens
sur la tête d'un seul de leurs enfans. Il a été calculé que
plus les enfans sont nombreux, et plus il serait facile au père
d'accumuler les biens au profit de l'enfant préféré.

Il eût été injuste et même contraire au but que l'on se
proposait de refuser au père qui, lors du partage entre ses
enfans, pouvait disposer librement d'une partie de ses biens,
l'exercice de cette faculté dans le partage même. C'est ainsi
qu'il peut éviter des démembremens, conserver à l'un de
ses enfans l'habitation qui pourra continuer d'être l'asile
commun, réparer les inégalités naturelles ou accidentelles:
en un mot, c'est dans l'acte de partage qu'il pourra le mieux
combiner, et en même temps réaliser la répartition la plus
équitable et la plus propre à rendre heureux chacun de ses
enfans.

Mais si l'un des enfans était lésé de plus du quart, ou
s'il résultait du partage et des dispositions faites par préciput que l'un des enfans aurait un avantage plus grand que
la loi ne le permet, l'opération pourra être attaquée par les
intéressés.

Les démissions de biens étaient usitées dans une grande

partie de la France. Il y avait sur la nature de ces actes des
règles très-différentes.

. Dans certains pays, on ne leur donnait pas la force des
donations entre-vifs, elles étaient révocables. Ce n'était
point aussi un acte testamentaire, puisqu'il avait un effet
présent. On avait, dans ces pays, conservé la règle de droit
suivant laquelle on ne peut pas se faire d'héritier irrévocable : il n'y avait d'exception que pour les institutions
par contrat de mariage. On craignait que les parens eussent
à se repentir de s'être trop abandonnés à des sentimens d'affection, et d'avoir eu trop de confiance en ceux auxquels ils
avaient livré leur fortune.

Mais, d'un autre côté, c'était laisser dans les pactes de
famille une incertitude qui causait les plus graves inconvéniens. Le démissionnaire qui avait la propriété sous la
condition de la révocation, se flattait toujours qu'elle n'aurait pas lieu. Il traitait avec des tiers, il s'engageait, il
dépensait, il aliénait, et la révocation n'avait presque jamais lieu sans des procès qui empoisonnaient le reste de
la vie de celui qui s'était démis, et qui rendaient sa condition pire que s'il eût laissé subsister sa démission.

. On a supprimé cette espèce de disposition ; elle est devenue inutile. Les pères et mères pourront, dans les donations entre-vifs, imposer les conditions qu'ils voudront ;
ils auront la même liberté dans les actes de partage, pourvu qu'il n'y ait rien de contraire aux règles qui viennent
d'être exposées, et suivant lesquelles les démissions des
biens, si elles avaient été autorisées, eussent été déclarées
irrévocables.

. Il est deux autres genres de donations qui toujours ont
été mises dans une classe à part, et pour lesquelles les règles
générales doivent être modifiées.

Ce sont les donations faites par contrat de mariage aux
époux et aux enfans à naître de cette union, et les donations
entre époux.

Toute loi dans laquelle on ne chercherait pas à encourager les mariages serait contraire à la politique et à
l'humanité. Loin de les encourager, ce serait y mettre obstacle, si on ne donnait pas le plus libre cours aux donations, sans lesquelles ces liens ne se formeraient pas. Il
serait même injuste d'assujettir les parens donateurs aux
règles qui distinguent d'une manière absolue les donations
entre-vifs des testamens. Le père qui marie ses enfans s'oc-

cupe de leur postérité ; la dotation actuelle doit donc être presque toujours subordonnée à des dipositions sur la succession future. Non seulement les contrats de mariage participent de la nature des actes entre-vifs et des testamens, mais encore on doit les considérer comme des traités entre les deux familles, traités pour lesquels on doit jouir de la plus grande liberté.

Ces principes sont immuables , et leurs effets ont dû être maintenus dans la loi proposée.

Ainsi les ascendans, les parens collatéraux des époux, et même les étrangers, pourront, par contrat de mariage , donner tout ou partie des biens qu'ils laisseront au jour de leur décès.

Ces donateurs pourront prévoir le cas où l'époux donataire mourrait avant eux, et , dans ce cas, étendre leur disposition au profit des enfans à naitre de son mariage. Dans le cas même où les donateurs n'auront pas prévu le cas de leur survie , il sera présumé de droit que leur intention a été de disposer , non seulement au profit de l'époux , mais encore en faveur des enfans et descendans à naitre du mariage.

Ces donations pourront comprendre à la fois les biens présens et ceux à venir. On a seulement pris , à cet égard , une précaution dont l'expérience a fait connaitre la nécessité.

L'époux auquel avaient été donnés les biens présens et à venir , avait , à la mort du donateur , le droit de prendre les biens existans à l'époque de la donation, en renonçant aux biens à venir , ou de recueillir les biens tels qu'ils se trouvaient au temps du décès. Lorsque le donataire préférait les biens qui existaient dans le temps de la donation , des procès sans nombre, et qu'un long intervalle de temps rendait le plus souvent inextricables , s'élevaient sur la fixation de l'état de la fortune à cette même époque. C'était aussi un moyen de fraude envers des créanciers dont les titres n'avaient pas une date certaine. La faveur des mariages ne doit rien avoir d'incompatible avec le repos des familles et avec la bonne foi. Il est donc nécessaire que le donateur qui veut donner le choix des biens présens ou de ceux à venir , annexe à l'acte un état des dettes et des charges alors existantes, et que le donataire devra supporter : sinon le donataire ne pourra, dans le cas où il acceptera la donation , réclamer que les biens qui se trouveront à l'époque du décès.

Les donations par contrat de mariage pourront être faites sous des conditions dont l'exécution dépendra de la volonté du donateur. L'époux donataire est presque toujours l'enfant ou l'héritier du donateur. Il est donc dans l'ordre naturel qu'il se soumette aux volontés de celui qui a autant d'influence sur son sort ; et, si c'est un étranger dont il éprouve la bienfaisance, la condition qui lui est imposée n'empêche pas qu'il ne soit pour lui d'un grand intérêt de l'accepter.

Enfin un grand moyen d'encourager les donations par contrat de mariage était de déclarer qu'à l'exception de celles des biens présens, elles deviendraient caduques, si le donateur survit au donataire décédé sans postérité.

Toutes les lois qui ont précédé celle du 17 nivose an 2, ont toujours distingué les donations que les époux peuvent se faire entre eux par leur contrat de mariage, de celles qui auraient eu lieu pendant le mariage.

Le mariage est un traité dans lequel les mineurs assistés de leurs parens, ou les majeurs, doivent être libres de stipuler leurs droits et de régler les avantages qu'ils veulent se faire. Les sentimens réciproques sont alors dans toute leur énergie, et l'un n'a point encore pris sur l'autre cet empire que donne l'autorité maritale, ou qui est le résultat de la vie commune. La faveur des mariages exige que les époux aient, au moment où ils forment leurs liens, la liberté de se faire réciproquement, ou l'un des deux à l'autre, les donations qu'ils jugeront à propos.

Il en est autrement des donations que les époux voudroient se faire pendant le mariage.

Les lois romaines défendirent d'abord les donations entre époux d'une manière absolue. On craignait de les voir se dépouiller mutuellement de leur patrimoine par les effets inconsidérés de leur tendresse réciproque, de rendre le mariage vénal, et de laisser l'époux honnête exposé à ce que l'autre le contraignît d'acheter la paix par des sacrifices sous le titre de donations.

Cette défense absolue fut modifiée sous le règne d'Antonin, qui crut prévenir tous les inconvéniens en donnant aux époux la faculté de révoquer les donations qu'ils se feraient pendant le mariage.

Cette doctrine a été suivie en France dans la plupart des pays de droit écrit.

Dans les pays de coutumes, on a conservé l'ancien principe de la défense absolue de toute donation entre mari et femme pendant le mariage, à moins que la donation ne fût mutuelle au profit du survivant : et encore cette espèce de donation était-elle, quant aux espèces et à la quantité de biens qu'elle pouvait comprendre, plus ou moins limitée.

Ces bornes ont été, dans la plupart des coutumes, plus resserrées dans le cas où, à l'époque de la dissolution du mariage, il existait des enfans, que dans le cas où il n'y en avait point.

En modifiant ainsi la défense absolue, il résultait que la condition de réciprocité ou de survie écartait toute intention odieuse de l'un des époux de s'enrichir aux dépens de l'autre, et que les bornes dans lesquelles ces donations étaient resserrées, conservaient les biens de chaque famille.

On a pris dans ces deux systèmes ce qui est le plus convenable à la dignité des mariages, à l'intérêt réciproque des époux, à celui des enfans.

Il sera permis à l'époux de donner à l'autre époux, soit par le contrat de mariage, soit pendant le mariage, dans le cas où il ne laisserait point de postérité, tout ce qu'il pourrait donner à un étranger, et en outre l'usufruit de la totalité de la portion dont la loi défend de disposer au préjudice des héritiers directs.

S'il laisse des enfans, ces donations ne pourront comprendre que le quart de tous les biens en propriété et l'autre quart en usufruit, ou la moitié de tous les biens en usufruit seulement.

Toutes donations faites entre époux pendant le mariage, quoique qualifiées entre-vifs, seront toujours révocables, et la femme n'aura pas besoin, pour exercer ce droit, de l'autorisation de son mari, ni de la justice.

Cette loi donnant la faculté de disposer, même au profit d'un étranger, de tous les biens qui ne sont pas réservés aux héritiers en ligne directe, il n'eût pas été conséquent qu'un époux fût privé de la même liberté vis-à-vis de l'autre époux pendant le mariage. Tel est même l'effet de l'union intime des époux, que, sans rompre les liens du sang, leur inquiétude et leur affection se portent plutôt sur celui des deux qui survivra, que sur les parens qui doivent lui succéder. On a donc encore suivi le cours des affections, en décidant que les époux ne laissant point d'enfans pourraient se donner l'usufruit de la totalité de la portion de biens disponibles.

Si l'époux laisse des enfans, son affection se partage entre eux et son époux, et lors même qu'il se croit le plus assuré que l'autre époux survivant ferait de la totalité de sa fortune l'emploi le plus utile aux enfans : les devoirs de paternité sont personnels, et l'époux donateur y manquerait s'il les confiait à un autre ; il ne pourra donc être autorisé à laisser à l'autre époux qu'une partie de sa fortune, et cette quotité est fixée à un quart de tous les biens en propriété, et un autre quart en usufruit, ou la moitié de la totalité en usufruit.

Après avoir borné ainsi la faculté de disposer, il ne restait plus qu'à prévenir les inconvéniens qui peuvent résulter des donations faites entre époux pendant le mariage.

La mesure adoptée dans la législation romaine a paru préférable. On ne pourra plus douter que les donations ne soient l'effet d'un consentement libre, et qu'il ne faut les attribuer ni à la subordination, ni à une affection momentanée ou inconsidérée, quand l'époux, libre de les convoquer, y aura persisté jusqu'à sa mort ; quand la femme n'aura besoin, pour cette révocation, d'aucune autorisation ; quand, pour rendre cette révocation plus libre encore, et pour qu'on ne puisse argumenter de l'indivisibilité des dispositions d'un même acte, il est réglé que les époux ne pourront pendant le mariage se faire, par un seul et même acte, aucune donation mutuelle et réciproque.

Au surplus, on a maintenu cette sage disposition, que l'on doit encore moins attribuer à la défaveur des seconds mariages, qu'à l'obligation où sont les pères ou mères qui ont des enfans, de ne pas manquer à leur égard, lorsqu'ils forment de nouveaux liens, aux devoirs de la paternité. Il a été réglé que, dans ce cas, les donations au profit du nouvel époux ne pourront excéder une part d'enfant légitime le moins prenant, et que, dans aucun cas, ces donations ne pourront excéder le quart des biens ; il n'a pas été jugé nécessaire de porter plus loin ces précautions.

Tels sont, citoyens Législateurs, les motifs de ce titre important du Code Civil. Vous avez vu avec quel soin on a toujours cherché à y maintenir cette liberté si chère, sur-tout dans l'exercice du droit de propriété, que si une partie des biens est réservée par la loi, c'est en faveur de parens unis par des liens si intimes et dans des proportions telles, qu'il est impossible de présumer que la volonté des chefs de famille en soit contrariée ; qu'ils seront d'ailleurs les arbitres suprêmes du sort de leurs héritiers ; que leur puissance sera respectée, et leur affection recherchée ; qu'ils jouiront de la plus douce consolation, en distribuant à leurs enfans, de la manière qu'ils jugeront la plus convenable au bonheur de chacun d'eux, des biens qui sont le plus souvent le produit de leurs travaux ; qu'ils pourront même étendre cette autorité bienfaisante et conservatrice jusqu'à une génération future, en transmettant à leurs petits-enfans ou à des enfans de frères ou de sœurs, une partie suffisante de biens, et les préserver ainsi de la ruine à laquelle les exposerait la conduite ou le genre de profession des pères et mères. Vous avez vu avec quel soin on a conservé la faveur due aux contrats de mariage, et que la liberté des époux de disposer entre eux sera plus entière, qu'ils seront sur ce point plus indépendans l'un de l'autre ; ce qui doit contribuer à maintenir entre eux l'harmonie et les égards.

Enfin, vous avez vu que par-tout on a cherché à rendre les formes simples et sûres, et à faire cesser cette foule de controverses qui ruinaient les familles, et laissaient presque toujours les testateurs dans une incertitude affligeante sur l'exécution de leur volonté.

C'est le dernier titre qui soit prêt à vous être présenté dans cette session. Puisse l'opinion publique sanctionner ces premiers efforts du Gouvernement pour procurer à la France un code propre à régénérer les mœurs, à fixer les propriétés, à rétablir l'ordre, à faire le bonheur de chaque famille, et dans chaque famille le bonheur de tous ceux qui la composent !

DISCOURS

PRONONCÉ AU CORPS LÉGISLATIF,

Dans la Séance du 11 floréal an 11,

PAR LE TRIBUN FAVARD,

L'un des Orateurs du Tribunat,

SUR LE TITRE DU CODE CIVIL INTITULÉ :

DES DONATIONS ENTRE-VIFS ET DES TESTAMENS.

CITOYENS LÉGISLATEURS,

NOUS venons vous apporter le vœu du tribunat en faveur du projet de loi formant le titre II du livre III du Code Civil, relatif *aux donations entre-vifs et aux testamens.*

Le pouvoir qui flatte le plus l'homme dans ses derniers momens et même dans le cours de sa vie, est celui de disposer de ses biens au gré de ses affections. C'est un besoin pour son cœur ; c'est un droit inhérent à la propriété.

La loi qui règle l'usage des propriétés ne peut pas, sans une rigueur que la nature désavoue, ravir totalement ce droit au citoyen ; mais elle ne peut pas, sans une indiscrétion impolitique, lui laisser une liberté indéfinie.

En voulant corriger les vices de notre ancienne législation à cet égard, on tomba dans des erreurs graves dont on a senti les conséquences. On avait trop enchaîné la volonté de l'homme ; on l'avait soumis à des combinaisons trop mesquines.

Le projet de loi que je viens vous présenter a été rédigé dans les vrais principes : également éloigné d'une rigueur excessive et d'une liberté sans bornes, il concilie tous les intérêts, ceux de la société, ceux des familles, ceux enfin de l'amitié et de la reconnaissance.

Vous présenterai-je, citoyens législateurs, toutes les considérations morales, civiles et politiques qui ont déterminé les dispositions de ce projet de loi? Déjà l'orateur du Gouvernement et le rapporteur du tribunat ont moissonné sur ce champ fertile. Après eux, réduit à glaner, et voulant pourtant remplir une tâche dont je sens toute l'importance, j'ai cru que je ne resterais pas au-dessous de ma mission, si je me bornais à une simple analyse de la loi qui en présentât l'esprit. C'est, à mon avis, un moyen sûr d'éclairer du plus grand jour les raisons qui doivent fixer votre opinion.

D'abord le projet présente des dispositions générales.

On ne pourra disposer de ses biens à titre gratuit, que par donation entre-vifs ou par testament.

Les substitutions sont prohibées.

Mais confondra-t-on sous le nom de substitution, 1° les dispositions par lesquelles un tiers serait appelé à recueillir le don dans le cas où le donataire ne le recueillerait pas; 2° la disposition par laquelle l'usufruit serait donné à l'un, et la nue propriété à l'autre?

Il y a dans ces deux cas une espèce de substitution; mais, dans le premier, le donataire ne recueillant pas, ne peut pas être considéré comme donataire.

Dans le second, la disposition faite à l'un étant bornée à l'usufruit, le donateur a pu disposer de la nue propriété. C'est un bienfait qu'il partage entre deux personnes.

Aussi le projet de loi ne considère-t-il pas ces dispositions comme des substitutions; il les permet.

Il règle ensuite la capacité de disposer et de recevoir; il prend l'homme dans ses différens âges, dans ses différens états, et dans ses différentes affections.

Il le guide et le sauve de ses erreurs ou de ses faiblesses. Mineur, avant seize ans, hors les cas de mariage, il ne pourra disposer de rien.

A seize ans, il pourra donner la moitié des biens dont le majeur peut disposer; mais il ne pourra le faire que par testament : précaution infiniment sage, qui lui épargne des regrets, en ne lui permettant pas de se lier irrévocablement.

Mineur ou majeur, il ne pourra, sauf les cas de parenté,

faire que des legs rémunératoires aux docteurs en médecine ou en chirurgie, officiers de santé ou pharmaciens qui l'ont traité, et au ministre du culte qui l'a assisté dans sa dernière maladie.

Dans aucun état de sa vie, ses dispositions au profit des hospices, des pauvres d'une commune, ou d'établissement d'utilité publique, n'auront leur effet qu'autant qu'elles seront autorisées par un arrêté du Gouvernement.

Enfin la politique exigeant entre les peuples une réciprocité parfaite, le projet ne permet de disposer au profit d'un étranger que dans le cas où un étranger pourrait disposer au profit d'un Français.

Mais quelle sera la portion de biens disponible ?

Le projet fixe d'abord la quotité de biens dont un père peut disposer. Il semble que la loi pourrait s'en rapporter aux pères dans la disposition de leurs biens. Il est affligeant de penser qu'il soit nécessaire que la loi s'interpose entre eux et leurs enfans, et paraisse vouloir être plus sage que la nature.

Mais quand les mœurs n'ont plus leur pureté primitive ; quand plusieurs exemples ont attesté que les pères ne sont pas toujours à l'abri des erreurs et des préférences injustes ; quand des exemples plus nombreux ont prouvé l'inconduite et l'ingratitude des enfans, il a bien fallu que la volonté générale mît des bornes à la partialité des uns, et un frein aux écarts des autres. Il a fallu aussi par d'autres motifs permettre aux pères de récompenser des amis, de s'acquitter envers des bienfaiteurs. Heureux quand cette volonté concilie les intérêts de la société et le vœu de la nature !

La loi a atteint ce but : elle distingue la ligne directe de la ligne collatérale.

Dans la première, elle borne la liberté de l'homme.

Dans la seconde, elle la laisse entière.

Si le père n'a qu'un enfant, il peut disposer de la moitié de ses biens.

S'il en a deux, il ne peut disposer que du tiers.

S'il en laisse trois ou un plus grand nombre, il ne peut disposer que du quart.

Si le défunt ne laisse point d'enfans, mais des ascendans des deux lignes paternelle et maternelle, il ne pourra disposer que de moitié de ses biens ; il pourra disposer des trois quarts, s'il ne laisse des ascendans que d'une seule ligne.

La liberté indéfinie de disposer dans la ligne collatérale a éprouvé des difficultés. Ceux qui y résistaient, considéraient les frères comme héritiers naturels d'une portion des biens de leurs frères.

Sans doute les liens qui unissent deux êtres issus du même père, qui ont été élevés ensemble, qui ont été appelés à partager les biens provenant de la même souche, doivent faire naître des affections douces et durables; mais tout cela n'acquiert pas un droit irrévocable. Les frères hériteront de leurs frères, en vertu de la loi, s'il n'y a pas de disposition contraire; et s'il y a des dispositions contraires, c'est parce que des affections plus douces, plus puissantes, l'ont emporté sur l'attachement que le frère avait su inspirer à son frère.

Il peut se rencontrer des frères injustes, ou égarés par des passions orageuses. Mais le législateur peut-il prévenir tous les abus ? Le frère injuste, le frère égaré n'aurait-il pas toujours des moyens d'éluder la loi qui gênerait sa liberté ?

Que le père soit forcé de laisser une portion de biens à ses enfans, c'est un devoir que la nature lui impose avant la loi.

Que le fils et le petit-fils soient obligés de laisser aussi à leurs ascendans une portion de leurs biens, c'est encore un devoir que la nature et la reconnaissance leur imposent d'accord avec la loi.

Quand ces premiers rapports n'existent plus, ou que l'homme a satisfait à ce qu'ils lui commandaient, la loi doit-elle l'obliger à laisser encore une portion de ses biens à celui même de ses frères dont il aurait à se plaindre ?

Si l'amitié existe, le frère ne sera pas dépouillé par son frère.

Si les bienfaits sont sans force sur son cœur, la loi ne peut pas interposer son autorité : elle le peut, elle le doit, quand il s'agit d'un fils à l'égard de son père, ou d'un père à l'égard de son fils, parce que les bonnes mœurs et la nature seraient également outragées, si le fils pouvait être impunément ingrat, et si le père pouvait refuser aux êtres auxquels il a donné le jour, les moyens qu'il peut leur procurer pour vivre avec décence dans la classe où il les a fait naître.

Remarquez en effet, citoyens législateurs, que la loi a donné au père le droit terrible de punir le fils ingrat, le droit si consolant de récompenser le fils digne de ses bontés. Et pourquoi refuserait-elle au frère le droit de punir le frère dont il a à se plaindre, et celui de récompenser le frère dont il a à se louer ; le droit encore de répandre ses bienfaits sur un ami que son cœur peut préférer aux collatéraux les plus proches, lorsqu'il a lieu d'en être mécontent.

Son cœur pourra égarer sa main ; cela est vrai : mais pour quelques faits isolés qui affligent l'esprit du législateur, le législateur doit-il sacrifier la généralité des faits? Et ne faut-il pas convenir que les grandes erreurs, les écarts qui contristent les mœurs, sont rares, et que le cours général de la vie n'offre que des faits dont les familles n'ont ni à rougir ni à se plaindre ?

Laissons donc la nature à elle-même quand on le peut sans danger, et ne posons à la liberté de l'homme que les bornes dont sa faiblesse a besoin.

L'intérêt brise souvent les liens du sang. Que cet intérêt les renoue, que le frère incapable d'aimer son frère sente dans son cœur égaré qu'il faut au moins que sa haine n'éclate pas ; ses égards commandés par les convenances, deviendront pour lui une habitude, et le mèneront par degré, et pour ainsi dire à son insu, vers l'amitié.

Que celui qui ne sera pas assez heureux pour apprécier un sentiment si doux, pour sentir qu'il doit lui faire des sacrifices, qui sera incapable d'aucune vertu, sente du moins qu'il doit céder à la nécessité, à son propre intérêt.

C'en est assez : car que faut-il à la société? des vertus toujours pures ? C'est une chimère d'y prétendre : il lui suffit de vertus morales inspirées par les rapports, commandées par le besoin, et dont le résultat est toujours la concorde et l'union des membres des familles, vertus qui seules font la force de la société, et seules garantissent les mœurs de l'influence des divisions scandaleuses.

Mais la loi doit-elle permettre aux pères de donner à l'un de leurs enfans la portion disponible? ne s'établit-il pas une inégalité qui répugne à nos principes ?

Cette égalité qu'on a cru pouvoir établir est encore une chimère. Nous sommes bien convaincus aujourd'hui, et nous pouvons convenir de bonne foi qu'il est impossible de la réaliser.

L'inégalité des fortunes est inévitable, et elle est le résultat forcé de la nature de l'homme et de l'établissement des sociétés. Elle existera toujours relativement aux facultés physiques, morales et industrielles, et cette inégalité entraînera nécessairement celle des fortunes. Enfin, citoyens législateurs, loin de vous cette théorie fallacieuse qui a pu égarer les esprits pendant quelques momens ! Fixez plutôt vos regards sur le bien que peut produire la loi qui rend aux pères le pouvoir de récompenser celui de ses enfans qui aura su le mériter, et de faire espérer à tous cette récompense si douce pour celui qui est assez heureux pour en sentir le prix.

L'expérience qui a été faite de la loi du 4 germinal an 8, contre laquelle quelques personnes se sont élevées avec tant de persévérance, mais toujours sans succès, justifie suffisamment le système adopté par le projet.

Qu'on ne répète pas ici que l'intérêt ne doit pas être offert aux enfans comme un motif qui les porte à rendre à leurs pères les soins, les prévenances dont la nature et la reconnaissance leur font un devoir.

Il est très-beau sans doute de penser que la nature et la reconnaissance doivent parler assez puissamment au cœur du fils ; mais l'expérience nous a malheureusement prouvé que cela n'est pas aussi exact : et si l'intérêt peut ajouter un degré de force à ces deux sentimens, pourquoi le négliger ? Le législateur ne doit-il pas mettre en action tous les ressorts du cœur humain pour faire naître toutes les vertus ? Et quand on en voit l'exercice, faut-il s'inquiéter de la cause? Quand un chef-d'œuvre frappe vos yeux, vous occupez-vous à découvrir les moyens grossiers par lesquels il est parvenu à cette perfection ? Laissons à l'homme les défauts qui tiennent à sa nature ; le grand art du législateur est de les faire tourner au bien général de la société.

Le projet de loi y tend en permettant aux pères de donner la portion disponible à l'un de ses enfans, pourvu que la disposition ait été faite expressément à titre de préciput ou hors part ; et pour mettre le cachet de la sagesse à cette disposition bienfaisante, il a dit : « La déclaration que le « don ou legs est à titre de préciput ou hors part pourra être « faite, soit par l'acte qui contiendra la disposition, soit » postérieurement dans la forme des dispositions entre-vifs « ou testamentaires. »

Le projet s'occupe ensuite de la réduction des donations et des legs. Les dispositions qui excèderont les bornes de la loi, seront réductibles ; mais cette réduction ne pourra être demandée que par ceux au profit de qui la loi fait la réserve, leurs héritiers, cessionnaires ou créanciers. Les donataires et légataires, ni les créanciers du défunt, ne pourront pas la demander.

On a beaucoup agité la question de savoir si du moins les

créanciers du défunt pourraient exercer leurs droits sur les biens recouvrés par cette réduction.

Pour l'affirmative, on disait que les enfans ne pourraient demander la réduction qu'à titre d'héritiers; que dès-lors ils se trouvaient chargés de payer les dettes postérieures à la donation ; que d'ailleurs il était juste qu'un fils ne prit rien dans la succession de son père avant d'avoir payé ses dettes.

D'abord ce n'est pas comme héritiers que les enfans demandent le retranchement; cela est si vrai, que la portion donnée, qui entamait la réserve légale, était retranchée de la succession. Les enfans la conquièrent sur le donataire; ils la prennent aussi libre qu'elle l'était dans ses mains : or elle était dans ses mains franche des dettes que le donateur a contractées postérieurement à la donation.

Ensuite la loi peut décider un droit positif, tant qu'il ne nuit pas aux intérêts des tiers. Or, les créanciers qui n'ont pas le droit de demander la réduction, ne peuvent pas se plaindre qu'elle tourne au profit de ceux à qui la loi permet de la demander, puisqu'ils ne seraient pas mieux traités quand la réduction ne serait pas demandée. Ils n'ont jamais eu le droit de poursuivre, sur les biens donnés, le paiement de créances postérieures à la donation, car les biens donnés n'y ont jamais été affectés. Ainsi, ne perdant aucun droit par la réduction, ils ne doivent en exercer aucun sur les biens recouvrés par ce moyen.

On est frappé de l'idée qu'un fils ne doit pas jouir de biens qni ont appartenu à son père, et être dispensé de payer ses dettes. On a raison, quand il s'agit de biens sur lesquels les créanciers ont dû compter en contractant avec le père ; mais le scrupule produit par un sentiment très-libéral n'est pas fondé, lorsqu'il s'agit de biens que les créanciers n'ont jamais pu considérer comme un gage, puisqu'ils n'étaient plus la propriété de leur débiteur.

La manière de procéder à la réduction est conforme aux principes de la plus saine doctrine.

Les donations ne seront réduites qu'après avoir épuisé tous les biens compris dans les dispositions testamentaires.

Si, après avoir épuisé ces biens, la réduction n'est pas complète, on attaquera la dernière donation, et ainsi de suite en remontant à la plus ancienne.

Et lorsque la valeur des donations entre-vifs égalera la

quotité disponible, toutes les dispositions testamentaires seront caduques.

Mais, dans le cas des dispositions testamentaires, si le testateur a déclaré qu'il veut que tel legs soit acquitté de préférence aux autres, cette préférence aura lieu, et le legs ne sera réduit qu'autant que la valeur des autres ne remplirait pas la réserve légale.

Par là se trouve conservée cette maxime du droit romain, *dicat testator et erit lex ;* par là aussi est conservée une maxime aussi sacrée qui veut que le testament ne prévaille pas sur une donation, parce qu'un acte synallagmatique ne peut pas être anéanti par la volonté de l'un des contractans.

La donation entre-vifs, pour être valable, devra être acceptée; et la manière dont l'acceptation pourra être faite pour les absens, pour les mineurs, pour les femmes, pour les sourds et muets, pour les hospices et établissemens d'utilité publique, est conforme aux lois anciennes.

La donation de biens susceptibles d'hypothèques sera transcrite, et le défaut de transcription pourra être opposé par toutes personnes ayant intérêt, excepté toutefois le donateur et les personnes chargées de faire faire la transcription, ou leurs ayans cause.

La donation est, de sa nature, irrévocable, si elle est conforme aux règles prescrites par la loi.

Mais l'ingratiude, mais la survenance d'enfans, mais l'inexécution des conditions sous lesquelles elle a été faite, la rendront révocable.

L'ingratitude se manifeste par l'attentat à la vie du donateur, par les délits, sévices ou injures graves dont le donataire se sera rendu coupable envers le donateur, enfin par le refus d'alimens.

Les donations en faveur de mariage sont exceptées de la révocation pour cause d'ingratitude, et vous en sentez la raison; elles sont moins une libéralité en faveur du donataire, qu'un traité entre deux familles, en considération d'une union qui doit donner le jour à des enfans appelés à la recueillir.

Cependant de telles donations seront révocables par la survenance d'un enfant légitime, ou la légitimation d'un enfant naturel par mariage subséquent, si elles sont faites par autres personnes que les conjoints ou leurs ascendans. Cela doit être ainsi. Les étrangers n'ont pas les mêmes motifs que les acendans et les époux pour donner ; il est naturel de penser qu'ils n'auraient pas donné, s'ils avaient eu des enfans, ou s'ils avaient cru qu'ils en auraient.

Mais la survenance d'enfans doit-elle annuller la donation en entier ? Ne serait-il pas plus convenable de laisser subsister la donation pour la portion dont le donateur peut disposer, quand il a des enfans ? Pourquoi enlever au donataire ce que, dans ce cas, le donateur aurait pu lui donner ? Cette idée paraît assez naturelle ; mais il faut considérer que disposer d'une partie de ses biens quand on a des enfans, n'est pas nécessaire. Ce n'est pas un devoir imposé par la loi, c'est une pure faculté qu'elle donne, et on ne peut pas dire que le donateur en aurait usé s'il avait eu des enfans. Au surplus, la révocation n'empêchera pas le donateur de donner, par un nouvel acte, la portion disponible, s'il en a eu l'intention, malgré la survenance d'enfans.

En vain dit-on que plusieurs exemples ont prouvé que des donateurs, en haine du donataire, ont eu recours au mariage, et même à des mariages disproportionnés, pour avoir un enfant qui ferait révoquer leur libéralité.

Ces exemples ne peuvent pas déterminer le législateur. Le donataire n'est pas sans reproche quand le donateur se porte à le punir.

Il ne s'est peut-être pas montré assez ingrat pour autoriser le donateur à demander la révocation pour cause d'ingratitude, mais il n'a pas été assez reconnaissant pour que le donateur ait eu à s'applaudir de sa générosité.

Le donateur ne peut que gagner à cette disposition de la loi ; et certes ne mérite-t-il pas plus d'égards de la part du législateur, que le donataire qui ne sait pas entretenir la durée du sentiment auquel il a dû le bienfait ?

Enfin l'intérêt de l'enfant qui est né après la donation, est tout puissant ; il doit l'emporter sur toute autre considération.

La révocation une fois opérée, la donation ne peut plus revivre, quand l'enfant décéderait, à moins d'une nouvelle disposition.

La révocation se fait de plein droit par la survenance d'enfans.

Elle doit être demandée dans deux cas, 1° pour ingratitude ; 2° pour l'inexécution des conditions. Si elle est demandée pour cause d'ingratitude, elle doit l'être dans l'année du jour où le délit sera parvenu à la connaissance du donateur.

Ces deux genres de révocation, dont l'une se fait de plein droit, et l'autre doit être demandée, ont dû établir une différence dans la restitution des biens donnés.

Aussi, dans le cas de révocation pour survenance d'enfans, les biens donnés rentreront dans le patrimoine du donateur, libres de toutes charges et hypothèques du chef du donataire.

Il en sera de même dans le cas de révocation pour inexécution des conditions.

A la vérité, les conditions dont une donation peut être grevée sont infinies. Il en est qui dépendent de la volonté seule du donataire ; il en est qui dépendent en partie de sa volonté, en partie de la volonté d'un tiers ; il en est qui dépendent d'événemens étrangers au donataire. On a opposé que la révocation ne devrait pas produire le même effet pour l'inexécution de tous les genres de conditions ; que c'est aux tribunaux à peser toutes les circonstances, et dans quels cas de révocation pour cause d'inexécution des conditions, les biens devraient rester grevés des charges qui procèdent du fait du donataire, et dans quels cas ils devraient en être affranchis.

Mais, soit que les conditions dépendent de la volonté seule du donataire, soit qu'elles dépendent aussi de la volonté d'un tiers, soit enfin qu'elles soient subordonnées à des événemens indépendans de sa volonté ou de celle de toute autre, le droit du donateur ou de ses héritiers, et ceux des créanciers du donataire, doivent être les mêmes.

D'une part, le donateur n'a voulu se dépouiller des biens donnés que dans le cas où les conditions qu'il a imposées à sa libéralité seraient exécutées.

De l'autre, le donataire a dû savoir que le défaut d'exécution des conditions entraînerait la révocation de la donation, et que dès-lors il n'a ni dû ni pu valablement grever l'objet de la donation de charges étrangères au donateur avant l'exécution des conditions.

Les créanciers de leur côté n'ont pas dû plus ignorer les conditions de la donation que la donation elle-même.

Si la condition dépend de la volonté seule du donataire, le créancier a suivi la foi du donataire, et il n'a pas à se plaindre, si ce dernier ne remplissant pas la condition, le prive de son droit sur l'objet donné.

Si la condition dépend en partie de la volonté du donataire, et en partie de celle d'un tiers, le créancier doit s'imputer à lui seul d'avoir suivi la foi du donataire et celle du tiers. Dans ce cas, comme dans le premier, il n'a pas à se plaindre.

Enfin, si la condition dépend d'événemens étrangers au donataire, le créancier, libre de prêter ou de ne pas prêter, ne peut s'en prendre qu'à lui s'il a eu la faiblesse d'abandonner ses fonds à la foi d'événemens incertains.

Vous sentez, citoyens législateurs, que dans toutes ces hypothèses la loi est également juste.

Vous sentez aussi que dans le cas de survenance d'enfans, comme dans celui d'inexécution des conditions, il n'y a eu rien de certain pour le créancier; que dans un cas comme dans l'autre, l'intérêt précieux à conserver, c'est celui du donateur qui n'a pas eu l'intention de se dépouiller; dans le premier, s'il lui naît des enfans; dans le second, s'il n'obtient du donataire l'exécution des conditions qu'il a imposées à sa libéralité.

A l'égard de la révocation pour cause d'ingratitude, soit qu'il soit naturel de penser que le créancier ne peut pas prévoir que le donataire s'en rendra coupable, soit qu'il soit également naturel de penser que le donateur le pardonnera, le projet établit que cette révocation ne préjudiciera ni aux aliénations faites par le donataire, ni aux hypothèques et autres charges réelles qu'il aura pu imposer sur l'objet de la donation avant la demande en révocation.

Enfin, comme le droit de révoquer tient à la nature, aux bonnes mœurs et à l'intérêt du mariage, le donateur ne peut pas y renoncer. Une pareille clause serait nulle.

Quant au droit de retour, certaines coutumes l'admettaient sans stipulation; d'autres ne l'admettaient que dans le cas où il était stipulé.

Ce droit est juste, mais il faut qu'il soit réservé : voilà le vrai principe. Le projet de loi le consacre. Quand il est réservé, les créanciers n'ont pas à se plaindre; car ils ont pu connaître la stipulation comme la donation.

Je passe aux dispositions testamentaires. Le projet donne les règles générales sur la forme des testamens.

Toute personne pourra disposer par testamens olographe, public ou mystique, soit sous le titre d'institution d'héritiers, soit sous le titre de legs universel ou particulier;

soit sous toute autre dénomination propre à manifester sa volonté.

Les formes particulières à chacun de ces trois testamens sont clairement exprimées.

De plus, le projet donne des règles particulières sur la forme des testamens militaires, des testamens qui seront faits dans un lieu avec lequel toute communication sera interceptée à cause de la peste ou toute autre maladie contagieuse, et des testamens qui seront faits sur mer dans le cours d'un voyage.

Il fallait régler la forme de disposer pour les Français qui étaient en pays étranger ; et le projet de loi leur permet de tester par acte sous signature privée, comme en France, ou par acte public avec les formes usitées dans le lieu où il sera passé.

Enfin, toutes les formalités sont de rigueur, et leur inobservation annulle les testamens.

Après avoir fixé les règles sur la forme des testamens, le projet explique les différentes espèces de dispositions testamentaires et les effets de chacune.

Dans le droit romain, l'homme faisait un héritier.

Dans le droit coutumier, on ne recevait que de la loi le titre d'héritier, et l'homme n'instituait que des légataires universels.

Aujourd'hui un seul code régira la France entière : il faut donc qu'il existe un mode uniforme de disposer. On pourra par testament faire un héritier ou un légataire ; mais sous l'une ou l'autre dénomination, les droits seront les mêmes.

Il a fallu conserver la faculté d'employer la qualification d'héritier pour ne pas trop déroger aux usages. Le mot restera donc : mais l'effet de l'institution d'héritier étant le même que celui de l'institution de légataire, le droit sera uniforme, ou, pour rendre l'idée plus simplement, l'un de ces mots sera synonyme de l'autre.

Alors disparaîtra la bigarrure du droit ancien ; car le titre d'héritier présentait une autre idée, et était sujet à d'autres lois que le titre de légataire universel.

On ne distinguera plus que l'héritier légal ou naturel, et l'héritier institué ou légataire.

L'héritier de la loi à qui une quotité de bien est réservée, se trouve saisi de plein droit de tous les biens de la succession ; et de là résulte, dans nos principes, la conséquence que l'héritier institué, le légataire devra lui demander la délivrance de ce dont le testateur aura disposé en sa faveur sous l'un ou l'autre titre.

Si le défunt ne laisse pas d'héritier auquel la loi réserve une quotité de biens, alors la saisine légale est dans les mains de l'héritier institué ou légataire universel, qui doit, dans ce cas, faire la délivrance des legs particuliers.

D'après nos anciens principes, la chose d'autrui pouvait être léguée, quoique le testateur sût qu'elle ne lui appartenait pas. Cette décision était plus fondée en subtilité qu'en raison.

Quand le testateur sait que la chose qu'il lègue ne lui appartient pas, il fait un legs dérisoire; quand il l'ignore, il y a erreur : dans ces deux cas, le legs doit être nul. C'est ce que décide le projet de loi.

Il ne contient aucun changement remarquable sur la nomination, les fonctions et les obligations des exécuteurs testamentaires. Elles sont à peu près les mêmes que dans l'ancien droit.

Sur la révocation des testamens on s'est écarté du principe d'après lequel le testament était censé révoqué par un testament postérieur. On présumait que telle avait été l'intention du testateur.

Cette présomption pouvait être contraire à la vérité. La loi ne doit établir que des présomptions certaines et infaillibles. Il est donc convenable d'exiger que le second testament contienne la déclaration du testateur qu'il change de volonté. C'est ce que porte le projet : il veut que les testamens postérieurs qui ne révoqueront pas d'une manière expresse les précédens, n'annullent dans ceux-ci que les dispositions qui seront incompatibles avec les nouvelles, ou qui y seront contraires.

Le droit d'accroissement avait donné naissance à des difficultés sans nombre. On trouve dans les auteurs, soit du droit écrit, soit du droit coutumier, des discussions subtiles, plus propres à égarer qu'à éclairer sur un point de droit qui paraissait inextricable. Le projet fait cesser toute controverse par la manière de préciser les cas dans lesquels il y aura lieu à accroissement au profit des légataires.

« Le legs, dit-il, sera réputé fait *conjointement* lorsqu'il « le sera par une seule et même disposition, et que le testa-« teur n'aura pas assigné la part de chacun des colégataires « dans l'objet légué.

« Il sera encore réputé fait *conjointement*, quand une
« chose qui n'est pas susceptible d'être divisée sans détério-
« ration, aura été donnée par le même acte à plusieurs per-
« sonnes, même séparément. »

J'arrive à un point bien délicat, celui des substitutions.
Vous savez combien on a écrit pour ou contre depuis les
premiers jours de la révolution jusqu'à ce moment.

Les substitutions ont été établies par un très-bon principe ;
mais l'abus s'était introduit dans cette partie de notre droit,
comme dans beaucoup d'autres.

Les ordonnances des rois de France qui ont cherché à les
ramener dans des bornes plus étroites, attestent cette vérité.

Le même abus avait profondément affecté l'assemblée
constituante ; elle n'eut que le temps de le signaler aux législateurs qui devaient lui succéder, et il arriva ce qui arrive
toujours dans les premiers momens où la réforme exerce sa
puissance.

La Convention nationale (1) dépassa le terme où est établie la ligne sur laquelle reposent les intérêts de tous.

Les substitutions parcouraient trois degrés ; c'était trop.

Elles étaient en faveur des aînés, et ensuite de mâle en
mâle, et les biens n'arrivaient aux filles qu'à défaut de mâles.
La préférence était odieuse et injuste.

On corrigea cet excès par l'excès contraire, en abolissant
entièrement les substitutions.

Enfin, on voit luire le jour où la raison peut se faire entendre après le règne orageux de la réforme. On a senti que
tout détruire était un abus ; qu'il ne fallait pas toujours et trop
écouter la haine contre les institutions qui avaient vieilli avec
des vices ; que l'intérêt général devait appaiser ce sentiment,
et le diriger vers une juste combinaison entre ce qui est dangereux et ce qui peut être utile.

C'est dans ces vues que le projet de loi porte,

1° Que les biens dont les pères et mères auront la faculté de disposer, pourront être donnés avec la charge de
les rendre aux enfans nés et à naître, au premier degré
seulement des donataires ;

2° Que ces dispositions ne seront valables qu'autant que
la charge de restitution sera au profit de tous les enfans sans
exception, ni préférence d'âge ou de sexe ;

3° Que ce droit acquis aux enfans du donataire passera

____

(1) Voyez les décrets des 25 octobre et 14 novembre 1792.

par l'effet de la représentation à ses petits-enfans, dont le père serait mort avant de l'avoir recueilli.

Ces restitutions, au surplus, seront sujettes à des formalités que le projet de loi explique avec beaucoup de précision.

Le projet donne aux pères, aux mères et autres ascendans la plus douce magistrature, en leur confiant le pouvoir de faire entre leurs enfans le partage de leurs biens.

Le législateur a dû prévoir le cas où ce partage ne serait pas général, et celui où il blesserait les intérêts de l'un des enfans.

Dans le premier cas, c'est-à-dire si le partage n'est pas entre tous les enfans, il sera nul pour le tout. Le père prouve, par cet acte, qu'il a oublié un de ses enfans, qu'il s'est trop occupé des autres, et que par conséquent il n'a pas rempli avec impartialité la magistrature que la loi lui avait confiée.

Dans le second, celui des enfans qui se croira lésé de plus du quart, pourra attaquer le partage, parce que l'égalité doit régner dans le partage fait par le père, comme dans celui que les enfans font eux-mêmes entre eux, après avoir recueilli la succession de leurs auteurs.

Je termine par les donations les plus favorables, je veux dire celles faites par contrat de mariage ou pendant le mariage. Il n'y a rien de plus sacré, sans doute, que tout ce qui tend à former une union aussi sainte, et à laquelle le législateur doit toute la protection qui peut en assurer la durée et la prospérité.

Aussi le projet permet-il aux pères et mères, aux autres ascendans, aux parens collatéraux des époux, même aux étrangers, de donner par contrat de mariage tout ou partie de leurs biens qu'ils laisseront au jour de leur décès, tant au profit des époux que des enfans à naître de leur mariage, dans le cas où le donateur survivrait à l'époux donataire.

Il semblerait, par la généralité de cette disposition, que le législateur permet de dépasser, en faveur du mariage, les bornes qu'il a ci-devant mises à la liberté de disposer ; mais il explique son intention par un article subséquent, en disant que ces donations seront, lors de l'ouverture de la succession du donateur, réductibles à la portion dont la loi lui permettait de disposer.

Les seules faveurs que l'intérêt du mariage ait fait admettre, c'est que les donations que le contrat renfermera ne seront pas nulles par le défaut d'acceptation, qu'elles pourront être faites cumulativement des biens présens et à venir, en tout ou en partie, et qu'elles ne pourront pas être révoquées par d'autres dispositions à titre gratuit, si ce n'est pour sommes modiques, soit à titre de récompense ou autremeut.

Après avoir réglé ce que les époux pourront recevoir par leur contrat de mariage, de leurs parens et des étrangers, il convenait de régler les avantages qu'ils pourraient se faire eux-mêmes par leur contrat de mariage et par des actes subséquens. C'est ce que fait le dernier chapitre du projet.

Par contrat de mariage, les époux pourront se faire telle donation qu'ils jugeront à propos. Celle de biens présens et à venir ne sera pas censée faite sous la condition de survie du donateur, si cette condition n'est formellement exprimée. La donation de bien à venir ne sera pas transmissible aux enfans issus du mariage, en cas de décès de l'époux donataire avant l'époux donateur.

Pendant le mariage, un époux, s'il n'a point d'enfans ou descendans, pourra donner à l'autre tout ce qu'il pourrait donner à un étranger, plus l'usufruit de la totalité de la portion que la loi réserve.

Dans le cas où il laisserait des enfans ou descendans, il pourra lui donner, ou un quart en propriété et un quart en usufruit, ou la moitié de tous ses biens en usufruit.

Et pour éviter l'effet des surprises qui pourraient être faites à un époux par l'autre, qui, employant à propos les ruses d'un attachement simulé, se ferait faire une donation dont il cesserait de se rendre digne, la loi permet à l'époux donateur de révoquer sa libéralité ; la femme, pour cette révocation, n'aura pas besoin d'y être autorisée : disposition infiniment sage, puisqu'elle évite au bienfaiteur des regrets, et qu'elle lui permet de se livrer sans danger à son penchant.

Enfin il fallait prévenir les donations indirectes entre époux par personnes interposées, de la portion de biens qu'ils ne peuvent pas se donner. Le projet de loi les défend ; et le dernier article spécifie aussi clairement qu'il est possible les cas dans lesquels les donations seront réputées faites à des personnes interposées.

Telle est, citoyens législateurs, l'analyse que j'ai été chargé de vous présenter d'une loi aussi importante.

Le Tribunat en a voté l'adoption. Il y a vu consacrés les principes anciens qui avaient eu l'assentiment général et de tous les temps, et les nouveaux principes réclamés par l'expérience et par la justice.

La liberté de disposer y est aussi étendue que pouvaient le permettre l'intérêt des familles et celui de la société.

Les deux modes de disposer par donations entre-vifs ou par testament, sont assujettis à des formes invariables.

Les substitutions sont prohibées ; elles sont remplacées par des dispositions qui conservent ce qu'elles avaient d'utile.

. Les démissions de biens sont également supprimées. Une institution sujette à moins d'abus permet aux pères de partager, de leur vivant, leurs biens entre leurs enfans.

Ce que les époux peuvent recevoir, ce qu'ils peuvent se donner, tout est réglé avec une sage économie.

Jusqu'ici les lois ont varié sur le degré de liberté dont l'homme doit jouir dans la disposition de ses biens. Comme elles n'étaient pas fondées sur les vraies maximes de l'ordre public et de la nature, elles ne pouvaient pas être durables : elles n'ont dû avoir que l'existence des erreurs qui se dissipent quand la raison fait luire son flambeau, dont l'éclat est d'autant plus vif, qu'il a été plus long-temps obscurci par les passions.

La loi proposée est loin de craindre un sort pareil. Si sa durée doit se mesurer sur la sagesse de ses dispositions, on peut lui prédire qu'elle sera le Code des siècles à venir : elle est en harmonie avec le droit inhérent à la propriété, avec les affections des pères et des époux, avec les devoirs des enfans envers les auteurs de leurs jours, avec les égards que les parens collatéraux se doivent réciproquement pour entretenir entre eux cette paix, cette union, qui font le charme de la société, et sont les premiers garans de la pureté des mœurs publiques, qui se composent des mœurs particulières.

Il est doux, citoyens législateurs, en terminant cette session, d'emporter avec soi cet espoir flatteur, et de pouvoir se dire qu'après les longues tourmentes révolutionnaires, on est enfin parvenu à donner au peuple français les lois les plus sages, celles du moins qui convenaient le mieux à une société d'hommes qui ont conquis la liberté, et qui en sentent tout le prix.

Ce sont ces considérations, citoyens législateurs, qui ont déterminé le vote d'adoption du Tribunat : elles vous détermineront sans doute à donner au projet de loi la sanction dont il a besoin.

F I N.

TABLE
DES MATIÈRES
Par ordre alphabétique.

FIN DE LA TABLE.